필립 코틀러
리테일 4.0

마켓 4.0이 바꾼 리테일의 새로운 법칙

RETAIL

필립 코틀러

리테일 4.0

필립 코틀러 · 주셉페 스틸리아노 공저 | 이소영 옮김

10
regole
per l'Era
digitale

더 퀘스트

필립 코틀러

리테일 4.0

초판 1쇄 발행 · 2020년 11월 23일
초판 3쇄 발행 · 2021년 1월 11일

지은이 · 필립 코틀러, 주셉페 스틸리아노
옮긴이 · 이소영
발행인 · 이종원
발행처 · (주)도서출판 길벗
브랜드 · 더퀘스트
주소 · 서울시 마포구 월드컵로 10길 56(서교동)
대표전화 · 02)332-0931 | **팩스** · 02)322-0586
출판사 등록일 · 1990년 12월 24일
홈페이지 · www.gilbut.co.kr | **이메일** · gilbut@gilbut.co.kr

기획 및 편집 · 오수영 (cookie@gilbut.co.kr), 김세원, 유예진, 송은경 | **제작** · 이준호, 손일순, 이진혁
영업마케팅 · 정경원, 최명주, 전예진 | **웹마케팅** · 이정, 김선영 | **영업관리** · 김명자 | **독자지원** · 송혜란

본문디자인 · aleph design | **교정교열** · 최진 | **CTP 출력 및 인쇄** · 북토리 | **제본** · 신정문화사

ISBN 979-11-6521-334-3 03320
(길벗 도서번호 090144)

정가 17,800원

독자의 1초를 아껴주는 정성 길벗출판사

길벗 | IT실용서, IT/일반 수험서, IT전문서, 경제실용서, 취미실용서, 건강실용서, 자녀교육서
더퀘스트 | 인문교양서, 비즈니스서
길벗이지톡 | 어학단행본, 어학수험서
길벗스쿨 | 국어학습서, 수학학습서, 유아학습서, 어학학습서, 어린이교양서, 교과서

이 도서의 국립중앙도서관 출판예정도서목록(CIP)은 서지정보유통지원시스템 홈페이지(http://seoji.nl.go.kr)와 국가자료공동
목록시스템(http://www.nl.go.kr/kolisnet)에서 이용하실 수 있습니다. (CIP제어번호: CIP2020045629)

리테일 4.0의 적극적 고객인
사랑하는 나의 아내 낸시에게

| **필립 코틀러** |

◆ ◆ ◆

비범한 호기심으로
디지털 전환을 맞이하신
엘레나 할머니께

| **주셉페 스틸리아노** |

혁신의 트렌드를 이해하고,
선제적으로 대응하는 데 꼭 필요한 지침

박진용 | 한국유통학회 회장, 건국대학교 경영대학 교수

2020년은 코로나19로 인한 팬데믹이 우리의 삶을 뿌리째 흔들어 놓은 한 해입니다. 팬데믹은 소비자들을 변화시켰고 디지털 트랜스포메이션의 실현을 앞당기는 4차 산업혁명 시대의 트리거 역할을 하고 있습니다. 전 세계에 커다란 충격을 주고 있는 코로나19는 여전히 현재진행형이며, 위드With 코로나 시대를 대비하라는 요청에 리테일 기업들은 준비가 필요합니다.

　증가하는 비대면 사업 기회에서 단순히 매출 증대를 추구하는 소극적인 대응이 아닌, 상품 기획, 대고객 소통, 시스템 관리, 데이터 분석 등 유통의 모든 과정을 디지털화로 재해석하는 것이 리테일 기업들에 요구되고 있습니다.

물론 리테일이 제 모습을 갖추고 경제 시스템에서 중요한 비중을 차지하는 과정에서, 한 순간도 혁신하지 않았던 때는 없습니다. 백화점과 같은 당시에는 새로운 업태의 도입, 쇼핑센터를 중심으로 한 여가와 쇼핑의 결합, 가성비의 원조 격인 할인점 업태의 개발, 전자적 방식을 도입한 온라인 쇼핑, 그리고 B2C, B2B를 넘어선 사람과 사람이 연결된 리테일 방식은 모두 혁신의 연속이라 평가할 수 있습니다.

그럼에도 불구하고 지금의 어려운 경제 여건은 과거 그 어느 때보다도 철저하고도 근본적인 혁신의 수준을 제시하고 있고, 리테일 기업은 높아진 기대에 부응해야 합니다. 매장을 기반으로 하고 있는 리테일 기업들은 디지털 중심의 혁신에 대응하기 위해 뼈를 깎는 노력을 하고 있고, 온오프라인 채널의 통합을 시도하며, 미래형 점포 개발에 박차를 가하고 있습니다.

리테일 기업들의 노력이 한층 더 효과적이기 위해서는 무엇보다도 리테일 업業의 의미를 다시금 확인하고 리테일 산업의 과제를 파악하는 것이 필요합니다. 혁신의 트렌드를 이해하고 선제적으로 대응하는 지침이 절실합니다. 《리테일 4.0》은 이러한 문제에 방향을 제시한다는 점에서 큰 의미를 가집니다. 리테일 기업의 경영자는 물론 리테일 혁신의 최대 수혜자인 소비자를 이해하기 위한 길잡이가 될 것입니다.

이 책의 1부는 디지털이 바꿔놓은 리테일의 현주소를 이야기합니다. 최근 많은 사람들이 '리테일 멜트다운', 즉 소매업의 종말을 이야기합니다. 하지만 필립 코틀러 박사는 오히려 특별한 기회가 될 수 있다고 말합니다. 디지털은 시장의 규칙을 바꾸고 있고, 이에 맞춰 리테일 모델을 바꾼다면 충분히 도약할 수 있다는 것입니다. 특히 오프라인 매장에서 이루어지는 고객 경험에 많은 신경을 써야 합니다.

2부는 리테일 기업의 경쟁력을 강화할 수 있는 10가지 법칙을 이야기합니다. 각각의 법칙은 간단하면서도 실행하기는 만만치 않은 것들입니다. 하지만 디지털로의 전환을 위해서는 반드시 이해하고 실천해야 할 전략입니다. 나는 혹은 우리 기업은 어떤 원칙을 활용해야 할지 고민하는 과정에 3부가 도움이 될 것입니다.

3부는 이 10가지 법칙을 현장에서 직접 실천한 CEO와 관리자들의 인터뷰를 담고 있습니다. 디지털 마케팅과 전통 마케팅 전략을 잘 융합하여 성공한 아마존, 디즈니랜드, 몰스킨, 이탈리, HSBC 등 세계적 기업의 사례입니다.

이제는 더 이상 온라인, 오프라인 리테일을 구분하는 것이 큰 의미가 없어지고 있습니다. 디지털화를 통해서 오프라인 리테일은 온라인의 장점을 적극적으로 받아들이고 또 온라인 리테일은 오프라인 영역으로 거침없이 진출하고 있습니다. 경쟁의 경계는 의미가 없어지며 리테일 기업의 경쟁력 확보는 점점 더 어려워지고 있습니다. 부디 이 책이 어려운 도전에 직면한 한국 리테일 기업들이 혁신하는 데 도움이 되길 기대해 봅니다.

리테일 4.0 시대의
기업 생존 전략

지난 수십 년간 디지털 혁명은 리테일 세계의 많은 전제들을 완전히 뒤바꿔놓았다. 최근 몇 년간 전 세계 곳곳에 있는 유수의 매장들이 매출 악화로 문을 닫았지만, 그에 반해 전자상거래 시장은 점점 더 성장을 거듭하고 있다. 이를 두고 전통 오프라인 소매업을 지지하는 이들은 "세상의 종말이 왔다."라고 말하기도 한다. 얼핏 보면 전통 소매업이 매우 심각한 상황에 놓여 있는 것처럼 보인다. 그리고 그 쇠퇴의 주범으로 디지털 혁명을 지목하는 경향이 있다.

그러나 아이러니하게도 같은 시기 아마존^{Amazon}이나 알리바바^{Alibaba} 같은 전자상거래 업계의 거인들 역시 소매업에 뛰어들었다. 특히 아마존은 우리가 2장의 '보이지 말라^{Be invisible}' 법칙에서 심도 있게 논의할 아마존 고^{Amazon Go}와 같은 새로운 포맷들을 실험 중이며 그 외에도 여러 체인점들을 인수하여 오프라인 매장을 열었다. 구글도 가까운 미래에 스마트폰 픽셀, 구글 네스트 허브 등 자사 제품들의 장점을 강조할 플래그십 스토어 개점에 관심을 가질 것으로 보인다.

이쯤 되면 이런 궁금증이 들 수밖에 없다. **이른바 순수 디지털 플레이어들이 대체 왜 위기에 처한 소매업 시장에 진입하기 위해 '순수함'을 포기하는 걸까?**

그에 대한 대답은 이 분야가 피할 수 없는 쇠퇴일로에 있다는 잘못된 가정에서 찾을 수 있다. 실제로 아무리 많아야 오늘날 소매업의 디지털 거래는 전체 거래의 20퍼센트를 넘지 않는다. 최근 수년간 온라인 구매 시장이 놀라울 정도로 성장했다는 데에는 의심의 여지가 없지만 그렇다고 오프라인 소매업이 죽음에 임박했다고 단정 짓는 태도는 조금 경솔하지 않은가 하는 생각이다. 물론, 다른 많은 분야가 그렇듯 점점 더 많은 사람들이 디지털 도구를 사용하는 추세를 봤을 때 소매업에서도 전통적 모델에 대해 재고해볼 필요는 있지만 말이다.

과거 소비자의 구매 경로는 전형적인 선형 방식을 띠었다. 구매의 첫 단계는 이른바 관심awareness 또는 지식에서 시작했으며, 이것이 친밀도familiarity 또는 흥미로 이어지면서 욕구consideration를 불러일으켰다. 그리고 마지막 단계에서 구매 행위purchase가 일어났다. 여기서 더 나아가면 재구매와 긍정적 입소문을 발생시키는 소통

11

단계까지 이르게 된다. 이렇듯 과거 구매 행위는 소비자에게 '필요'가 발생하거나 소비자의 '욕구' 발현에 부합해야 한다고 가정해왔다. 그러나 오늘날은 디지털 '접점touchpoint'들이 급증하면서 고객 경로 또한 확실히 바뀌었다. 이제는 점점 덜 연속적인 양상을 띠고 타깃 고객뿐만 아니라 상품이나 서비스의 유형에 따라 나선형 모양이 되기도 한다.

그러므로 리테일 운영 모델도 이러한 변화들을 고려하여 재해석해야 한다. 보다 명확한 구매 경로 내에서 실제 매장의 역할을 재정의해야 하는 것이다. 그리고 필요하다면 매장의 존재 이유 자체를 논의의 대상으로 삼을 수도 있다.

최근 10년 동안 전 세계 약 30억 명의 사람들이 자신의 생활 속에 스마트폰을 받아들였다. 피처폰이라고 부르는 이전 세대의 전화에 비해 스마트폰은 '인터넷 연결'이라는 특징이 있다. 여러 조사에 따르면 스마트폰 보유 인구 대부분이 적어도 하나의 소셜 네트워크에 가입한 것으로 나타났다. 이 두 양상의 조합은 놀라운 그림을 보여준다. 전 세계 인구의 거의 절반이 온라인상에서 언제라도 서로 연락할 수 있으며 실시간으로 회사나 다른 사람들과 상호작용할 수 있는 것이다. 이 두 요소만으로도 게임의 룰을 다시 정하기에는 충분하다. 불과 몇 년 전까지만 해도 소비자가 회사와 소통할 수 있는 방법은 우편이나 메일, 고객지원 콜센터로 제한되어 있었다. 반면 지금은 고객과의 연결이 실시간으로 일어난다. 게다가 고객과 기업 간의 소통에 다른 소비자들, 경쟁 업체, 미디어, 기관이 사실상 언제라도 개입할 수 있다.

오늘날 시장은 더욱 수평적이고 포용적이며 사회적으로 변했다. 정보는 놀라운 속도로 유통되고, 최근까지만 하더라도 마케팅 및 커뮤니케이션 캠페인의 '수신자'로만 여겨지던 사람들이 이제는 엄연한 '공동 제작자'가 됐다. 뿐만 아니라 소비자가 너무나 쉽게 자신의 의견을 표출할 수 있게 되면서 상품과 서비스를 생산하고 제작, 설계하는 데 있어 공동으로 참여하는 단계까지 이르렀다. 그리고 이러한 진화는 회사와 브랜드에 새로운 역할을 부여했다. 즉, 기업은 늘 기대에 부합하는 상품을 제공하고, 가치 사슬의 모든 참가자들에 대해 공정성을 보이며, 환경 및 인간과 조화롭게 행동하고, 모든 접점들에서 설득력 있는 방식으로 소통하며, 대화할 줄 알고(따라서 경청할 줄 알고), 고객들의 사생활을 침범하지 않으면서 고객들과의 관계를 개인화하고, 충성도를 보이는 사람을 높이 평가하며 지지자(그 브랜드의 제품들에 주목하며 다른 사람들에게 브랜드를 추천하는 사람들)를 지원하고 보답하는 것이 필수불가결한 일이 되었다.

이러한 '상호작용' 모델과 디지털 이전 시대의 특징이었던 '일방통행' 모델 사이의 거리는 좁힐 수 없을 만큼 까마득해 보인다. 따라서 이 두 모델을 통합할 수 있는 새로운 접근 방식이 필요하다.

디지털 시대의 마케터는 디지털 전환의 효과와 그 역동적 과정을 완전히 익혀야만 한다. 그리고 그 속에서 무엇이 자신의 회사에 기회가 되는지 파악해야 한다.

소매업 분야에서 바라본 디지털 혁신은 정확히 무엇을 뜻할까? 단순히 모든 것을 디지털로 변환하는 것이 아니라, 디지털과 아날로그를 융합하여 혁신적인 프로세스와 도구, 사업 모델, 제품 및 서비스를 개발하면서 수요와 시장의 변화에 적응하는 과정을 의미한다.

이러한 관점에서 디지털은 전기와 비슷하다. 우리 눈에 보이지 않지만 삶의 모든 곳에 영향을 미치는 강력한 '조력자'인 전기 말이다. 전기와 마찬가지로 디지털 역시 어떤 경우에는 기존의 제품과 서비스 및 경험들과 통합되고, 또 어떤 경우에는 기존의 제품과 서비스 및 경험들을 간단히 대체해버리며, 때론 새로운 제품과 서비스 및 경험들을 탄생시킨다. 이러한 관점에서 디지털 혁신을 바라보면 기업과 브랜드는 현재 진행 중인 변화를 올바른 방향으로 그리고 유리한 방식으로 해석할 수 있게 된다. 그리고 이는 디지털화를 그저 혁신의 도구 정도로 바라보는 관점을, 다시 말해 목적과 수단이 뒤바뀌는 위험을 피하게 해줄 것이다.

오늘날 소비자는 소비자로만 끝나지 않고 일종의 중재자로서 기업의 행동에 영향을 미친다. 그리고 이러한 행동들은 기업들에

오늘날 소비자는
소비자로만 끝나지 않고
일종의 중재자로서
기업에 영향을 미친다.
그리고 이는 기업들에게
'고객 접점'의 역할을
재검토하도록 만들었다.

게 고객 접점의 역할을 재검토하도록 만들었다. 소매업은 이러한 새로운 역학 관계가 반영되는 최전선이나 다름없다. 소매업이야말로 고객과 소비자의 요구나 바람이 구체적으로 충족되고 반영되는 단계이기 때문이다. 여기서 핵심은 이러한 변화가 실제 매장을 넘어 디지털로 확장되고 있다는 점이다. 특히 몇몇 제품 및 서비스의 거래는 오히려 디지털 플랫폼에서 더 자주 일어난다. 이때 실제 매장은 거래 자체보다는 경험을 전달하고 상품을 전시, 홍보하며 화려하게 보이도록 하는 쇼룸의 역할을 한다.

이 책은 전문가, 컨설턴트, 기업가, 학생들에게 디지털 전환이 소매 업계에 미치는 영향을 구체적으로 설명한다. 또한 변화된 소매업 운영에 필요한 프레임워크를 제공한다. 오늘날 소매업은 매우 중대한 변화에 직면해 있다. 우리는 이러한 패러다임의 변화를 '리테일 4.0'으로 정의했다. 이는 분명한 특징을 보이는 이전의 세 단계를 거쳐 진화한 것이다. 소매업은 다음과 같은 단계들을 지나 지금에 이르렀다.

리테일 1.0은 일반적으로 백화점의 탄생과 그 맥을 같이한다. 이 혁명이 일어나기 전 전통적인 소매업은 상점 주인 또는 운영자가 전문성을 가지고 직접 고객을 응대하는 방식이었다. 그러나 백화점은 이러한 판매자-소비자 구도에 일대 혁신을 불러왔다. 백화점이 제공하는 특징들, 즉 정확히 표시된 정찰 가격, 상품을 특정 용기에 넣어 진열한 선반, 유니폼을 입은 직원들은 구매 경험의 '탈

중개화'를 의미했다. 그리고 이는 다른 의미에서 소비자가 판매자와 맺어왔던 사회적 관계의 종말을 뜻하는 것이기도 했다. 이로 인해 판매자의 스토리텔링 기술은 패키징 및 브랜딩으로 대체됐으며, 그 결과 브랜딩 전략은 본격적인 하나의 연구 분야로 자리 잡기에 이른다.

리테일 1.0이 불러온 여러 혁신들 중 우리가 기억할 만한 것으로는 소비자에게 풍요로운 느낌을 주기 위해 엄청난 양의 상품을 전시하고, 매출 극대화를 위해 경쟁력 있는 가격 정책을 펼치며, 고객이 구매에 대한 아무런 부담 없이 자유롭게 매장을 둘러볼 수 있고, 불만족 시 상품을 반품 또는 교환할 수 있게 했다는 점 등을 꼽을 수 있겠다. 런던(1849년 해롯 백화점, 1875년 리버티 백화점), 파리(1852년 르 봉 마르셰 백화점), 뉴욕(1857년 메이시스 백화점, 1861년 블루밍데일스 백화점, 1879년 울워스 백화점), 모스크바(1893년 굼 백화점) 등 전 세계에서 비슷한 시기에 오늘날 우리가 잘 알고 있는 백화점들이 탄생했다.

리테일 2.0은 첫 번째 쇼핑센터, 이른바 '몰'의 탄생과 함께 시작된다. 1950년대에 본격적으로 등장한 쇼핑센터는 저장 기술과 냉장 기술의 발전 그리고 대량 운송을 가능하게 하는 자동차 소유의 확산 덕분에 대중화될 수 있었다. 1950년 노스게이트^{Northgate}가 시애틀에 개장했고, 곧이어 디트로이트 근교에 노스랜드 센터$^{Northland Center}$가 문을 열었다. 일반적인 전통 시장 모델을 대형 쇼핑 및 레저 센터 모델과 결합해 혁신적인 포맷이 탄생되었다고 평가받는 곳이 바로 이 두 쇼핑센터다. 1960년대로 넘어가서는 쇼핑센터 내의 오락 활동들이 더 풍부해졌다. 이는 대중에게 단순한 식료품 구입을 넘어 이곳들을 자주 다닐 새로운 동기를 부여하고 쇼핑센터에 머무르는 시간을 전체적으로 늘리기 위한 목적에서 나온 것이었다. 1960년대 이후 쇼핑센터는 미국을 넘어 전 세계적인 추세로 확산됐다.

이 단계가 리테일 1.0과 구별되는 특징은 하이퍼마켓과 레스토랑을 포함한 다양한 종류의 상점들이 들어선 구조 자체를 들 수 있다. 지정된 입구와 출구, 계산대 라인, 카트를 모아두는 곳 등 대체로 쇼핑 경로가 정해져 있다는 점, 이로 인한 구매 행위의 획일화를 리테일 2.0의 특징으로 꼽을 수 있다. 그리고 무엇보다 볼링장부터 오락실, 영화관에 이르기까지 사람을 끄는 요소들이 존재한다는 것이 쇼핑센터의 가장 큰 특징이다. 오늘날에도 쇼핑센터는 그저 쇼핑만 하고 나가는 곳이 아니다. 이 장소들은 쇼핑 및 레저 센터로서 여전히 그 역할을 하고 있다. 상품 및 서비스를 구매하는 장소일 뿐 아니라 쇼핑을 꼭 해야 한다는 압박 없이 그저 가족과 시간을 보내거나 친구들과 만남을 갖는 장소이기도 한 것이다.

리테일 3.0은 1990년대 중반부터 점진적으로 일어난 인터넷의 전 세계적 확산과 전자상거래의 출현을 특징으로 한다. 1994년, 제프 베조스Jeff Bezos는 세계에서 가장 큰 매장을 만들겠다는 야심을 품고 아마존을 설립했다(그는 회사 이름을 세계에서 가장 긴 강의 이름에서 따왔다). 온라인 서점으로 시작한 아마존을 성공시키기 위해 베조스는 기존 오프라인 경쟁 매장들(전통적인 서점들)과의 차별성을 보여줄 혁신 방안 두 가지를 고안했다. 첫 번째는 바로 리뷰 작성 기능이었다. 베조스는 독자(소비자)의 의견이 타인의 구매 결정에 미치는 영향을 이해했고(전혀 모르는 사람들에게 조언을 구하는 것은 오늘날에는 지극히 정상적인 일이지만 그 시절에는 전혀 그렇지 않았다), 그래서 모든 사용자가 자신의 리뷰를 작성할 수 있도록 했다. 두 번째는 지금은 너무나 유명해진 추천 기능의 도입이었는데, 이는 고도의 기술을 사용하여 독자가 좋아할 만한 일련의 상품들을 추천해주는 방식이었다. 이 추천 기능을 통해 많은 소비자들은 자신의 기호를 수백만 명의 다른 소비자들의 기호와 비교하면서 더 많은 상품(책)을 구입할 수 있었다.

아마존이 최초의 전자상거래 사이트는 아니지만 가장 중요한 사이트라는 점에는 의심의 여지가 없다. 아마존의 성공을 좇아 전 세계의 여러 기업들이 전자상거래 시장에 발 빠르게 진입하면서 시장이 폭발적으로 성장했기 때문이다. 미국의 이베이e-Bay(1995년)와 자포스Zappos(1999년), 인도의 인디아마트IndiaMART(1996년), 한국의 EC플라자(1996년), 중국의 알리바바(1999년), 스웨덴의 트라데라Tradera(1999년) 등이 모두 이 당시 설립됐다.

그렇다면 이 책에서 이야기할 리테일 4.0은 과연 무엇일까? 우리 두 사람이 이 책에서 말하고자 하는 **리테일 4.0**의 분명한 특징은 최근 계속되어 온 '디지털 기술의 가속화'다. 2부에서 리테일 4.0을 이전 단계와 구분 짓는 10가지에 대해 자세히 다룰 예정이다. 그전에 먼저 '소매'의 개념을 어떻게 정의하고 있는지에 대해 정확히 설명할 필요가 있겠다. '소매'라는 글자 그대로의 뜻을 받아들여 이 책에서는 잠재적인 고객을 가진 사람, 즉 직접 판매든 중개를 통한 판매든 최종 소비자와 상업적 관계를 가진 사람이라면 누구나 '소매업자'로 정의할 것이다. 이러한 관계 또는 관련 거래가 온라인에서 일어나든 오프라인에서 일어나든 여기서는 전혀 중요치 않다. 출발점이 어디든 우리가 이 책에서 제안하는 디지털 시대의 10가지 법칙이 최종 고객과 상호작용하는 모든 기업에게 의미 있게 작용할 것이라는 점이 중요할 뿐이다.

누군가는 이 책이 B2C^business-to-consumer(기업-소비자 간 거래) 관련 일을 하는 사람들만을 위한 책이라고 생각할 수도 있다. 그러나 그렇지 않다. 잘 알려진 바와 같이, 디지털 전환이 가져온 주요 결과들 중 가장 중요한 변화 두 가지는 **민주화**(기술 비용의 하락과 사용의 간편화 덕분에 방대한 인구가 정보, 상품 및 서비스에 접근할 수 있고 심지어 생산에도 참여하는 것)와 **탈중개화**(유통 체인에 존재하던 전통적인 중개자들을 우회하여 구매자들에게 직접 콘텐츠와 상품들을 전달할 수 있는 가능성)다. 여기에 소셜 미디어를 통한 소비자와의 직접 소통과 거기서

비롯된 온라인 거래가 추가된다.

이러한 특성들로 인해 전통적으로 B2B^{business-to-business}(기업 간 거래) 꼬리표가 붙은 많은 기업들이 최종 고객과 직접 접촉할 수 있게 됐다. 때문에 B2B와 B2C 사이의 구분은 이제 한물간 것으로 더 이상 구별에 큰 의미가 없다. 물론 몇몇 경우, 기업의 개입이 이루어지기는 하지만 이는 오로지 마케팅과 커뮤니케이션 차원에서만 일어난다. 그러므로 이제 **H2H**^{human to human}, 즉 사람 간 거래라는 보다 폭넓은 개념에서 이러한 구분을 희석시켜야 한다.

H2H라는 아이디어의 전제는 그 어떤 비즈니스 관계에서도 상대방이 기업이 아닌 바로 '사람'으로 대표된다는 점이다. 여러 상황 속에서 상품과 서비스의 구매자 또는 판매자로 살아가는 이들은 삶의 모든 부분에서 기술 및 디지털 혁신을 받아들인 사람들이다. 그래서 최신 디지털 인터페이스 사용과 온라인 구매에 익숙하다. 예로, 스마트폰을 통해 예약 및 관리하는 서비스를 이용하고 스트리밍 콘텐츠 등을 시청한다. 과연 이런 사람들이 구매자로서 지금보다 낮은 기대치를 가질 수 있을까? 또는 판매자로서 B2B 거래를 할 때 갑자기 다른 사고방식으로 전환하여 기대치를 낮추는 게 가능할까?

물론 B2B 분야가 고객 경험의 개발 측면에서 어느 정도 뒤떨어져 있음을 부인하지는 않는다(이는 자연스러운 현상이다. 아무래도 구매 경험이 '덜 스펙터클한' 맥락에서 일어나기 때문이다). 그러나 B2C와 B2B

우리는 H2H,
휴먼 투 휴먼이라는
보다 폭넓은 개념에서
B2B와 B2C 간의 구분을
희석시켜야 한다.

에서 양측의 기대치는 점점 더 수평을 이루게 되리라는 것이 우리의 견해다. 우리는 비즈니스 상대(고객)와의 소통을 통해 데이터를 처리하고 이 데이터를 자사의 프로세스와 결합하는 것이야말로 기업이 리테일 4.0을 받아들이는 가장 이상적인 접근 방식이라 생각한다. 그렇게 함으로써 고객이 누군지와 상관없이, 또 비즈니스의 성격과 상관없이 스스로를 **C2B**customer-to-business(소비자–기업 간 거래)라고 정의할 수 있게 될 것이다.

이러한 진화는 분야와 시장에 따라 이미 진행 중이거나 임박해 있다. 문제는 진화가 일어날지 말지가 아니라 '언제' 일어나는가다. 최근의 기하급수적인 속도의 디지털화는 이러한 변화가 몇 년 안에 일어나리라는 점을 시사한다.

하지만 여기서 꼭 짚고 넘어가야 할 부분이 있다. 변화가 크다 하더라도 보유한 기술 및 통합된 비즈니스 프로세스를 패러다임의 변화에 완전히 맞춰 재설정해야 한다고 당연시하는 것은 오류라고 본다. 고객 경로의 진화에 따라 미래에는 분명 온라인 경험과 오프라인 경험의 완벽한 융합이 이루어질 것이다. 수요가 변하면 공급은 당연히 그에 맞춰진다. 그리고 그 결과로서 공급을 관리하는 기업과 관리자는 새로운 패러다임을 이전의 패러다임에 접목시키기 위한 기술적 도구를 활용해야 한다. 따라서 이전의 경험들을 소중히 가져가되, 디지털 기술은 그 자체가 목적이 아닌 경쟁력 유지를 위해 필요한 '수단'이라는 것을 인식하고 회사의 미래를 어떻게 재설계할지 숙고해야 한다.

이러한 생각이 우리가 10가지 법칙을 정의하고 이 책을 쓰도록 이끌어주었다. 여기서 그치지 않고 이 책의 지침이 되는 법칙들을 전 세계 글로벌 기업의 CEO와 총괄 관리자들, 디지털 책임자들의 관점과 비교하여 독자 여러분들이 확인할 수 있도록 했다. 인터뷰에 참여해준 아마존, 아우토그릴Autogrill, 보쥐Boggi, 브리지스톤Bridgestone, 브룩스 브라더스Brooks Brothers, 브루넬로 쿠치넬리Brunello Cucinelli, 캄파리 그룹Campari Group, 까르푸Carrefour, 코치넬레Coccinelle, 디즈니랜드 파리Disneyland Paris, 이탈리Eataly, 헨켈Henkel, HSBC, 키코 밀라노KIKO Milano, 라 마르티나La Martina, 리바이스 & Co.Levi Strauss & Co., 막스 앤 스팬서Marks & Spencer, 몰스킨Moleskine, 몬다도리 리테일Mondadori Retail, 나투치Natuzzi, 사필로 그룹Safilo Group, 밀라노 공항SEASEA Aeroporti di Milano, 시세이도 그룹Shiseido Group의 관리자들에게 감사 드리며, 시사성 높은 실제 사례들과 아이디어들로 이 책을 풍부하게 만들어준 데 대해 깊은 감사를 전한다.

특히 리테일 업계에 흥미로운 비즈니스 솔루션을 제공하는 가장 유망한 이탈리아 스타트업들을 가려내는 데 결정적 기여를 해준 알엔디랩RnDlab의 CEO 다비드 카살리니David Casalini에게도 감사를 드린다. 우리는 그 기업들을 부록에 실었다. 마지막으로 현재 소매 업계의 주요 트렌드 중 일부를 마치는 글에서 개괄하고자 했다.

요컨대 이 책에서 우리는 디지털 시대, 소매업 분야에서 일하는 사람들에게 필요한 일련의 주제들에 대해 중요한 관점을 제공하고자 한다. 이는 다음의 질문들로 요약할 수 있다.

- 디지털 시대에 전통적인 마케팅과 디지털 마케팅을 어떻게 융합할 수 있을까?
- 고객 경로를 분석하여 개별 접점들의 역할을 이해하고 나의 강점을 강화하며 약점을 보완하려면 어떻게 해야 할까?
- 나의 전략을 실행하기 위한 가장 효과적인 도구를 선택할 때 어떤 기준을 세워야 하는가?
- 고객 경험을 개인화하기 위하여 어떤 방식으로 데이터를 관리해야 하는가?
- 고객의 지지를 받고 나아가 충성도를 얻으려면 어떻게 해야 하는가?
- 공격적인 경쟁 업체들이 내가 속한 시장에 진출을 앞두고 있다면 이에 대비하기 위해 나는 어떻게 조직을 정비해야 하는가?
- 향후 5년간 나의 회사에는 어떤 도전들이 기다리고 있는가?

지금 세상은 알고리즘의 속도로 변하고 있으며, 유일하게 변하지 않는 것은 변화 그 자체다. 그런 이유로 우리는 이 책에서 우리가 제안하는 해석의 프레임이 시대에 맞게 유연해야 한다고 믿는다. 이러한 생각에 고무되어 우리는 리테일 4.0이라는 주제에 대해 각자의 견해를 표현하고 토론에 참여하기를 원하는 모든 사람들과 소통하기 위해 웹 사이트(www.retailfourpointzero.com)를 만들었다. 이곳에 와서 리테일 4.0에 대한 당신의 생각을 들려주기를, 그리고 이곳에서 다양한 의견들이 만나 의미 있는 통찰이 탄생하기를 기원한다.

지금 세상은
알고리즘의 속도로 변한다.
유일하게 변하지 않는 것은
변화 그 자체다.

1부
디지털 시대가 바꿔놓은 리테일의 현재

3부
리테일 현장에서 '4.0 법칙'을 실천하는 리더와 기업들

RETAIL

**10
regole
per l'Era
digitale**

1부

디지털 시대가 바꿔놓은
리테일의 현재

01
소매업은 정말
종말을 맞았는가?

좋은 입지와 다양한 상품. 수십 년 동안 이 두 가지 기본 요소는 매장의 성패를 결정하면서 소매 업계를 특징지어왔다. 물론 매장 수와 위치의 전략적 가치, 매장의 진열대에 어떤 물품을 얼마나 전시할지 같은 문제도 성패에 영향을 끼친다. 그 외에도 유통 체인, 물류, 상품 분류 프로세스, 판촉, 매장 내 유동성 관리 같은 요소들도 있다. 그러나 어쨌든 모든 결정은 입지와 상품, 두 가지와 관련되어 있다고 봐도 무방하다.

오랫동안 소매업 성공의 주요 법칙은 부동산 업계에서 차용한 표현으로 정의되곤 했는데, **"첫째도 입지, 둘째도 입지, 셋째도 입지"**가 그것이었다. 요컨대 최우선 순위는 최적의 위치를 확보하는 것이며 잘 설정된 타깃층의 선호도에 부합하는 다양한 상품들이 구비되어 있으면 나머지는 저절로 해결될 것이라고 가정했다. 이러한 푸시^{push} 관점(표준화와 규격화에 의해서 대량생산된 상품을 소비자에게 일방적인 광고를 통해 판매하는 마케팅 방식 - 편집자)은 디지털 시대의 새로운 표준을 상징하는 파편화, 가속화 및 그에 따른 경쟁 압박을 경험하지 못한 시장에서는 통할 수 있었다.

하지만 최근 몇 년 동안 문을 닫은 소매 업체의 수가 증가하면서 상황이 바뀌었다. 그동안 시장을 지배했던 사고방식도 바뀌게 됐다. '들어가며'에서 언급했듯이 많은 사람들이 현 상황의 어려움을 표현하기 위해 세상의 종말 또는 '아마겟돈'을 거론하며 그 원인을 주로 디지털 전환으로 돌리고 있다. 그러나 수많은 매장들의 폐업을 '오프라인 매장'의 종말로 일반화시키는 것은 심각한 오류다. 오히려 이는 수십 년간 과거에 갇힌 채, 디지털 시대가 요구하는 변화들에 대해 스스로 적응하지 못한 모델의 종말이라고 봐야한다. 이러한 새로운 시대에 자연선택에서 살아남는 자들은 이른바 '디지털 다위니즘^{digital darwinism}(환경에 적응한 생물만 살아남는다는 다윈의 진화론을 디지털 시대 기업 경영에 빗댄 말 - 편집자)'의 결과를 겪지 않고 자기 자신을 재창조할 줄 아는 사람들일 것이다.

최근 20년간 소셜 미디어의 대중적인 사용과 더불어 인터넷과 스마트폰의 확산은 지난 50년 동안 모든 분야(당연히 소매 업계도 포함해서)의 기업들이 가졌던 공급 체계 전체를 전복시켰다. 그것은 단순한 혁명이 아니었다. 기술 혁명은 고객-소비자에게 주인공 역할을 맡김으로써 힘의 균형을 무너뜨리는 조건들을 만들어주었다. 고객들은 이제 스스로 상품 및 서비스를 선택할 수 있고 자신의 불만을 전 세계적으로 퍼트릴 수 있는 능력도 갖췄다.

지속적인 '연결'과 기술 혁신이 제공한 이러한 기회 덕분에 사람들은 행동, 습관, 선호도, 기대치를 빠르게 바꿀 수 있었다. 그리고 이러한 변화는 흔히 말하는 '디지털 네이티브digital native'를 탄생시켰다. 개인이 기업보다 훨씬 더 빠르게 변화하면서 소매업자들은 한 세기 이상 전부터 고수해온 사고 패턴, 프로세스, 구조 및 인프라에서 벗어나 새로운 표준에 적응해야 하는 도전에 직면했다.

디지털 혁명과 순수 디지털 플레이어의 출현으로 '고객 경험'은 완전히 우위를 차지하게 됐으며 기대치는 점점 더 높아졌다. 상품과 서비스에 접근할 수 있는 접점들이 점점 더 파편화됨에 따라 기업으로서는 다양한 단계에서 이루어지는 고객 경험을 일관되고 효과적인 방식으로 관리할 수 없게 됐다. 이것이 바로 오늘날 고객 경험이 그 어느 때보다 절대적 우위를 차지하고 있는 이유다.

오늘날 소비자는 더 많은 정보를 얻을 수 있고, 더 우위에서 구매 선택을 할 수 있는 상태다. 그래서 기업에게 더 높은 유연성과 도덕적 행동을 기대하고, 일관성 있는 대우를 요구한다. 또한 자신이 구매하려고 하는 상품이나 서비스에 대한 정확한 정보를 얻기 위해 대중의 지혜를 얻는 데도 거리낌이 없다. 생판 모르는 다른 사용자들의 리뷰와 댓글을 기업의 광고보다 더 신뢰하는 것이다. 또한 상품이나 서비스에 관한 경험을 얻고 나면 자신 역시 이에 대한 의견을 표출함으로써 타인에게 적극적으로 정보를 제공한다. 이러한 현상은 아주 오랜 시간 기업과 고객(소비자) 관계를 지배해왔던 정보의 비대칭성을 극적으로 축소시켰고, 기업이 마케팅 및 커뮤니케이션 전략을 재고하게 만들었다.

우리는 사람들이 소비에 들이는 시간의 증가가 접점들의 증가와 비례하지 않는다는 것을 잊지 말아야 한다. 시간은 예나 지금이나 희소자원이다. 이 현상에서 우리는 사람들이 가진 미디어 이용 습관과 각각의 채널에 들이는 평균 시간이 단축되고 있음을 추론할 수 있다. 동시에 디지털 시대의 특징에 더욱 부합하는, 덜 직접적이고 덜 침해적인 커뮤니케이션 형태들이 확산되고 있다.

요컨대, **기업은 더욱 세분화되고 더 비판적이며, 동시에 주의력이 떨어지고 시간을 내줄 용의가 훨씬 적은 대중을 상대해야 한다.** 기업이 다양하고 의미 있는 콘텐츠로 대중에게 즐거움을 주고 그들을 끌어들일 필요성이 바로 여기서 나온다. 그렇게 해야만 타깃 고객에게 브랜드에 대한 긍정적인 태도(고객 호감도)를 만들어내고 궁극적으로는 구매 선호도로 옮겨가는 관계를 구축할 수 있기 때문이다.

이와 관련하여 전통적인 인터럽션 마케팅Interruption Marketing 모델을 극복하고자 세스 고딘Seth Godin이 고안한 **퍼미션 마케팅**Permission Marketing의 개념을 상기해볼 필요가 있다. 인터럽션 마케팅은 일단 효과적인 콘텐츠를 만들어 일부 대중의 주의를 끈다. 그다음 TV 프로그램 중간에 같은 콘텐츠의 광고를 끼워넣어 결국 다수의 소비자가 광고를 보게 만듦으로써 수익을 창출하는 방식이다. 반면, 퍼미션 마케팅은 전통적인 끼워넣기 광고가 가진 전형성에서 벗어나 수신자, 즉 소비자의 동의 및 가치의 교환(시간 대비 관심 있는 정보)에 기반을 둔 발신자와 수신자 사이의 관계를 겨냥한다.

이 시나리오에서는 오프라인 매장의 중요성이 떨어진다. 오늘날에는 새로운 상품을 발견하고 정보를 수집하며 구매할 수 있는 수많은 채널들이 있다. 언제 어디서나 거래를 할 수 있는 이러한 **유비쿼터스 커머스** 트렌드에서는 새로운 고객 경로의 복잡한 특징들과 무수한 옵션들을 충분히 고려하지 않는 마케팅은 효과를 발휘하지 못한다. 그 대신 가능한 한 많은 고객 데이터를 공유하고 콘텐츠를 통합하여 개인적이고 매력적이며 의미 있는 경험을 주는 옴니채널 Omnichannel 마케팅 방식이 필요하다. 이 주제에 대해서는 뒤에서 자세히 살펴볼 예정이다.

요약하자면, 디지털 시대는 상품을 유통하고 전시하는 '장소'인 매장을 대체시킬 뿐만 아니라 너무 많은 대안을 대중에게 제공한다. 전자상거래를 통해 우리가 무제한에 가까운 선택권을 가질 수 있고 며칠 내에 상품을 배송받을 수 있다면, '좋은 입지'와 '다양한 상품' 구비는 더 이상 소매업의 우선순위가 될 수 없다. 소매 업체가 대량의 상품을 들여오고 관리하며, 매장에 전시하고, 재입고 여부를 결정하고, 나아가 판매 및 AS를 위해 직원을 교육하고 조율하는 기존의 모델은 지속 불가능해졌다. 소비자가 똑같은 상품을 구매하기 위해 수많은 다른 대안들(더 낮은 가격의 상품, 또는 더 만족스러운 고객 경험)을 선택할 수 있게 되는 순간 경쟁력을 잃은 것이다. 게다가 어떤 소매 업체들은 디지털 기술이 가져온 탈중개화 덕분에 이제 유통사를 거치지 않고 직접 고객을 만나면서 일부 공급 업체들과도 경쟁하고 있다.

그러므로 소매 기업은 디지털 시대에 적응하기 위해 완전히 다른 사고방식을 도입해야 한다. 또한 옴니채널 모델의 역학을 깊이 이해하고, 이미 알고 있는 지식(매장에서 이루어지는 고객 경험)에 더해 디지털 소비자의 변화된 기대치에 대한 지식도 추가해야 한다.

앞으로 나올 내용들에서 우리는 이러한 새로운 사고방식을 개발하는 데 유용한 법칙들을 소개할 예정이다. 이러한 법칙들에 기반해 새로운 시도로 성공을 거둔 기업들의 다양한 사례도 살펴볼 것이다. 변화된 시장의 기대에 맞춰 매장의 가치를 재편하고자 하는 소매 업체들에게 이 개념적 도구가 많은 도움이 되리라 믿는다.

02
4A에서 5A로,
고객 경로의 진화

고객 경로는 말 그대로 상품이나 서비스의 구매자가 브랜드와의
첫 접촉에서부터 구매 결정에 이르기까지 거치는 '경로'다. 즉, 고
객 경로는 소비자가 브랜드의 다양한 접점들과 상호작용하면서 나
아가는 과정이라고 할 수 있다.

이러한 접점들이 반드시 기업의 통제 아래 놓이진 않는다. 브랜
드가 소유한 채널들(웹 사이트 또는 블로그 등)과 유료 채널들(방송 광
고, 언론 광고 또는 배너) 그리고 이른바 '획득' 채널들(사용자의 리뷰 및
댓글) 사이에는 미묘한 차이가 존재한다. 게다가 이 활동들을 조정
하고 상호작용을 모니터하며 소비자의 인식에 영향을 미치고 구매
선택까지 이끄는 일은 훨씬 더 복잡하다.

최근까지 사용되고 있는 모든 모델에서 고객 경로는 연속적 단계로 표현된다. 가장 널리 퍼진 이론적 해석 중 하나는 켈로그 경영 대학원의 데릭 러커Derek Rucker가 개발한 '4A' 모델인데, 이는 광고와 영업의 대가인 엘모 루이스Elmo Lewis가 창안한 역사적 모델인 AIDA 모델, 즉 주의Attention, 관심Interest, 욕망Desire, 행동Action에서 한 단계 더 진화한 것이다. 러커에 따르면 고객은 일반적으로 다음과 같은 네 단계를 거친다.

1. 인지Aware : 고객이 브랜드 또는 제품의 존재를 알게 된다.
2. 태도Attitude: 고객은 자신의 취향과 필요를 바탕으로 브랜드와 제품을 긍정적 또는 부정적으로 판단한다.
3. 행동Act: 고객이 제품을 구매하기로 결정한다.
4. 반복 행동Act Again: 만족을 느낀 고객은 자신의 선호를 인정하기로 결정하고 다시 제품 또는 서비스 구매로 돌아간다.

4A는 루이스가 제시한 AIDA 모델에서 반복 행동이라는 새로운 단계가 추가된 것이다. 이 틀에서 반복 행동, 즉 반복 구매는 고객과의 관계 및 충성도의 주요 지표로 쓰인다. 이렇게 분석된 경로는 전형적인 깔때기 모양을 나타내기 때문에 **고객 깔때기**customer funnel 라고 부른다. 실제로 고객의 수는 한 단계에서 다음 단계로 넘어가는 과정에서 점차적으로 감소한다. 먼저 그 브랜드를 인지해야 하

고, 그중 일부가 그 브랜드의 진가를 알아보고 구매로 이어지는 식이다. 이와 유사하게 각각의 사람이 고려하는 브랜드의 수 역시 각 단계마다 점점 감소한다. 예를 들어, 어떤 사람이 분명히 알고 있는 브랜드의 수는 자신이 들어본 적이 있는 브랜드의 수보다 적지만, 자신이 구입한 브랜드의 수보다는 많다. 4A 모델에서 고객 경로의 다양한 구간을 따라 가면서 구매 결정에 가장 큰 영향을 미치는 부분은 마케팅 활동(예를 들면 인식 단계에서의 TV 광고와 행위 단계에서의 매장 직원), 즉 기업이 통제하는 접점들에서 나타난다.

필립 코틀러, 허마원 카타자야, 이완 세티아완이 함께 쓴《마켓 4.0》에서 주장했듯이 4A는 연결성 이전 시대에서는 고객 관계를 잘 보여줄 수 있었다. 그러나 '연결성'으로 대표되는 최근 20년 동안의 급격한 변화는 전통적인 마케팅과 디지털 마케팅을 통합할 수 있는 새로운 모델의 필요성을 부각시켰다. 연결성 이전 시대에 개별 고객은 브랜드에 대한 의견을 스스로 결정하거나 신뢰할 수 있는 소규모 집단과 비교하는 것이 고작이었다. 반면, 디지털 시대에는 개인의 구매 결정에 수많은 커뮤니티가 경로의 초기 단계에서 강력한 영향력을 행사한다.

또한 연결성 이전 시대에 브랜드에 대한 충성도는 주로 고객 유지와 재구매율 측면에서 정의됐다. 그러나 디지털 시대에는 사람들이 자신의 경험을 온라인으로 기록하고 공유하는 데 익숙하므로 충성도는 무엇보다도 옹호Advocacy, 다시 말해 다른 사람들에게 브랜드를 추천할 용의에 따라서도 결정된다. 꼭 재구매가 이루어지지 않더라도 높은 지지율은 브랜드 인지도에 엄청나게 긍정적인 파급 효과를 미칠 수 있다.

따라서 오늘날 **고객 경로는 5A, 즉 인지**^{Aware}**, 호감**^{Appeal}**, 질문**^{Ask}**, 행동**^{Act}**, 옹호**^{Advocate}**로 표현되는 새로운 모델로 설명해야 한다.**

- **인지**: 이 단계에서 고객은 과거의 경험, 마케팅 커뮤니케이션 및 다른 사람들의 추천을 통해 매우 다양한 브랜드를 접한다. 고객 경로의 첫 번째 구간인 것이다. 광고는 브랜드 인지도를 높이는 데 매우 중요한 지렛대이지만 오늘날에는 또래 집단의 영향도 마찬가지로 중요한 요소다.

- **호감**: 이미 다양한 브랜드를 알고 있는 고객은 브랜드가 제시하는 다양한 메시지를 전달받으며 몇몇 브랜드에 매력, 즉 호감을 느낀다. 일상 소비재와 같이 차별화 요소는 적고 경쟁이 치열한 부문에 있는 브랜드는 소비자에게 선택받기 위해 더 큰 매력을 발휘해야 한다. 일부 고객은 브랜드의 매력에 다른 사람들보다 더 큰 반응을 보이기도 한다.

- **질문**: 호기심에 이끌려 고객은 친구와 가족에게 정보를 물어보고 미디어를 검색하고 기업과 직접 상호작용하면서 자신이 매력을 느끼는 브랜드를 조사한다. 고객은 친구들에게 추천해달라고 하거나 구매 후보 브랜드들의 장점을 자율적

으로 평가할 수도 있다. 또래 집단, 전통적 미디어와 온라인 미디어뿐만 아니라 판매업자와 실제 매장에서의 접촉을 통해서도 고객은 정보에 대한 갈증을 해소할 수 있다. 질문 단계는 디지털 세계(온라인)와 물리적 세계(오프라인) 간의 통합으로 인해 그리고 정보를 수집할 수 있는 채널의 급격한 증가로 인해 복잡해졌다. 연결성의 시대에서 이 단계는 특히 정신없이 바쁘게 돌아간다. 한편 사람들이 실제로는 한 번도 구입한 적 없으면서도 칭찬하는 제품과 서비스가 생겨나는 것처럼 이 단계는 구매 행위 또는 바로 지지로도 이어질 수 있는 집단적 결정을 만들어내기도 한다.

- **행동**: 수집된 정보에 설득되면 고객은 행동하기로 결정할 것이다. 그러나 바람직한 행동은 비단 거래로 끝나지 않는다. 특정 브랜드로부터 제품이나 서비스를 구입한 뒤에 고객은 소비, 사용, AS를 통해 브랜드와 더 깊게 상호작용한다. 말하자면 행동 단계에서 브랜드의 존재는 보다 광범위한 경험과 연관된다. 이러한 경험은 반복적으로 이루어져야 하며 입소문을 만들어낼 수 있도록 긍정적으로 기억될 만한 것이어야 한다.

- **옹호**: 시간이 지남에 따라 고객은 브랜드에 대한 어느 정도 충성심을 갖는다. 이는 유지, 재구매 및 다른 사람들에게 제품 또는 서비스를 추천하는 식으로 표현된다. '연결성'을 가

진 각 개인이 도달할 수 있는 대중의 폭을 생각하면 이 단계
는 디지털 시대에 엄청난 중요성을 가진다. 옹호는 고객이
긍정적인 태도로 자신의 경험을 온라인에 공유하면서 자발
적으로 자신이 좋아하는 브랜드를 추천할 때 일어난다. 충
성도가 높은 서포터는 특정 브랜드를 추천하기 위해 '공개
적으로' 모습을 드러내기 때문에 앞으로 제품을 다시 구매
할 가능성이 상당히 높다.

5A 단계들 사이에도 일정한 순서가 추상적으로 유지되고 있긴
하지만 실제로는 이 순서를 따르지 않는 경우도 많다. 아닌 게 아
니라, 경로가 나선형으로 나타날 때도 있다. 고객이 이전 단계로
돌아가 피드백 과정을 거치는 식으로 말이다. 호기심 많은 고객은
알려진 브랜드들의 리스트에 새로운 브랜드를 추가하거나 훨씬 더
매력적인 새 브랜드를 발견하고 자신이 매긴 '순위'를 업데이트하
기도 한다. 또는 서비스 장애를 겪는 고객이 인터넷에서 대안을 찾
아 몇 시간도 안 돼 다른 업체로 옮겨갈 수도 있다.

경로는 불규칙한 형태를 띨 수 있고 게다가 물리적 접점과 디지
털 접점을 번갈아 오가기 때문에, 검토하는 브랜드의 수 역시 사실
상 깔때기 이론에서 말하는 것과 다르게 한 단계와 다른 단계 사
이에서 바뀔 수 있다. 실제로 몇몇 제품 영역에서 소비자는 경로의
한두 단계를 건너뛰기도 한다. 예를 들어 고객은 어떤 브랜드에 처

새로운 고객 경로의 5A

	고객의 태도	고객과 가능한 상호작용	고객이 가지는 주요 인상
1 인지 AWARE	고객은 과거의 경험, 마케팅 커뮤니케이션 및 다른 사람들의 추천을 통해 매우 다양한 브랜드에 수동적으로 노출된다.	• 다른 사람들을 통해 브랜드에 대해 알게 된다. • 브랜드의 광고에 무심코 노출된다. • 과거의 경험을 떠올린다.	알아요
2 호감 APPEAL	브랜드에서 제시한 메시지는 소비자의 단기 기억에서 장기 기억으로 확장되고 이때 소비자는 몇몇 메시지에 매력을 느낀다.	• 브랜드에 대해 매력을 느낀다. • 고려할 만한 일련의 브랜드를 선별한다.	좋아요
3 질문 ASK	호기심에 이끌려 고객은 친구와 가족에게 정보를 물어보고 미디어에서 정보를 검색하고 또는 기업에 직접 문의하면서 자신이 매력을 느끼는 브랜드에 대해 조사한다.	• 친구들에게 조언을 구한다. • 온라인 리뷰를 검색한다. • 콜 센터에 연락한다. • 가격을 비교한다. • 매장에서 제품을 써본다.	확신해요
4 행동 ACT	수집된 정보에 설득되면, 고객은 특정 브랜드 제품을 구매 혹은 사용하고, 나아가 고객 지원 요청을 통하여 더 집중적으로 상호작용하기로 결정한다.	• 매장에서 또는 온라인으로 구매한다. • 처음으로 제품을 사용한다. • 문제에 대해 불만을 제기한다. • AS를 받는다.	구매해요
5 옹호 ADVOCATE	시간이 지남에 따라 고객은 브랜드에 대한 강한 충성심을 가지며 이는 유지, 재구매, 추천 등의 형태로 나타난다.	• 브랜드를 계속해서 사용한다. • 브랜드를 재구매한다. • 다른 사람들에게 브랜드를 추천한다.	추천해요

출처: 5A를 통한 고객 경로 지도 (Kotler P., Kartajaya H., Setiawan I., Marketing 4.0. Dal Tradizionale al Digitale, Hoepli, Milano 2017.)

음에는 호감을 느끼지 못했지만 나중에 친구의 조언을 듣고 그 브랜드를 사기도 한다. 이런 식으로 호감 단계를 건너뛰고 인식 단계에서 바로 질문 단계로 넘어가는 것이다. 반면에, 고객이 질문 단계를 건너뛰고 초기 지식과 호감에 의해서만 충동적으로 행동하는 것 역시 가능하다. 후자의 경우는 생필품이나 자주 쓰는 저가 제품과 같이 참여도가 낮은 구매에서 흔히 일어난다.

한편, 직접 구매자가 아님에도 충성도 높은 지지자가 되기도 한다. 소비자가 행동 단계를 건너뛰어 바로 옹호 단계로 넘어간 경우다. 이는 매우 독특한 행동이다. 그러나 명품 패션이나 고급 자동차와 같이 접근은 어렵지만 인기는 높은 특징을 가진 제품들에서 상당히 널리 퍼져 있다.

요컨대, 새로운 고객 경로는 더 이상 전통적인 깔때기로 표현될 수 없으며 고객이 경로의 모든 단계를 반드시 거치는 것 또한 아니다. 이러한 이유로 기업은 인지 단계와 옹호 단계 사이에서 각 단계를 거치는 고객 수, 제품의 종류, 특히 고객을 끌어들이기 위해 브랜드가 하는 선택에 따라 이 경로를 확장하거나 제한할 수 있다.

매장은 당연히 고객 경로를 살펴보는 데 있어 매우 중요하지만 그 역할을 규정하는 데 있어서는 우리가 앞에서 기술한 5A에 따라 단계별로 살펴봐야 한다. 매장은 때론 인지 단계와 호감 단계에 긍정적인 영향을 미치는 이상적인 장소다. 유동 인구가 많은 중심지에 자리를 잡고 독특한 제품들로 지나가는 사람들을 끌어들이는,

잘 알려지지 않은 브랜드에 속한 부티크를 생각해보라. 그리고 때론 다른 어떤 접점에서도 겪을 수 없는 경험을 선사함으로써 행동, 즉 거래가 이루어지기도 한다. 거래가 발생되고 나면 이러한 경험은 옹호 단계로 가는 길을 열어준다. 한마디로, 디지털 시대에 매장은 여러 단계에서 '동시에' 결정적인 역할을 하기는 어렵다.

결론적으로 디지털 시대 5A의 핵심은 **한 가지 형태의 고객 경로는 존재하지 않는다**는 점이다. 이 사실은 브랜드 하나만을 놓고 봤을 때도, 서로 다른 여러 브랜드를 놓고 따져봤을 때도 모두 유효하다. 따라서 오늘날 고객 경로 분석은 특정한 방식으로 이루어져야 하고, 여러 유형의 고객들 간의 행동 차이를 확인하기 위해 반복적으로 이루어져야 할 필요가 있다.

이러한 종류의 연구에서 페르소나(마케팅 페르소나, 구매자 페르소나, 고객 페르소나, 심지어 사용자 페르소나) 개념이 사용되는 것은 결코 우연이 아니다. 세분화, 타깃팅 및 포지셔닝의 전통적 모델들을 통합하고 현재 고객 및 잠재적 고객의 프로필을 추적하는 이러한 프로세스를 통해 다양한 범주의 소비자들이 원하는 필요와 욕구, 기대치들을 구체적으로 연구할 수 있다. 이를 위해 다양한 분야의 이해 관계자들이 모여 방대한 양의 정성적 데이터를 가지고 고객을 세부적으로 분석하곤 한다. 이 모든 작업들을 통해 초기 단계의 페르소나 프로필을 구축하고 마지막 단계(상품을 실제로 사용하기 전)에서 페르소나의 유효성을 확인할 수 있다.

그런 의미에서 다음 장에서는 디지털 기술이 소매 산업에 영향을 미친 세 번째 측면으로, 데이터가 갖는 중요성에 대해 살펴볼 것이다. 디지털 시대를 사는 대중과 긴밀한 관계를 구축하고 고객 경로를 더욱 자세히 이해하기 위한 도구로서 데이터를 사용하려면 어떻게 해야 할까?

03
데이터는 21세기의
새로운 석유다

이 장의 제목은 러프버러 대학교 미디어 및 커뮤니케이션 교수인 데이비드 버킹엄David Buckingam이 쓴 문장을 참조한 것이다. 그의 이 선언은 사람, 기관, 기업을 위한 기회를 창출하는 데 있어서 데이터가 가지는 막대한 잠재력을 강조한다. 데이터는 석유와 같다. 그래서 이 분야 전문가들은 데이터를 발견하고 추출하고 처리하고 유통시키고 궁극적으로는 화폐화하는 것을 최종 과제로 삼는다.

이미 몇 년 전부터 기업, 정부 및 기관은 '빅데이터' 개념을 주장해왔다. 기술적 진보가 마침내 데이터 웨어하우스(디지털 아카이브)에 저장된 데이터를 활용하여 실제 가치를 추출할 수 있게 해준다는 생각은 점점 더 발을 넓혀갔다. 실제로 소매 업체는 로열티 카

데이터는 석유와 같다.
이 분야 전문가들의 과제는
데이터를 발견하고 추출하고
처리하고 유통시키고
화폐화하는 것이다.

드를 통해 고객 데이터를 처음으로 수집한 최초의 기업들 중 하나였다. 이러한 이유로 소매 업체는 빅데이터를 '스마트 데이터'로, 다시 말해 최대한 고객을 만족시키고, 조직을 효율적으로 운영하고, 경쟁우위 확보를 위한 유용한 정보로 변환하는 방법을 이해하는 데 특별한 관심을 가지고 있다.

그러나 빅데이터에 대한 끊임없는 논의의 이면에는 또 다른 이유가 있다. 디지털 혁명과 스마트폰 사용의 확산으로 전 세계 수십억 명의 연결된 사람들이 콘텐츠 제작자로 변신했다는 점이다. 거기에 이른바 사물 인터넷, 즉 사물이 인터넷망에 연결되어 사물과 사물, 사물과 사람 간 의사소통이 가능해진 점을 잊어서는 안 된다. 게다가 새로운 기술을 통해 온라인 및 온랜드에서 수행하는 작업(보안 카메라, 신용카드 거래, 쿠키 등)을 통해 데이터를 수집하고 집계하고 저장한 다음, 분석할 수 있게 됐다.

이 모든 요소들이 결합하면서 생산되고 저장되며 잠재적으로 처리되는 데이터의 수는 폭발적으로 늘어났다. 한 통계에 따르면 전 세계에서 이틀 동안 만들어지는 데이터의 양은 태초부터 2000년까지 생산된 모든 데이터의 합계보다 많다. 또한 향후 몇 년 안에는 그 이상의 기하급수적인 증가가 일어날 것이다.

그러나 데이터가 많아질수록 실행 가능성은 낮아진다. 이러한 측면에 대해 더 깊이 고찰하기 위해서는 '데이터'와 '정보'의 차이를 명확히 할 필요가 있다. 피터 드러커Peter Drucker에 따르면, 중요하고 또

인터넷에서 1분 동안 일어나는 일

출처: 2018: 인터넷에서 1분 동안 일어나는 일 (Lewis L., Callahan C., Cumulus Media, www.weforum.org/agenda/19\8/05%what-happens-in-an-internet-minute-in-2018/)

어떤 특정한 목적에 사용될 수 있을 때 데이터는 '정보'로 변환된다. 그렇지 않으면 데이터는 가공되지 않은 원시 데이터, 즉 구조화되지 않은 상태로 남는다. 캠페인 판매의 결과, 제품의 재구매율, 진열대 위에 전시되는 품목들의 회전율, 웹 사이트의 분석 등이 식별, 검증, 집계, 교차, 맥락화, 분석 및 실질적인 지표로 변환될 때만 정보가 되는 것이다.

한마디로 사실상 모든 분야에서 소량의 데이터만이 실제 정보로 사용된다고 추정할 수 있다. 가장 선진적인 조직에서조차 구조화된 데이터 중 절반 이하만을 실제 의사결정에 사용하고, 구조화되지 않은 데이터가 분석에 쓰이는 비율은 1퍼센트 미만에 불과하다.

물론 예외도 분명 존재한다. 특히 선견지명으로 빅데이터의 엄청난 잠재력을 즉시 파악한 순수 디지털 플레이어와 데이터 비즈니스에 투자한 기업들이 그렇다. 이들 기업은 최고 경영진의 전략적 비전과 능력 덕분에 데이터베이스를 표준화하고, 필요한 경우 제3자의 데이터와 통합하기도 하면서 저장된 데이터에 대한 접근과 이용을 쉽게 만들었다. 리테일 4.0에서 데이터의 활용은 특히 중요한데, 기업의 백 오피스 부서와 프런트 오피스 부서 모두에 새로운 기회를 제공하기 때문이다(백 오피스는 조직의 운영 업무를 지원하고 도와주는 부서 또는 그런 업무를 말함. 프런트 오피스는 일반적으로 운영 부서 전체를 의미함-편집자).

앞에서 살펴보았듯이 브랜드와의 '개인화된 관계'를 기대하는 소비자의 높아진 기대치를 충족시키기 위해 기업은 다양한 도구를 이용해 고객 경로를 철저히 연구한다. 이와 같은 접점의 세분화로 인해 사람들의 흥미를 끌기는 더욱 어려워졌으며, 흥미를 잃지 않게 유지하고 이를 제품 및 서비스에 대한 실질적인 관심으로 전환해내는 일은 더더욱 어려워졌다. 그러다 보니 여기서 파생되는 데이터와 정보야말로 마케팅 4.0 단계로 나아가기 위한 필수 도구다. 빅데이터가 비즈니스에 올바른 방식으로 적용되면 기업-고객 관계에 중요한 이점을 가져온다. 고객 맞춤화를 넘어 '개인화'로 진정한 의미의 타깃팅 전략이 가능해지는 것이다. 이 주제에 대해서는 '개인화하라^{Be Personal}' 법칙에서 더 자세히 살펴볼 것이다.

오늘날 소셜 네트워크는 수십억 사람들의 데이터가 저장된 곳이다. 소셜 네트워크 기업들은 이 데이터가 자산이자 곧 수입원이다. 하지만 데이터는 엄청난 윤리적, 사회적 영향력을 가진 굉장히 조심스럽게 다루어야 할 주제이기도 하다. 지난 2016년 도널드 트럼프 대선 캠프에서 페이스북 이용자 27만 명의 개인정보가 유출돼 유권자 성향 분석에 이용된 일, 2018년 브렉시트 국민투표를 앞두고 여론에 영향을 주기 위해 수천만 명의 페이스북 가입자의 프로필을 동의 없이 수집한 케임브리지 애널리티카 스캔들 등이 국제적으로 큰 논쟁이 되기도 했다.

그러나 빅데이터의 잠재력을 마케팅이나 정치 분야로만 한정하는 것은 너무 제한적일 것이다. 앞서 언급했듯이 데이터는 조직을 효율적으로 운영하는 데에도 활용할 수 있다. 예를 들면, 소매 업체는 셀 인sell-in 및 셀 아웃sell-out 데이터를 해당 매장이 있는 지역의 거주자들이 페이스북에 공개한 취미에 관련된 데이터와 교차시켜 얻은 정보를 바탕으로, 특정 제품들을 비축하거나 홍보하기로 결정할 수 있다. 또는 유통 업체 고객의 선호도에 맞도록, 즉 타사 소유 데이터와 자사 소유 데이터를 교차 분석하여 도출한 선호도에 맞도록 제조사가 상품을 수정할 수도 있다.

빅데이터 확산이 가져오는 문제는 주로 프라이버시(사적 프라이버시와 공적 프라이버시의 경계는 무엇인가?)와 보안(민감한 데이터는 누가, 어떻게 관리하는가?), 차별 가능성(정보 수집의 대상이 된 개인에 대한 차별)과 관련이 있다. 이미 우리는 고객의 신용 상태, 건강 상태에 따라 고객을 차별하는 은행과 보험회사에 익숙하다. 이에 대한 적절한 규제가 이루어지지 않는다면 정보를 마음대로 이용할 수 있는 사람과 그 정보에 따라 선택에 영향을 받는 사람 사이에 심각한 비대칭성이 생길 위험이 크다.

그러나 어쨌든 데이터 분석이 프라이버시를 존중하면서 올바른 방향으로 이뤄진다면 앞에서 이야기한 고객 경로 분석에 이상적으로 활용될 수 있다. 페르소나를 통해 소비자를 세분화하고, 각 접점의 특성과 역할을 정확하게 지도로 그리고, 강점을 강화하고 약점을 보완한 콘텐츠를 내놓는 것은 기업에게 매우 중요한 목표다.

데이터가 많아질수록
실행가능성은 낮아진다.
따라서 '데이터'와
'정보'의 차이를
명확히 알아야 한다.

그리고 이제 빅데이터를 통해 몇 년 전까지만 해도 생각조차 할 수 없었던 효율성을 가지고 이러한 목표를 추구할 수 있다.

데이터 분석은 기업 활동의 정밀한 측정 도구가 준비됐을 때 더욱더 결정적인 역할을 한다. 이렇게 얻은 데이터를 사용한다면 시장의 흐름과 프로세스를 지속적으로 모니터링할 수 있으며 소비자의 수요와 욕구에 점점 더 민감하게 대응할 수 있을 것이다.

RETAIL

10
regole
per l'Era
digitale

2부

리테일 4.0의 10가지 법칙

1

보이지 말라 *Be Invisible*

과학 기술은 우스갯소리와 같다.
설명해야 한다면,
통하지 않았다는 뜻이다.

현재 진행 중인 기술 혁명의 두드러진 특징 중 하나는 점점 더 강력하고 성능이 뛰어난 솔루션과 디바이스의 확산이다. 이러한 진화의 바탕에는 무어의 법칙이 있다. 인텔의 공동 설립자이자 연구원인 고든 무어Gordon Moore는 이미 1965년에 컴퓨터의 처리 능력이 18~24개월마다 두 배가 될 것이며 동시에 프로세서 크기는 정확히 절반으로 줄어들 것이라고 예측했다. 그렇게 더 강력하고 더 작으면서도 더 저렴해진 프로세서는 수많은 사용자들에게 이 기술을 사용할 수 있게 해주었다. 많은 사람들이 이야기하듯이 무어의 법칙은 '기술의 민주화'를 가져왔다. 실제로 오늘날 경제적으로 세계 상위 52개국에 속하는 인구의 66퍼센트가 가진 스마트폰의 컴퓨팅 파워는 1969년 최초로 인간을 달로 보낸 아폴로 프로그램 전체의 컴퓨팅 파워보다 더 강력하다.

오늘날 소매 업체 역시 이 최첨단 기술 솔루션을 비즈니스에 이용할 수 있다. 하지만 여기서 꼭 짚고 넘어가야 할 것은 **기술이 그토**

록 강력하다는 사실이 그 어떤 상황에서든 기술을 '사용해야 한다'는 것을 의미하지는 않는다는 점이다. 기술 사용의 이유가 되는 목표(목적)보다 기술(수단) 자체를 우선시하는 태도는, 진정한 혁신보다는 허울뿐인 솔루션을 찾는 근시안적 방식으로 생각된다. 무엇보다도 기술은 그것을 사용하는 사람의 실질적 필요와 연결될 때에만 경험을 활성화하고 배가시킨다. 기술은 어디까지나 명확한 목표를 달성하기 위한 수단이라는 점을 다시금 강조하는 바다. 인간의 실질적인 필요를 해결하고 행위에 의미를 부여할 때에만 기술의 사용은 의미가 있다. 기술의 사용 그 자체를 목적으로 하는 일은 피해야 한다.

전자의 경우에만 우리는 진정한 의미의 혁신을 말할 수 있으며 우리의 포부는 언제나 모든 기술의 복잡성을 '보이지 않게' 만들어 사람들의 삶을 '단순화하는' 데 있어야 할 것이다. 예를 들어 소매업체가 해당 지역 매장들의 네트워크를 개선할 필요성을 느낀다면 대화형 화면이나 첨단 관리 소프트웨어를 도입하기보다 먼저 소비자의 니즈와 시장의 기회에 대한 세심한 분석이 선행되어야 한다. 그런 분석이 끝난 다음 특정 장치를 사용할 때의 실질적인 유용성을 확인해야 할 것이다. 어찌 보면 너무 당연한 얘기라 생각할 수 있으나 실상은 전혀 그렇지 않다는 것을 여러 사례들이 보여준다.

우리 주위를 둘러보면 아무도 사용하지 않거나 실제적인 잠재력에 비해 비용, 시간, 공간의 측면에서 완전히 비효율적인 값비싼 도구들을 사주 접하곤 한다. 만약에 반대로 기술이 보이지 않는 조력자가 되어주어 사람들의 필요와 욕구를 충족시켜주는 서비스를 기획할 수 있다면 어떨까? 그때야말로 기술이 진정한 가치 창출을 가져올 수 있다. 그리고 이것은 비즈니스 전체에 긍정적인 영향을 끼친다. 이러한 변화를 이해하기 위한 가장 좋은 비유는 기술 혁신을 전기에 대입시키는 것이다. 눈에 보이지 않으며, 과거라면 마법처럼 여겨졌을 일들을 가능하게 만든 전기 말이다.

또한 기술 혁신은 사용자에게 **마찰 없는 경험**frictionless experience을 만들어낼 때 더 큰 가치를 가진다. 그러므로 소매 업체는 조직의 프로세스가 아닌 소비자의 필요에 맞춘 프로세스로 고객 경로를 설계해야 한다. 즉, 소비자가 구매 전, 구매 중, 구매 후의 단계에서 진행하는 경로 전체를 주의 깊게 분석해야 하며 그 과정에서 발견되는 위험한 지점들을 제거하거나 적어도 최소화하기 위해 노력해야 한다.

실제로 오늘날 소비자들의 기대치는 한층 높아졌고 이제 사람들은 쇼핑 경험에서 조금의 비효율성도 용납하지 않는다. 온라인이든 오프라인 매장에서든 쇼핑 경험은 그 진행을 방해하는 장애 요소가 없다면 대체로 긍정적으로 나타난다. 그러나 기술적인 문제나 여러 접점들에서 정보 전달에 오류가 발생하면 선택과 구매의 프로세스가 매끄럽게 진행되지 못한다. 그러면 소비자의 인식과 기억에 부정적 결과를 가져올 수밖에 없다. 따라서 소매 업체는 고객과의 모든 상호작용을 쉽고, 단순하고, 즉각적인 것으로 만들어야만 한다. 고객은 매장 내에 머무는 동안 구매와 관련된 수많은 활동을 하며 구매 프로세스를 완료하기 위해 다양한 단계를 거친다. 그러므로 소매 업체가 해야 할 일은 고객이 자신의 목표(구매)를 달성하기 위해 들여야 하는 인지적 노력과 육체적 노력을 최소화하면서 모든 행동이 자연스럽고 매끄럽게 이루어지도록 만드는 것이다.

기술의 진화 속도가 빨라지면서 사람들의 실질적인 요구, 욕구 및 필요에 바탕을 둔 부가가치의 창출이 더더욱 중요해졌다. 최첨단 기술인 하이테크는 소비자의 하이터치High-Touch(미래학자 존 나이스비트가 제시한 개념으로 하이테크의 반대편에 있는 인간적인 감성을 뜻함-편집자)를 확장하는 형태를 띨 때에만 그 의미가 있다고 할 수 있을 것이다. 리테일 4.0의 첫 번째 법칙은 바로 이러한 고찰에서부터 시작한다.

진정한 혁신은 고객이 들여야 하는 시간과 노력을 줄이는 데 있다. 즉, 학습곡선은 사용자가 누릴 수 있는 최종 혜택에 비례해야 한다. 그렇지 않다면 기술 혁신을 촉진시킨 소비자들이 오히려 등을 돌리게 되는 '부메랑 효과'의 위험에 빠질 수 있다. 어떤 프로그램 사용법을 배우기 위해 많은 시간과 노력을 들여야 한다면 어떨까? 고객 만족도는 지연되거나 떨어질 것이 분명하다. 만약 이 프로그램 사용을 꼭 배워야 한다면 소비자가 들이는 노력에 혜택이

비례하도록 기업은 더 많은 주의를 기울여야 한다. 대표적인 것이 스마트폰의 활용이다. 스마트폰은 이미 우리에게 매우 친숙한 기기다. 통계에 따르면 전 세계 인구의 80퍼센트가 매장 안에서 다양한 용도로 스마트폰을 사용한다고 한다. 대부분의 인스토어 마케팅 솔루션이 고객과 상호작용할 목적으로 블루투스, NFC 또는 와이파이 연결을 활용하는 것은 우연이 아니다.

앞서 살펴본 내용과 연계하여 인간과의 대화를 시뮬레이션한 챗봇 소프트웨어의 점진적인 확산을 관찰해보면 무척 흥미롭다. 챗봇의 성장 원인으로는 다음의 세 가지를 꼽을 수 있다.

a. 잘 알려진 플랫폼들을 통해 사용할 수 있다는 점이다. 그중 가장 유명한 플랫폼은 전 세계 10억 명 이상이 통상적으로 메시지를 교환하는 서비스인 페이스북 메신저다.

b. 1년 365일, 하루 24시간 활성화되어 있고 동시 대화를 무제한으로 수행할 수 있기 때문에 고객과의 관계를 매우 효율적으로 관리할 수 있다.

c. 개인 정보 보호 규정을 준수하면서 사용자에 대한 귀중한 정보를 수집하도록 허용하여 경쟁우위를 확보하고 마케팅 전략 및 미디어 플래닝에서의 효율성을 높일 수 있다.

매우 흥미로운 사례는 가장 유망한 이탈리아 IT 기업 중 하나인

인디고 AI^{Indigo AI}가 개발한 챗봇이다. 인디고 AI는 다국적 제약 회사 바이엘^{Bayer}의 이탈리아 사이트인 saperesalute.it 내에 인공지능과 머신러닝 기술을 활용한 채팅 커뮤니케이션을 제공하고 있다. 사이트 방문자들은 이 챗봇 서비스를 통해 건강 및 웰빙에 대한 정보를 검색하고 자신에게 가장 적합한 제품을 찾는 데 도움을 받는다.

챗봇 외에도 특히 이 사이트가 강력한 경쟁우위를 가지는 부분은 두 가지로 꼽을 수 있는데 '**체크아웃 프로세스**'와 '**모바일 결제**'가 바로 그것이다. 체크아웃 프로세스는 고객의 쇼핑 여정을 마무리하는 단계에 발생하는 모든 일을 뜻한다. 전자상거래 플랫폼 내에서 고객은 장바구니에서 결제 화면으로 넘어가 직관적으로 이해할 수 있는 간단한 방식으로 구매를 완료하고 싶어 한다. 매장에서의 경험에서도 이와 똑같다. 실제로 체크아웃은 마찰 없는 경험의 관점에서 소비자에게 가장 중요한 요소 중 하나다. 구매 절차가 복잡하다면, 이 단계에서의 경험이 이전에 구축된 긍정적인 모든 것을 심지어 무효로 만들 수도 있기 때문이다.

일단 원하는 제품을 선택하고 나면 고객은 쉽게 또 가능한 한 짧은 시간에 계산을 마치고 나갈 수 있기를 기대한다. 그러므로 소매 업체는 이런 요구에 부응한 체크아웃 프로세스를 설계함으로써 계산대에 과도한 대기줄이 만들어지는 것을 피해야 한다. 자동 계산대와 같은 인터랙티브 설비의 도입은 이러한 방향으로 내디딘

첫걸음이었으며 그 사용 편의성에 따라 점점 더 많은 소매 업체들이 이를 채택했다.

구매 경험을 개선시킨 더 진보한 기술의 예는 데카트론Decathlon의 결제 시스템에서 찾을 수 있다. 스포츠 용품 전문 체인점인 데카트론은 2016년부터 쇼핑 여정의 가장 중요한 순간을 관리하기 위해 혁신적이고 지능적인 시스템을 매장에 도입했다. 바로 RFID(무선 주파수 인식) 기술을 사용할 수 있는 라벨을 품목에 부착함으로써 고객이 일일이 바코드를 스캔할 필요조차 없게 만든 것이다. 바구니에 제품을 한꺼번에 담아 가면 계산대에서 자동으로 제품의 개수와 총액을 인식한다. 이 솔루션을 통해 데카트론은 대기 시간을 대폭 단축하고 프로세스의 효율성을 크게 높일 수 있었다. 또 다른 예로 애플Apple이나 타깃Target 같은 기업은 여기서 한 발 더 나아가 계산대 자체를 없애는 데까지 이르렀다.

이 사이트의 두 번째 경쟁우위는 바로 모바일 결제다. 수많은 고객이 스마트폰을 쉽게 사용할 수 있다는 점을 고려해보면 이제 모바일 결제는 소비자의 호감을 얻을 수 있는 확실하고도 흥미로운 옵션이다. 비접촉 신용카드가 등장하고 안드로이드 및 iOS 기기용 NFC(근거리 무선통신) 기술이 도입된 후 스마트폰을 통한 결제는 급속히 증가했다. 사람들은 더 이상 현금이나 카드를 가지고 다닐 필요를 느끼지 못한다.

일부 소매 업체는 자사 애플리케이션을 자체적으로 개발함으로써 이러한 기회를 포착했다. 예를 들어 세계에서 가장 큰 소매 유통 체인인 월마트Walmart는 고객이 브랜드 공식 앱을 통해 결제할 수 있도록 만든 월마트페이WalmartPay를 성공적으로 출시했다. 도입 후 초기 몇 개월 동안 이 앱을 사용한 소비자의 88퍼센트가 다음 결제에서 재사용하기로 결정했다. 모바일 결제를 앞서의 체크아웃 프로세스와 연결지어 생각해보자. 매장의 여러 지점에서 자유로이 계산할 수 있고 계산대가 차지하는 물리적 공간의 크기를 조정함으로써 소매 업체는 사실상 한 세기 이상 변하지 않았던 매장 모델을 재정립할 수 있다.

점점 더 혁신적이면서도 간편하고 즉각적인 지불 방법을 만들어 내려는 카드사 역시 이러한 추세에 편승했다. 디지털 결제 분야의 세계적 선두주자인 마스터카드와 비자카드는 지난 2017년 안면 인식과 같은 신체적 특성을 이용한 결제 기능을 도입했으며 지속적으로 개선해나가는 중이다. 지문 인식만 사용하는 시스템과 달리 이들 기업은 점점 더 자연스러운 방식으로, 예를 들면 음성 인식이나 셀카 한 장 찍는 것만으로 거래를 완료하는 경험을 사용자에게 제공하기 위해 부단히 움직이고 있다. 이러한 사례는 소비자의 기술 사용 습관을 알고 사람들의 새로운 행동 습관을 분석하는 것이 어떻게 쇼핑 경험을 개선하기 위한 새로운 솔루션 개발로 이어질 수 있는지 보여준다. 앞서 설명한 이러한 '보이지 않는 기술'들의 결합은 소매 업체가 고객과 새로운 유형의 상호작용을 구축하고 매장 내 구매 경험의 여러 단계를 재정의하도록 해줄 것이다.

마지막으로 고객의 쇼핑 여정에 미치는 긍정적인 영향 외에도 기술의 보이지 않는 적용은 매장 내에서 일하는 직원들에게도 확실한 혜택을 가져다줄 수 있다. 일부 프로세스, 특히 기계적이고 반복 활동을 특징으로 하는 업무의 디지털화는 판매 직원들이 더 많은 시간을 더 큰 부가가치 창출 활동에 쏟을 수 있도록 해준다. 실제로 매장 직원은 계산 노동에서 벗어나 쇼핑객에게 정보를 주고 사람들과의 정서적 연결을 만들어내는 데 전념할 수 있다.

'보이지 말라' 법칙에서 특별히 중요한 사례인 아마존 고의 사례를 짚고 넘어가지 않을 수 없다. 제프 베조스 월드에 최초로 나타난 슈퍼마켓인 아마존 고는 2017년 초, 시애틀에서 베타 테스트 형태로 개시하면서 아마존 직원들에게만 입장을 허용했다가 2018년 초에 대중에 개방했다. 매장에 들어가기 위해 소비자는 아마존 계정을 만들고 아마존 고 앱을 깔아야 한다. 본인 인증으로 입구를 통과하기만 하면 되는데 일단 안으로 들어가면 외관상으로는 일반 슈퍼마켓과 큰 차이가 없다.

그러나 곳곳에 보이지 않는 최첨단 기술 시스템이 고객에게 그 어느 곳과도 비교할 수 없는 경험을 선사하며 약 170제곱미터의 이 슈퍼마켓을 단 하나뿐인 슈퍼마켓으로 만들어준다. 제일 먼저 눈에 띄는 것은 계산대와 계산대 담당 직원이 없다는 것이다. '저스트 워크 아웃Just Walk Out'이라고 부르는 이 기술은 사람들이 신용

카드도 스마트폰도 꺼낼 필요 없이 물건을 들고 그냥 나가면 되도록 해준다. 고객이 매장을 떠나면 아마존이 직접 고객의 계정으로 구매한 제품의 금액을 청구한다. 이것이 가능한 이유는 선반과 천장에 숨겨진 머신러닝, 컴퓨터 비전 및 센서 퓨전의 복잡한 기술 덕분이다. 이 기술은 소비자의 모든 이동과 움직임을 감지하여 쇼핑바구니에 물건을 넣을 때나 선반에 물건을 도로 올려놓을 때를 구분해낸다. 이 과정에서 수집한 정보를 통해 시스템은 실시간으로 애플리케이션의 가상 장바구니를 업데이트할 수 있다. 아마존 고에서는 물리적 세계와 디지털 세계가 감지할 수 없는 방식으로 완벽하게 연결되고 동기화된다.

계산 담당 직원이 없다고 해서 매장 내부에 근로자가 전혀 없다는 뜻은 아니다. 프로세스의 자동화를 통해 아마존은 소비자의 구매 경험을 개선하기 위한 더 중요한 작업에 직원을 투입한다. 직원들은 선반에 상품이 떨어지지 않도록 보충하고 고객의 선택을 돕고 기술적 문제가 발생하면 해결하거나 술을 사고 싶어 하는 사람의 신분증을 확인할 수도 있다.

아마존 고는 우리가 이 장에서 제안하는 '보이지 않는' 접근 방식을 완벽하게 실현해낸다. 앞서 언급했듯이 **기술은 그 자체가 목적이 아니라 여러 형태의 '마찰'을 제거함으로써 쇼핑 여정 및 관련 경험의 단순화를 가능케 하는 강력한 수단이다.** 아마존 고를 이용하는 고객에게는 아무런 인지적 노력도 필요하지 않다. 고객은 그저 서비스를 이용하기 위해 간단한 앱 하나만 깔면 된다.

아마존 고가 우리가 눈여겨보고 영감을 얻어야 하는 사례라면, 소매 업체가 피해야 할 사례도 있다. 바로 깊이 있는 분석 없이 무조건 기술적 진보만을 추구하는 방식이다. 이미 여러 번 강조했듯이 기술적 솔루션은 고객의 실질적 필요에 부응하고 쇼핑 경험에 긍정적인 영향을 미치기 위해서만 고안되어야 한다. 예를 들어, 체크아웃 프로세스의 효율성을 높이기 위해 데카트론이 활용하고 있는 RFID 기술을 식료품 부문에 똑같이 적용할 수는 없는 법이다. 제품(식료품)의 가격에 대비해 스마트 라벨을 삽입하는 비용이 더 들어가기 때문이다. 결과적으로 식료품의 가격 상승을 불러와 소비자에게는 좋지 않은 영향을 미친다. 이처럼 낮은 수익성을 특징으로 하는 식료품 부문에서 이 기술은 성공할 가능성이 낮다. 아무리 기술적으로 뛰어난 솔루션이라 할지라도 그 분야에서의 투자 수익이 낮다면 그 기술은 적합하지 않은 것이다.

기술에 대해 이야기할 때, 사회·문화적 요인 또한 중요하다. 소매 업체는 새로운 도구나 경험을 제안하는 대상인 사람들과 사회적 분위기에 대해 잘 알아야 하며, 단지 매력적이라는 이유만으로 혁신적인 솔루션에 의존하는 오류에 빠져서는 안 된다. 어떤 기술이 '새로운 표준'으로 자리 잡으려면 보통 소비자의 10~15퍼센트를 차지하는 얼리어답터의 장벽을 넘어야 한다. 그 장벽을 넘지 못하면 더 높은 수준으로 기술이 성숙될 때까지(보통 진입 비용의 인하가 일어날 때), 그리고 그 기술과 사람 간의 관계가 성숙될 때까지 기다려야 한다.

요컨대 **'기술'과 '혁신'은 동의어로 간주될 수 없다.** 우리가 이 책에 담은 법칙들을 따른다면 기술은 장기적인 경쟁우위를 가져오면서 혁신을 만들어낼 수 있을 것이다. 그러나 수단과 목적의 순서가 바뀌는 일은 언제든 일어날 수 있으니 항상 경계를 늦추지 말아야 한다.

2

원활하게
하라 *Be Seamless*

어떤 사람도
혼자 교향곡을 연주할 수 없다.
그러기 위해서는
오케스트라 전체가 필요하다.

– 할포드 루콕

스마트폰은 오늘날 우리에게 세계를 보여주는 주요한 '화면'을 상징하며, 우리가 제품, 서비스, 관계, 경험에 접근하게 해주는 통로다. 하루 중 매순간 우리 곁에 있으며 심지어 자는 동안에도 떨어지지 않는 삶의 동반자여서 이미 거의 우리 몸의 일부로 간주될 정도다. 데이터가 이를 확인해준다. 하루 평균 스마트폰 화면은 150회 활성화되고 스마트폰 사용 시간은 177분이다. 반면 1회 평균 사용 시간이 1분 10초라는 점을 생각해보면 우리의 스마트폰 사용이 매우 즉각적이며 동시적인 상호작용으로 이루어진다는 것을 알 수 있다. 다운로드 속도가 느린 웹 페이지를 인내하며 기다릴 수 있는 사람은 많지 않다. 게다가 대다수의 사람들은 사이트 내에서 정보를 찾기 위해 이리저리 둘러보는 일도 좋아하지 않는다. 그 결과 만족스럽지 못한 사용자 경험을 한 사람들은 별다른 고민 없이 다른 곳으로 이동하는 결정을 내린다.

오늘날 스마트폰은 모든 면에서 우리의 개인 미디어personal media**가 됐**

다. 이로써 우리 모두는 늘 다른 사람들과 연결되고 기업과도 얼마든지 연결이 가능해졌다. 후자, 즉 기업과 개인의 양방향 커뮤니케이션은 최근 몇 년 동안 일어난 혁신 중 가장 파괴적인 혁신이라 할 수 있다. 이 변화가 굉장히 중요한 이유는 처음으로 기업이, 지극히 개인적인 방식으로 소비자의 기대치에 부합하여 고객 및 잠재 고객에게 도달하게 됐기 때문이다. 처음으로 소비자는 구매 가능한 제품과 서비스에 관한 모든 정보를 심층적으로 탐색할 수 있게 됐다.

2007년 진정한 의미의 첫 번째 스마트폰인 아이폰이 출시되기 전까지 디지털 세계와 물리적 세계는 별개의 것으로 여겨졌다. 그러나 모바일 기기가 점점 삶의 일부가 되면서 두 세계가 통합된 하이브리드 현실은 새로운 일상으로 자리 잡았다. 실제로 우리가 이 기기들 앞에 '스마트'라는 말을 붙이는 이유는 애플리케이션과 상호작용할 수 있는 네트워크 연결 능력 때문인데, 이 연결성 덕분에 사람들의 생활 속에 점점 더 통합된 여러 서비스가 가능해지고 있는 것이다. 고객은 다른 고객과 지속적으로 연결되며 기업과도 연결된다. 이렇게 기업이 처한 환경은 완전히 달라졌다. 이것이 함축하는 바는 다양하다. 더욱이 최근 10년 동안 우리는 스마트폰을 통해 서로 연결될 수 있는 브랜드와 고객 간의 접점이 현저히 확산되는 현상을 목도했다.

이러한 시나리오는 소매 업계와도 직접적으로 연관된다. 사실상 스마트폰은 진정한 쇼핑 도우미가 됐으며 클릭 한 번으로 원하는 상품을 몇 분만에 살 수 있게 됐다. 정보가 필요한 바로 그 순간에 모든 정보에 액세스할 수 있다는 것은 소비자에게는 큰 힘이자 브랜드에게는 절호의 기회가 된다. 스마트폰은 제품 검색과 즉각적인 구매를 위해 필수적일 뿐만 아니라 실제 매장 내에서도 널리 사용된다. 전 세계적으로 소비자의 48퍼센트가 스마트폰을 이용하여 가격을 비교하고, 41퍼센트가 제품의 특성을 검색하며, 37퍼센트는 쿠폰이나 할인이 있는지 확인한다.

여기서 더 나아가 모바일 연결을 통해 매우 다양한 채널과 플랫폼에서 검색, 예약 및 구매할 수 있는 가능성이 열렸다. 이 덕분에 소비자는 가능한 한 많은 방법으로 시간과 노력을 절약하고자 한다. 이런 상황에서 소매 업체가 해야 할 일은 하나뿐이다. 고객의 구매 경로를 계획하고 설계하고 가속화할 수 있는 솔루션을 구현하여 고객이 자신에게 가장 적합한 조건으로 구매할 수 있게 유도하는 것이다.

한마디로 우리는 지금, 고객 경로가 수백 개의 '작은 순간'들로 단편화되는 것을 보고 있다. 구글은 여기에 **'미시적 순간'**이라는 이름을 붙였다. 오늘날 소비자의 마음과 돈을 얻으려는 전투가 이러한 미시적 순간에서 승리를 거두거나 패배를 맞고 있다. 이 미시적 순간들은 소비자의 의사결정 과정과 선호도가 형성되는 방식 모두에서 구매 행동을 영원히 바꿔놓았다.

이러한 변화는 당연히 소매업 분야에도 영향을 미쳤다. 통계에 따르면 오프라인 매장의 '유입 인구'는 과거에 비해 감소하고 있지만 직접 매장을 방문하여 구매를 '완료'하는 사람들의 전환율은 높아졌다. 이는 매장이 브랜드와 접촉할 수 있는 광범위한 관계 프로세스에서 마지막 단계에 놓여 있음을 의미한다. 이제 사람들은 매장의 문턱을 넘기도 전에 제품을 검색한다. 사실상 오늘날의 소비자는 1장에서 설명한 '5A'의 여정 속에서 많은 접점과 채널에 접속할 수 있다. 그리고 이러한 다중 채널 접근 방식은 소매 업계에서 두 가지 현상으로 구체화된다. 쇼루밍showrooming과 웹루밍webrooming이 바로 그것이다. **쇼루밍**은 실제 매장에서 시작하여 온라인으로 끝나는 프로세스를 뜻한다. 반면, **웹루밍**은 온라인에서 시작해 실제 매장에서 구매하는 것으로 끝난다. 이 두 개념은 사람들이 물건을 구매할 때 이곳저곳을 기웃거리며 흔히 물리적 채널과 디지털 채널을 여러 번 오가는 구매 경로를 취하는 모습을 구체적으로 보여준다.

쇼루밍과 웹루밍의 특징들을 들여다보면, 제품과 서비스의 특성에 따른 소비자의 욕구와 동기를 파악할 수 있다. 예를 들어, 쇼루밍은 소비자가 제품과의 물리적 접촉 또는 판매 직원의 조언을 원해 매장을 둘러보기로 결정한 다음, 인터넷에서 더 유리한 가격을 찾아 결국 온라인에서 구매를 완료한다. 쇼루밍을 하는 사람들 눈에 오프라인 매장은 모든 면에서 단순한 쇼룸에 불과하다. 반면에 웹루밍의 경우, 소비자는 웹 채널을 이용하여 자신에게 적합한 제품을 검색하고 정보를 얻은 다음 실제 매장에서 구매를 완료한다. 이는 온라인 거래에 대한 신뢰가 부족하거나 전문가의 보장이 필요하거나 아니면 제품을 손으로 만져보고 싶은 욕구에서 비롯된 결정일 수 있다. 앞서 언급했듯이, 이 문제가 더 복잡해지는 이유는 사람들이 매장을 둘러보는 쇼핑과 온라인 쇼핑을 번갈아가며 함으로써 이 두 가지 길을 여러 번 교차하는 경향이 있기 때문이다. 만약 당신이 TV를 사야 해서 가격과 모델을 비교하는 사이트를 둘러본다고 가정해보자. 일단 구매 후보 목록이 준비되면 실제 매장으로 가서 특정 기능을 직접 확인하고 당신의 선택을 검증한 다음, 다시 다른 사용자들의 리뷰를 읽을 목적으로 온라인으로 돌아갈 것이다. 그리고 그 시점에서 생기는 의문스러운 점을 해소하기 위해 해당 기업 또는 선택한 체인점의 고객 서비스 챗봇과 상호작용하거나 통화를 할 수 있다. 마지막으로 당신은 매장으로 돌아가 최종 결정을 내리거나 선택한 사양의 가격을 알아내고 어쩌면 다시 온라인으로 이동해서 가격을 절약할 수 있는 기회나 더 나은 AS를 받을 가능성을 탐색할 수도 있다. 그러므로 기업에게 가장 큰 도전은 이러한 복잡성을 효과적이고 일관된 방식으로 통제하는 데 있다.

의사결정 프로세스가 길고 또 더 많은 확인이 필요한 경우, 즉 관심도가 매우 높은 제품이나 서비스의 경우, 사람들은 이 터치 포인트들 사이를 거의 정신 나간 것처럼 뛰어다니는 경향이 있다. 사람들의 이러한 노력을 감소시키기 위해 BMW 영국 법인은 스마트 폰을 사용하여 구매 경로를 시작할 수 있는 솔루션을 개발했다. 잠 재적 고객이 잡지나 광고판에서 BMW 자동차 이미지를 발견하고 스캔하면 자동으로 전용 미니 사이트로 연결돼 자신이 본 모델의 특성을 살펴볼 수 있다. 시각적 인식 프로세스를 최대한 쉽고 효율 적으로 만들기 위해 BMW는 매달 1억 명 이상의 사람들이 이용하 는 세계에서 가장 유명한 음악 검색 앱인 샤잠Shazam과 같은 시스 템을 선택했다. BMW의 이 솔루션은 사용자를 플랫폼으로 자연스 럽게 끌어들이고 혹시라도 있을 수 있는 사용자의 요청에 따라 차 량을 맞춤 제작할 수 있게 설계됐다. 게다가 이 모든 과정은 주문 완료까지 채 10분도 걸리지 않는다. 구매가 완료되지 않은 경우에 도 BMW는 고객과 가장 가까운 대리점에서 더 많은 정보를 제공 하고 거래를 완료할 수 있도록 유도한다.

이 사례는 물리적 차원과 디지털 차원 간의 완벽한 통합에 의해, 과거에 길고 복잡했던 구매 행위들이 앞으로는 훨씬 더 짧은 시간 내에 해결될 수 있음을 보여준다. 그리고 뒤에서 더 자세히 설명하 겠지만 이는 사람들이 판매 채널에 대해 점점 더 상관하지 않게 되 면서 더 극대화될 것이다. **요컨대, 쇼루밍과 웹루밍은 '피지털 마케팅** phygital marketing **(physical(물리적인)과 digital(디지털)의 합성어-편집자)'이 라고 부르는 물리적 제품과 디지털 서비스가 결합된 형태라고 정의할 수 있다. 말하자면 브랜드와 사람 사이의 매끄럽고 원활한 상호작용을 돕기**

위해 물리적인 것과 디지털적인 것이 혼합되어 있는 양상을 뜻한다.

이렇듯 온라인 및 오프라인 채널 간 통합은 미래 소매업의 핵심이라 해도 과언이 아니다. 오랫동안 분리되어 존재했던 이 두 세계 사이의 장벽을 허무는 일이야말로 모든 소매업에게 필요한 조치다. 오늘날 사람들은 일반화된 방식으로 브랜드를 경험하기 때문에 '고객'과 '디지털 고객' 간의 차이는 존재하지 않는다. 콘텐츠나 지원이 디지털적인지 물리적인지의 차이는 기술로 시공간을 자유롭게 넘나들면서 그 구별이 의미 없게 됐다.

소매 업체는 이러한 변화에 발맞춰야 한다. 무엇보다 온라인과 오프라인 그리고 그 사이의 과정이 원활하게 이루어질 때 발생하는 큰 기회를 포착해야 한다. 이것이 바로 소비자들의 요구 사항이다. 새로운 시대의 소비자들은 독특하고 실체적인 경험을 원하고 연결되어 있기를 원하며 그 어떤 경계 내에 갇혀 있기를 원치 않는다. 그들은 더 이상 고립과 불일치를 참아주거나 자신의 목표를 달성하지 못하는 것을 허용하지도 않는다.

바로 이 시점에서 이 장의 주제, '원활하게 하라Be Seamless' 법칙을 소개할 수 있겠다. 사람들은 소통하고 정보를 얻고 구매를 하는 채널에 대해 점점 더 구별하지 않곤 한다. 즉, 새로운 시대의 소비자는 **'온라이프 커머스**onlife commerce(온라인과 오프라인의 합성어-편집자)'라고 정의할 수 있는 경험을 원한다. 여기서는 '구매'가 구매자와 판매자 간의 접촉이 이루어지는 매우 광범위한 관계 프로세스

중 마지막 단계에 불과하다. 자신의 소통 상대가 소비자이자 고객이자 사용자의 역할을 통합한 사람이라는 점을 고려하면 소매 업체는 원활한, 즉 물리적 접점과 디지털 접점 사이의 매끄러운 경험을 제공하기 위해 노력해야 한다.

다시 말해 오늘날 브랜드가 가진 모든 디지털 및 물리적 채널은 단일한 생태계로 통합돼야 한다는 얘기다. 소비자 중심의 시대에 사는 소비자는 브랜드에 대해 언제나 의미 있고 적절한 경험, 무엇보다 고객 접점에서 수시로 발생하는 여러 요구가 충족되기를 기대하기 때문이다. 따라서 기업, 특히 소매 업체는 멀티채널이 아닌 '옴니채널' 접근 방식을 채택해야 한다. 이는 무슨 의미일까?

멀티채널 전략은 다양한 플랫폼에서 브랜드와 사람들 간의 상호 작용을 통해 모든 채널에 통일된 메시지를 전달하는 것을 뜻한다. 멀티채널 시스템의 약점은 채널 간 상호 연결이 부족하다는 것이다. 그래서 채널들 사이에 일관성 있는 소통이 이루어지지 못하고 시너지 창출에 실패하곤 한다. 또 이들 채널은 각자 달성해야 할 목표 및 성과 지표KPI를 사용하여 개별적으로 관리된다. 이러한 경향은 종종 상호 자기 잠식으로 이어지고 자원과 기회의 심각한 낭비를 초래한다. 온라인으로 구매한 신발 한 켤레를 같은 브랜드의 오프라인 매장에서 반품하려고 할 때 불가능하다는 소리를 듣는다거나 또는 특정 오프라인 매장에서 제품의 재고 여부를 온라인으로 확인하려고 할 때 사이트에서 재고 현황을 검색할 수 없는 일이

발생하는 것이다. 이는 두 시스템이 같은 기업에 속해 있어도 서로 소통하기 않기 때문이다.

반면에, **옴니채널** 시스템은 멀티채널에서 더 진화한 방식으로, 서로 다른 채널들의 기능과 본질을 통합한다. 수많은 접점들을 한 브랜드의 개별 부분으로 설정하는 대신, 옴니채널 접근 방식은 각 채널에서 일관된 브랜드 경험을 선사한다. 옴니채널 시스템의 강점은 고객 경험에 대한 '전체론적' 비전에 있다. 즉, 실제 목표는 거래 발생에 있다기보다는 사용 가능한 모든 채널에서 매끄럽고 원활한 경험을 제공하고 개발하는 데 있다.

이 체계에 따라 작동하는 접점들은 브랜드의 요소뿐만 아니라 브랜드 전체와도 직접적으로 관계를 맺을 수 있다. 그리고 접점들은 일관성 있게 서로를 강화한다. 옴니채널 마케팅은 시스템의 여러 지점들을 연결하여 브랜드에 대한 적절하고 증폭된 경험을 제공한다. 그 속에서 채널은 하나의 도구에 지나지 않는다. 이렇게 모든 접점과 채널을 활용함으로써 브랜드는 매끄럽고 원활한 쇼핑 경험을 제공할 수 있다.

효과적으로 설계된 옴니채널 경험에서 사람들은 각각의 채널을 다르게 인식하지 않고 기업에서 제공하는 단일 '서비스'라고 인식한다. 이러한 결과를 얻기 위해서는 시스템 자체를 완벽하게 통합할 수 있도록 시스템의 단일 요소들을 개선시켜야 한다. 그렇게 하면 브랜드는 매체가 아닌 메시지에 집중함으로써 훨씬 더 자연스러운 방식으로

사람들은
소통하거나
정보를 얻거나
구매를 하는
채널들에 대해 점점 더
구별하지 않는
태도를 보인다.

적절한 경험을 제공할 수 있다.

고객은 브랜드의 본질과 언제나 일치하는 경험을 기대한다. 고객이 브랜드와 상호작용할 때, 다양한 채널을 통하더라도 하나로 통합된 독특한 경험을 하길 기대하는 것이다. 옴니채널 전략은 서비스의 유용성을 기술보다 우선시하며, 우리가 '보이지 말라' 법칙에서 말한 것처럼 기술을 목표 달성을 위한 도구로 활용한다. 목표는 어디까지나 소비자에게 통합된 경험을 제공하는 것이다.

많은 브랜드와 소매 업체가 채널의 다양성에만 골몰하다 일관된 방식으로 자신을 내세우는 데 너무 자주 실패하곤 한다. 바로 이러한 이유 때문에 브랜드 경험을 드높이기 위해서는 멀티채널 접근 방식을 뛰어넘어 옴니채널 접근 방식으로 옮겨가야 한다.

무엇보다 그 어떤 순간에도 흔들리지 않는 탄탄한 전략을 개발하고자 한다면 브랜드와 소매 업체는 사람의 마음이 움직이는 상황과 그 맥락에 집중해야 한다. 그래야만 '우와!' 하고 감탄하는 순간들이 훌륭한 브랜드 스토리에 자연스럽게 녹아들어갈 수 있다. 각각의 상호작용은 기존의 관계를 강화하거나 새로운 관계를 구축할 수 있는 기회다. 사용자를 진지하고 매력적인 생태계에 몰입시킬 수 있을 때야말로 브랜드 약속brand promise은 마침내 생생하고 구체적이 된다. 브랜드가 준비한 각 채널에 투영되어 상호작용의 가치를 높이는 후광이 되는 것이다.

한마디로 원활한 연결을 만들어낸다는 것은 온라인 세계와 오프라인 세계를 융합하고, 콘텐츠 및 이용에 관한 각 접점의 특성을 존중하고, 동시에 각 부분의 단순한 합계보다 높은 가치를 발생시키면서 모든 채널에서 원활한 경험을 고객에게 제공한다는 의미다. 이 모든 것은 고객이 브랜드의 접점이 아닌 '브랜드 자체'와의 관계 구축을 원한다는 것을 인식할 때 이루어진다. 이러한 생태계를 만드는 것이야말로 내일을 준비하는 소매 업체에게 필수적인 일일 것이다.

운영의 관점에서 옴니채널 소매업은 이른바 '항상 연결되어 있는 소비자'가 동일한 데이터베이스에 통합된 쇼핑 채널 이곳저곳을 자유로이 이동할 수 있게 한다. 판매 및 홍보 활동은 특정한 채널을 대상으로 해서는 안 되며 모든 채널을 통해 액세스할 수 있어야 한다. 따라서 소매 업체에게는 모든 매장 방문을 최적화하는 데 적합한 디지털 도구를 고객들에게 공급하는 것이 근본적으로 중요하다. 소매 업체는 공급이 일관되게 또 동시에 진행될 수 있도록 창고 관리 시스템을 통합해야 한다. 공급 부분에서 이렇게 구축된 내비게이션 시스템을 제공해야만 한 채널이 다른 채널을 잠식하는 것을 방지할 수 있다.

옴니채널 마케팅의 결과는 가시적으로 나타난다. 인터내셔널 데이터 코퍼레이션에서 실시한 한 설문 조사에 따르면 옴니채널 구매자는 단일 채널에서 구매하는 사람에 비해 생애 가치lifetime value가 30퍼센트 더 높은 것으로 나타났다. 미국 대형 유통 업체의 상징적 체인인 메이시스 백화점Macy's은 이러한 유형의 쇼핑객이 단일 채널과 상호작용하는 쇼핑객보다 회사에 여덟 배 더 가치가 있다고 계산했다. 고객은 선택의 폭이 더 넓고, 자신이 원하는 방식으로, 원하는 시간에 상품을 구매할 수 있을 때 브랜드에 더 많이 충성한다는 사실이 이를 설명한다.

전 세계 17개국에 730점 이상의 매장을 보유한 코스메틱 체인 세포라Sephora도 매장 담당 직원과 디지털 채널 담당 직원 간의 통합이 가장 중요하다는 사실을 이해했다. 지금은 명품 부문의 세계적인 리더 기업인 LVMH가 소유하고 있는 이 프랑스 브랜드는 달라진 쇼핑 형태에 적용하기 위해 디지털 팀과 실제 매장의 팀을 통합하여 조직을 개편했다. 이후 회사의 최고 경영진은 고객 서비스도 통합하기로 결정했다.

세포라의 이런 변화는 고객 경험 측면에서뿐만 아니라 비즈니스 성과를 측정하고 평가하는 방법 또한 재정의하도록 만들었다. 내부 자료에 따르면, 이러한 통합 작업을 통해 새롭고 보다 완전한 고객 프로파일링이 탄생할 수 있었다고 한다. 고도화된 이런 프로파일링은 고객의 행동을 정확하게 재구성해준다. 이를 활용해 고객을 효과적으로 끌어들이고 구매까지 이어지도록 최상의 전략을 짤 수 있다. 이렇게 세포라는 이전에는 불가능했던 각 채널 간의 시너지 효과를 통해 모든 채널에서 소비자와 굳건한 관계를 구축하고 있다.

자라Zara도 흥미롭고 통합된 구매 방식의 가장 혁신적인 사례를 제공한다. 2018년 1월, 스페인 패스트 패션 산업의 거인인 자라는 가장 충성스럽고 까다로운 구매자들의 모든 희망 사항과 요구 사항을 실현한 팝업 매장을 런던에 오픈했다. 메가 쇼핑센터인 웨스트필드 스트래트퍼드 시티Westfield Stratford City 내부에 위치한 면적 200제곱미터인 이 매장은 그날 들어온 온라인 주문을 취합하고 현장에서 반품 및 교환을 관리하며 스마트폰을 통해 신속하게 결제할 수 있는 시스템을 갖췄다. 게다가 쇼핑객은 RFID 기술이 적용된 '스마트 거울'을 사용할 수 있었는데, 이는 착용해본 옷의 재고가 지금 몇 개 남았는지 보여주고 의상과 함께 매치할 조합을 알려주는 기기였다. 방대한 양의 남성 및 여성용 의류와 액세서리가 전시된 이 팝업 매장에서 고객은 제품을 자유롭게 고르고 블루투스로 연결되는 특별 스테이션에서 편하고 신속하게 결제할 수 있었다.

임시 매장이었기에 2018년 5월에 문을 닫긴 했지만 이 시도는 플래그십 매장에 대한 또 다른 도전으로 이어졌다. 이 새로운 매장은 4,500제곱미터 크기에 여성용, 남성용 및 아동용 부문이 갖춰져 있으며 동시에 2,400개의 택배를 동시에 처리할 수 있는 두 개의 로봇 창고에 연결된 '온라인 구역'이 있다. 게다가 전자상거래 고객은 자라, 인디텍스Inditex 또는 인월렛InWallet 애플리케이션을 통해 그 자리에서 물건을 찾아가고 자신의 스마트폰으로 결제할 수도 있다.

옴니채널 통합의 또 다른 완벽한 예시는 라니에리Lanieri가 보여준다. 라니에리는 2011년 설립된 이탈리아 전자상거래 기업으로, 남성 의류 맞춤 제작 전문 회사다. 스타트업 단계를 지나 현재 전 세계 50개국 이상으로 지점을 넓히며 해마다 성장을 거듭하고 있다. 이들의 성공 비결은 무엇일까? 이 브랜드는 옴니채널 전략과 해부학적 치수 측정 알고리즘 같은 개인화된 서비스를 제공한다. 기술과 전통을 결합하여 고객이 간단하고 직관적인 방식으로 고급 맞춤 제작 수준의 의류를 자율적으로 만들 수 있도록 한다. 이처럼 라니에리는 최첨단 온라인 플랫폼을 갖추고 있지만 이탈리아와 해외의 주요 도시들에 몇몇 아틀리에를 열어 오프라인의 입지를 활용하기로 결정했다. 그 이유는 간단하다. 어찌 보면 가장 까다롭고 복잡한 이 브랜드와의 첫 접촉을 스타일 컨설턴트의 도움을 받으며 제품을 직접 경험할 수 있도록 오프라인에서도 그 기회를 제공하려는 것이었다. 그러고 나면 고객의 디지털 프로필이 매장에 생성되고 그 순간부터 고객은 온라인으로 간편하게 구매를 진행할 수 있다.

또 다른 남성 신발 전문 회사 벨라스카Velasca도 디지털에서 시작된 옴니채널 통합의 흥미로운 사례를 제공해준다. 마르케Marche(이탈리아의 20개 주 중 하나—옮긴이) 주에서 생산한 다양한 신발류를 국제 시장에 공급하는 이 이탈리아 스타트업은 사실상, 순수 디지털 플레이어로 시작했다. 그러나 팝업 스토어를 거쳐 실물 시장으로 그 테스트 범위를 점차적으로 넓혀 갔다. 매장을 열 도시는 미시경제 분석과 시장 조사를 통해 그리고 웹 사이트 및 소셜 미디어 분석을 통해 결정했으며, 이로 인해 어느 나라가 가치 제안value proposition을 중요하게 생각하는 경향이 더 있는지 명확하게 추론할 수 있었다. 벨라스카는 접촉 채널과 구매 채널에 관계없이 단일 고객 관점single customer view의 원칙에 따라 고객을 인식하고 지원한다. 물리적 접점과 디지털적 접점 사이의 시너지 효과를 극대화하고 사람과 브랜드 사이의 관계를 단순화하는 방식으로 말이다. 물론 온라인 거래는 여전히 벨라스카 총 매출의 3분의 2를 차지할 만큼 중요하지만 실물 매장은 고객과의 접촉 지점이라는 면에서 또 다른 의미로 중요하다. 브랜드에 견고함을 부여하고 많은 고객이 소셜 미디어에 글을 올렸듯이 브랜드를 '실제적'이고 '신뢰할 수 있는' 것으로 만들기 때문이다. 이 기업은 향후 2년 동안 전 세계 여러 수도에 여덟 개 매장의 개점을 계획하고 있으며, 신발류 분야에서 이탈리아 스타일, 장인 정신 및 혁신을 강화하다는 목표를 단호히 추구하고 있다.

마지막으로, '원활하게 하라' 법칙에 대한 논의를 마치기 위해 몇 년 전 소매 업계를 뒤흔든 사건 하나를 인용할 수밖에 없겠다. 아마존의 홀푸드 마켓Whole Foods Market 인수가 바로 그것이다. 홀푸드는 미국, 캐나다 및 영국에 470개 이상의 슈퍼마켓을 보유한 미국의 식품회사다. 2017년 6월, 아마존은 137억 달러를 투자하여 홀푸드를 인수했다. 아마존의 이런 움직임은 순수 디지털 플레이어 형태를 완전히 버리고 미국 식료품 시장에서 가장 중요한 업체 중 하나와 '원활한 통합'을 시작하겠다는 의지 표명과도 같았다. 이로 인해 고객 경험의 새로운 표준이 다시 정립되기에 이르렀다. 이제 소비자는 온라인으로 홀푸드 매장의 신선한 식품을 구매하고 배송받으며 아마존 프라임^{Amazon Prime} 같은 '구독 서비스'를 통해 정기적으로 물건을 자동 구입할 수도 있다.

이로써 아마존은 온라인 소비 통계 분석 저장소이자 물류 관리자이며 지리적으로 매우 광범위한 지역에 퍼져 있는 수많은 물리적 공간의 소유자가 됐다. 홀푸드 마켓의 프리미엄 가입자를 흡수함으로써, 나아가 도시 지역에 있는 고급 유통 체인을 인수함으로써, 아마존은 통합된 물리적 구조를 기존에 제공하던 서비스에 추가했다. 또한 허브 앤 스포크^{hub and spoke}(출발지에서 발생하는 물량을 중심 거점으로 모으고 중심 거점에서 물류를 분류하여 다시 각각의 도착지로 배송하는 형태-편집자) 접근 방식을 강조하여 점점 더 다양해지는 제품에 대해 점점 더 즉각적인 배송을 제공하게 됐다. 이 브랜드는 온라인 세계와 오프라인 세계를 원활하게 오고가며 사람들의 구매 경험 속으로 나날이 파고들고 있다.

지금까지의 내용을 요약하자면 **멀티채널은 인사이드 아웃**^{inside-out} **접근 방식**이라 할 수 있다. 즉, 기업과 브랜드가 우선순위 및 다양한 채널에서 예상되는 소비자의 움직임에 따라 다양한 커뮤니케이션 채널에서 활동을 계획하는 방식이다. 반면, **옴니채널은 아웃사이드 인**outside-in **접근 방식**으로, 총체적인 고객 경험에 우선순위를 부여하고 소비자가 선호하는 것을 바탕으로 활동을 계획하는 방식이다. 사실 이것은 우리가 서두에서 논한 바 있는 비즈니스 세계와 사람 사이, 발신자와 수신자 사이의 재조정을 구체적으로 보여주는 것이다.

이러한 기업들의 사례는 옴니채널이 전통적인 회사에게도 갈 만한 길이며 중요한 경제적 수익을 창출할 수 있음을 보여준다. 그럼에도 옴니채널 전략이 요구하는 엄청난 노력을 과소평가해서는 안 된다. 앞서 말한 혜택들을 얻기 위해서는 기술에 대한 투자와 직원 교육이 필요하며 새로운 전문성을 획득해야 하고 공급 과정에서 다양한 업체들과의 조정이 필수적이다. 그러나 이러한 어려움은 대부분의 관리자에게 부담으로 작용하기에 단기간에 성과를 내야 하는 기업들은 결국 기업의 필요들을 부분적으로만 충족시키는 전략을 채택하곤 한다. 소매 업체가 디지털 전환을 수용할 때 나타날 수 있는 이러한 리스크를 줄이는 접근 방식에 대해서는 뒤에 나올 "시너지 효과를 일으켜라Be Exponential"와 "대담해져라Be Brave" 법칙에서 더 자세히 설명할 예정이다.

3

명소가 되라 *Be a Destination*

사람들은 제품과 서비스가 아니라
관계와 스토리와 마법을 구매한다.
- 세스 고딘

여기까지 책을 읽은 사람이라면 지속적인 성장에도 불구하고 온라인 채널이 오프라인 채널을 완전히 대체할 수 없을 것이라는 사실을 분명히 알았을 것이다.

"백문이 불여일견이다. 사람들이 먼저 제품을 써보도록 해야 한다." 샤오미Xiaomi 부회장의 말이다. 그러므로 전자상거래가 지배하는 시대에 이 중국 거대 전자제품 기업이 전 세계 2,000개 이상의 매장을 열기 시작한 것은 결코 우연이 아니다.

실제 매장이 여전히 전략적 중요성을 가지고 있는 것이 사실이지만 새롭고 독특한 기능을 수행하려면 진화해야 한다. 소비자가 제품과 물리적 접촉을 하려는 경우가 분명히 많긴 하다. 그러나 진열대에 상품을 단순히 진열하는 것만으로는 더 이상 충분하지 않다. 소매업에 대한 새로운 개념 안에서 실제 매장의 역할을 이해하기 위해 우리는 무엇보다 소비자가 쇼핑을 대하는 방식의 파괴적 진화를 심도 있게 논의하는 것부터 해야 한다.

사람들은 매우 자주 '상품'이 아니라 '의미'를 구매한다. 그들은 정서적, 심리적, 심리 사회학적 이유로 제품과 서비스를 선택한다. 실제로 사용 경험은 점점 더 복잡해지고 있다. 이 영역에서는 제품과 서비스도 서로 교차하지만 다양한 프로세스와 다른 사람들 또한 서로 교차하며, 물리적 공간과 디지털 공간 모두에서 이런 일이 벌어진다. 소비자로서 우리는 이러한 경험의 질에 따라 어떤 제품에 대해 비용을 더 지불하거나 덜 지불할 용의가 있다. 오늘날 구매 행위는 브랜드와 소매 업체에 대한 신뢰도 및 가성비로 결정되곤 하는데, 이는 모두 추상적 가치와 관련되어 있다. 그리고 이러한 '차별적인' 가치는 고객 경로의 무수한 순간에 놓여 있을 수 있다.

구매 선택이 '제품의 기능적 우월성'만을 기준으로 이루어졌던 시대는 이미 지나갔다. 이러한 변화에 대응하려면 판매자는 자신의 브랜드를 잘 표현하며 사람들의 마음을 끌어당길 수 있는 스토리를 만들어야 한다. 사실상 오늘날에는 제품과 관련된 '경험'이 제품 자체보다 더 중요하다고 단언할 수 있다. 부티크에 들어갈 때 우리가 어떤 부분에 몰입하는지 생각해보자. 원단의 상태와 옷을 만드는 전문적인 솜씨는 당연히 고객에게 실질적 가치이지만, 경쟁 제품과 차별화하기에는 충분치 않을 수 있다. 따라서 결정적인 한 방은 가치를 전달하고 고객에게 특별한 관심을 쏟을 수 있는 유일무이한 분위기 속에서 제품이나 서비스를 선보이는 것이다. 본질적으로, 오늘날 사

오늘날 구매 행위는
브랜드와 소매 업체에 대한
신뢰도 및 가성비로
결정되곤 하는데,
이는 모두 눈에 보이지 않는
추상적 가치와 관련되어 있다.

람들이 무엇을 구매하고 소비할 의향이 있는지를 결정짓는 것은 바로 경험이다.

이러한 추세에 따라 지난 30년 동안 마케팅 전략은 전통적인 커뮤니케이션 및 판매 패러다임에서 점점 멀어지면서, 그 당시까지는 덜 체계적이라 생각됐던 '무형적 구성 요소'를 제품에 주입하기 위해 노력했다. 오늘날 이 요소는 사실상 비즈니스에서 가치를 창출하는 주요 수단 중 하나가 됐다. **소비자는 구매 단계에서 항상 새로운 자극을 찾는다. 적극적인 유혹, 그 정서, 특별한 매장에 들어가 특정 브랜드나 상품을 선택할 이유들을 요구하는 것이다.**

고객의 정서적, 경험적 측면이 결정적으로 중요하다는 논의를 중심으로, 최근에는 CSE^{customer shopping experience}(고객 쇼핑 경험)에 초점을 맞춘 마케팅 접근 방식이 개발됐다. CSE의 목표는 소비자가 매장 내에서 의미 있는 순간들을 반드시 경험하게 하는 것이다. 여기서 구매는 풍부한 프로세스 내의 마지막 단계일 뿐이다. 오늘날 구매 결정을 내리는 데까지는 어느 정도의 변심이나 강한 호기심과 같은 여러 요인들이 작용한다. 제품 또는 서비스를 향한 '여정'은 즉각적으로 신속하게 일어날 수도 있고 반대로 오랜 시간에 걸쳐 나타날 수도 있다. 그렇기 때문에 특정 채널 또는 특정 접점만을 살펴봐서는 안 된다. 대신 모든 요소들을 통합적으로 평가해야 한다.

즉각적인 판매로 이어지지 않는 접점이 반드시 비효율적이라고 간주해서는 안 된다. 다른 측면에서 사람을 자극하고 향후 구매에 대한 의향을 서서히 주입시킬 수도 있기 때문이다. **오늘날 소매업은 소비자의 가방 속에 제품을 넣는 것이 아니라 소비자와 시간이 지나도 지속될 수 있는 '크로스 미디어 관계'를 구축하는 것을 목표로 해야 한다. 즉, 소비자와의 관계 구축이 먼저고, 그 후에 소비자가 가장 적합하다고 생각한 타이밍과 방식으로 보상이 돌아온다는 것을 이해해야 한다.**

기존의 매장 운영 논리를 뒤집는 이런 연구들은 고객 경로에서 새로운 역할을 할 오프라인 매장들의 재탄생이 임박했음을 보여준다. 이제 소비자들은 구매, 즉 경제적 거래만을 위해서 매장에 가지 않는다. 실제로 점점 더 많은 사람들이 새로운 것을 배우고 소속감과 생활방식을 느끼고 표현할 수 있는 일종의 '놀이터'로서 매장을 찾는다. 매장은 소비자가 단순히 물건을 구매하는 곳이기보다 더 재미있고 더 유익한 경험을 기대하기 위해 찾는 곳이다. 이렇듯 맥락이 있는 경험과 정서적 경험이 갖는 중요성은 데이터로 입증된다. 전 세계 소비자의 85퍼센트 이상이 제품과 관련하여 기억할 만한 경험을 얻는 대가로 제품 기본 가격의 최대 4분의 1을 더 지불할 용의가 있다고 밝혔다. **이렇게 해서 매장은 '경험하는 장소'가 되며, 단순히 가야 하는 곳**have-to-go-place**에서 가고 싶은 곳**want-to-go-place**으로 인식이 전환된다.** 가야 한다는 부담은 없고 대신 머물고 싶은 욕구와 즐거움이 있는, 만족스런 경험들의 저장소. 이것이 바로 "명소가 되라Be a Destination" 법칙이 의미하는 바다.

매장의 재탄생과 새로운 기능은 무엇보다도 사람들이 자신의 새로운 구매 선택 방식에 자연스럽게 적응한 데서 그 기원을 추적할 수 있다. 앞서 언급했듯이, 소비자는 자신의 배경뿐만 아니라 정서와 판타지에 영향을 받는다. 쇼핑할 때 기능적이고 실용적인 정보뿐만 아니라 희열을 느끼고 미적 욕구를 만족시키기 위해 감각적이고 재미있는 자극에 노출되기를 원한다. 이렇듯 탐구 요소와 관계 요소는 소매업의 필수불가결한 부분이므로 거래와 관계가 있지 않을 때에도 이에 대한 가치평가가 이루어져야 한다. 그래야만 소매 업체는 자신의 고객과 깊은 정서적 연결을 구축하고 디지털이 할 수 없는 방식으로 고객의 열망에 응답하여 단기 판매보다 더 큰 가치를 창출하는 장기적인 유대 관계를 구축할 수 있다.

소매 업체는 시장이 제기한 이러한 도전을 신속하게 수용하고, 자신의 매장을 사람들이 방문하고 싶은 '마법의 장소'로 변모시키는 전략을 개발하는 데 최선을 다해야 한다. 이 장소에서 고객들은 자기 자신에 대한 정체성을 구축할 수도 있다. 소매 업체가 가져야 할 목표는 단순히 물건을 파는 장소가 아닌 라이프스타일 시장 lifestyle marketplaces 으로 정의되는 장소에 도달하는 것이다. 사람들이 자신의 정체성을 재정의하는 과정에서 제품이나 브랜드 세계를 탐험할 수 있는 기회를 주는 장소 말이다.

경험의 중요성을 인식하면 소비자의 참여를 이끌어내고 상호작용에 초점을 맞춘 활동이나 이벤트를 계획할 수 있게 된다. 26퍼센트의 사람들이 매장 내 이벤트에 참여한 적이 있다고 답했으며, 이 중 58퍼센트는 앞으로 같은 매장에서 구매할 가능성이 더 높아졌다고 밝혔다. 이러한 이유로 여러 회사가 플래그십 스토어를 모임 장소gathering places, 즉 집합 및 공유의 장소로 전환하기로 결정했다. 어떤 회사는 직업 교육 수업을 제공하고 또 다른 회사들은 레크리에이션 이벤트를 조직하며, 스파와 피트니스 공간을 갖춘 곳을 찾는 것도 그리 어렵지 않다. 소매 업체는 사람들이 자사 브랜드에 긍정적인 이미지를 심어줄 수 있는 이런 레크리에이션 활동의 이점을 알고 있는 것이다.

이 모든 것은 구매가 어디에서나 가능하므로 오프라인 매장의 특성은 구매가 아닌 다른 것이 되어야 한다는 사실의 결과로도 볼 수 있다. 디지털이 오프라인 매장의 첫 번째 특권(즉 제품의 발견과 판매)을 빼앗아 갔다는 트렌드에 적응하지 못한 판매자는 구식 비전에 얽매이게 된다. 반면, 매력적인 환경에서 인간의 상호작용을 일으킬 수 있는 매장은 소비자 기대치의 급속한 진화에 따라 새로운 표준이 될 수 있을 것이다. 주문한 물건을 집으로 배송받을 수 있다는 것에서 무료 배송으로, 여기서 더 나아가 몇 시간 내에 이루어지는 무료 배송으로 단기간에 기대치가 변화했듯이 말이다. 표준은 계속해서 높아지고 있으므로 고객에 대한 관심, 대화 및 정보는 양질의 제품 및 서비스의 제공과 점점 더 통합되어야 한다. 이제 사례를 보자.

2013년, 미국 최대의 무선 통신 공급 업체 버라이즌Verizon은 자사의 첫 번째 데스티네이션 스토어destination store를 열었다. 이는 가상 경험과 전통적인 경험 사이의 경계를 줄이는 상징적 사례였다. 모바일 기술이 사람들의 일상적인 행동을 증폭시킬 수 있음을 보여주기 위해 설계된 이 공간에서 버라이즌은 브랜드 참여도를 극적으로 높일 수 있었다. 버라이즌의 목표는 여전히 고객에게 디지털 제품 및 서비스의 잠재력에 대해 알려주고 고객의 발견을 지원하며 고객이 손으로 최신 기기들을 만져보면서 그 기능을 실제로 시연할 수 있도록 하는 것이다. 이러한 매장은 항상 연결되어 있는 소비자에게 기억에 남는 매장 내 경험을 선사하고 고객의 선택에 동기를 부여해준다.

버라이즌 데스티네이션 스토어의 가장 큰 특징은 다양한 라이프스타일 영역, 예를 들어 음악과 스포츠처럼 삶에 중요한 요소들에 초점을 맞춘 인터랙티브 영역이라는 점이다. 몰입도 높은 매력적인 활동들이 쇼핑객의 참여를 유도한다. 제품 검색을 안내하는 가이드 도구인 디바이스 월device wall이 대표적 사례다. 이 대화형 벽을 통해 사람들은 서로 다른 기기들을 상단에 이미지로 띄워 직관적으로 비교를 할 수 있다. 이 데스티네이션 스토어의 영향을 받아 버라이즌은 전 세계 1,700개 이상의 매장을 이러한 스마트 매장으로 변모시켰다.

이렇듯 소비자의 선택에 영향을 미치고 강화하는 무형의 요소 및 가치들에 집중함으로써, 최근에는 브랜드를 기리는 '사원寺院'으로서 오프라인 매장을 활용하는 추세에 이르렀다. 실제로 소비자는 독점적인 상품 공급과 매력적인 경험 제공을 넘어 매장에 더 많은 것을 바라고 있다. 그 대표적인 것이 브랜드의 역사를 기리는 브랜드 전용 공간이다.

아디다스 런베이스Adidas Runbase는 브랜드 전용 공간의 전형적인 예다. 이 스포츠웨어 브랜드는 보스턴에 러닝을 위한 복합 문화 공간이자 박물관인 런베이스를 만들었다. 왜 보스턴이었을까? 가장 오래된 역사를 자랑하는 보스턴 마라톤 대회를 개최하는 도시이기 때문이다. 이곳에서 사람들은 아디다스 브랜드의 본질을 느끼고, 소비 행동을 할 때 제품 속에서 그 본질을 발견할 수 있다.

이와 유사한 방식으로, 폭스바겐은 드라이브DRIVE로 회사의 영광을 되살렸다. 4,000제곱미터에 달하는 공간에 역대 모델들과 미래의 콘셉트 카가 현재 판매 중인 자동차 및 액세서리와 함께 모두 전시되어 대중에게 개방된 것이다. 요컨대, 유럽 최초의 자동차 제조 업체인 폭스바겐은 지속 가능한 이동성, 예술적 취향 및 기술 혁신의 교차점에서 기준점 역할을 하겠다는 의지를 구체적으로 보여주기로 결정한 것이다. 스웨덴 자동차 브랜드 볼보가 만든 새로운 환경인 볼보 스튜디오 밀라노Volvo Studio Milano도 마찬가지다. 신차 전시, 라이프스타일 컬렉션, 최고의 명성을 누리는 자동차 모델들의 전용 공간 등으로 꾸며진 이곳은 볼보 브랜드의 스타일을 기리는 사원 역할을 한다. 또한 사람들이 서로 만나고 이벤트에 참석하고 이동성 분야의 새로운 트렌드를 발견할 수 있는 다용도 공간이기도 하다. 예술 및 문화 행사 외에도 이 콘셉트 스토어는 볼보 세계의 혁신을 암시하는 가상현실 전용 공간, 전문가 전용 제품 및 서비스를 찾아볼 수 있는 공간, 세련된 요리 관련 기획 공간 등도 제공한다.

그러나 삼성 837 센터야말로 브랜드 사원의 완벽한 예일 것이다. "기술과 문화 예술이 융합한 놀이터이자 명소"로 정의된 이 한국 거인 기업의 콘셉트 스토어는 2016년에 뉴욕 미트패킹 디스트릭트에 들어섰다. 5,000제곱미터가 넘는 이 공간에서 당연히 고전적인 매장의 모습은 찾아볼 수 없다. 이곳에서 사람들은 구매하기 위해서가 아니라 경험해보기 위해서 모든 최고급 제품들을 보고 만지고 시연해볼 수 있다. 사실상 이 스토어에서 유일하게 무언가를 살 수 있는 공간은 휴게소밖에 없다. 이러한 선택의 바탕이 된 논리는 매우 간단하다. 소비자는 지역에 흩어져 있는 유통 체인부터 아마존에 이르기까지 자신이 좋아하는 구매 장소를 이미 가지고 있으므로 또 다른 '전통적인 매장'을 필요로 하지 않는다는 것이다. 그래서 삼성은 소매점에 초점을 맞추지 않고 브랜드의 본질과 가치를 물리적으로 보여주는 장소를 짓기로 결정했다. 이렇게 해서 미래의 소매점을 사람들에게 소개할 목적으로, 온전히 브랜드의 세계에 전념한 3층짜리 구조물이 만들어졌다.

삼성 837 센터는 이 스토어가 친숙하고 내 집 같은 느낌을 줘야 한다는 생각을 기반으로 한다. 고급스럽고 편안한 환경에서 고객은 직원들과 대화를 나눌 수도 있고, 55인치짜리 패널 96개를 붙여 만든 세 개의 초대형 스크린으로 이벤트, 콘서트 및 관심 있는 예술 관련 사이트를 둘러볼 수도 있다. 그러나 이곳의 진정한 매력은 VR 터널이다. 가상현실을 체험할 수 있고 사용자의 기기와 연결하여 터널 내부를 개인화할 수도 있는, 모니터와 거울로 이루어진 복도다. 끝으로, 수리 및 지원 전용 공간인 컨시어지가 있어 고객이 이용할 수 있는 서비스에 대한 유용한 정보를 얻을 수 있다.

바로 이러한 맥락 속에 가이드 숍guide-shops의 역할은 점점 더 중요해진다. 가이드 숍의 개념은 최고의 '물리적인' 경험을 제공하여 온라인으로는 결코 해결할 수 없는 욕구를 충족시키는 것을 말한다. 따라서 목표는 물건을 남김 없이 다 파는 데 있지 않다. 그보다는 제품에 관한 전후의 모든 요소를 다룬다고 봐야 한다. 제품이 복잡할수록, 쉽게 사용이 가능하도록 기능을 더 잘 설명해주며 각종 서비스를 안내해줄 수 있는 가이드 숍의 역할은 더더욱 커질 수밖에 없다.

우리가 이런 브랜드를 기리는 첨단 구조물을 더 자주 접한다면, 소규모 독립 매장들조차도 경험의 저장소, 다시 말해 소비자가 브랜드와 제품을 더 잘 알 수 있는 전시 환경이 될 수 있다. 구매가 방문의 유일한 목적이 되지 않는 장소로 바뀌는 것이다. 이를테면

작은 제과점에서 영업시간 외에 쿠킹 클래스를 열면 안 될 이유가 어디 있겠는가? 생선 가게가 생선을 다듬고 자르고 조리하는 법을 가르치는 강좌를 편성하면 안 될 이유가 어디 있겠는가? 왜 의류 매장이 고객이 주문하기 전에 개인 스타일리스트 서비스를 제공하면 안 되겠는가? 다음 장에서 살펴보겠지만, 매장을 명소로 전환하는 것은 대기업만이 누리는 특권이 아니다. 자원이 별로 없거나 보다 즉각적인 투자 수익을 원하는 사람이라도 이 법칙을 건설적으로 해석하여 가치를 창출할 수 있을 것이다. 물론 매장과 연결을 맺은 고객이 나중에라도 구매를 완료할 수 있도록 전자상거래 사이트를 구축하는 편이 좋겠다.

결론적으로 '명소가 되라'는 오프라인 매장에 새로운 개념을 도입한다는 의미다. 소비자와 브랜드 간 창의적인 만남이 이루어지는 곳, 브랜드의 가치를 전시할 뿐만 아니라 사람들이 직접 경험하고 몰입할 수 있도록 만들어진 곳, 성공의 수치가 매출 증가가 아닌 그 뒤에 숨겨진 스토리텔링으로 결정되는 매력적인 곳으로 말이다. **리테일-테인먼트**retail-tainment에 대한 이야기가 회자되는 데에는 다 이유가 있다. 효과적인 스토리텔링과 직접적인 경험을 결합함으로써 소매 업체는 정말로 의미가 있는 무언가, 특별하고 가치있는 무언가를 경험하고 소유하고 싶어 하는 소비자의 욕구를 자극할 수 있을 것이다.

4

충성도를
높여라 *Be Loyal*

**당신의 일을 잘 하라.
모두가 친구들을 데려와
보고 싶어 할 정도로.**

- 월트 디즈니

'충성도를 높여라^{Be Loyal}'는 **고객이든 협력 업체이든 공급 업체이든 간에 당신의 비즈니스와 접촉하는 모든 사람과 상호 신뢰 관계를 구축하고 육성하며 유지하는 것**을 의미한다.

연결성 이전 시대에 충성도는 일반적으로 재구매율을 의미했다. 그러나 오늘날에는 '고객 옹호'라는 또 다른 차원이 강화됐다. 물론 이 용어는 마케팅에서 새로운 것은 아니다. 우리는 이미 새로운 고객 경로의 '5A' 중 하나로 이를 언급한 바 있다. 이른바 '입소문'은 언제나 중요했으며 어떤 사람들은 세계에서 가장 오래된 광고 형태로 간주하기도 한다. 그러나 연결 및 소셜 미디어 시대에는 이 현상이 훨씬 더 큰 규모를 띤다. 이러한 관점에 따르면 충성도는 다른 사람들에게 브랜드를 추천하려는 의도로도 나타난다. 실제로 고객이 특정 브랜드의 제품에 만족했다면 지인들뿐만 아니라 특정 관심사를 공유하는 낯선 사람에게도 그 제품을 추천할 것이다.

이러한 역학이 지극히 명백함에도 불구하고 많은 브랜드와 소매 업체들이 이를 자신의 이점으로 잘 활용하지 못하는 것 같다. 소비자에게 주어지는 혜택들이 디지털 시대와 맞지 않는 한물간 논리에 따라 설계되는 경우가 많고, 경험의 공유를 이끌어내지 못하는 경우들도 종종 본다. 이런 마케팅은 결코 '옹호 프로세스'를 촉발시키지 못한다. 전통적인 포인트 카드를 생각해보면 충분히 알 수 있다. 이 전략은 로열티 프로그램을 통해 기업이 얻을 수 있는 잠재력, 특히 디지털 도구의 사용으로 고객의 선호도를 수집하고 그에 따라 더 나은 제안을 할 수도 있는 부분에서도 이를 충분히 활용하지 못하게 한다. 두 개념 사이의 불일치는 다음과 같은 중요한 사실을 입증한 한 연구에도 나타난다. **고객의 73퍼센트는 로열티 프로그램을 자신들에 대한 회사 측의 감사 표시로 간주하는 반면, 마케터의 66퍼센트는 회사에 대한 고객의 약속을 보여주는 것이라고 생각한다**는 것이다.

　서로 오해가 있음이 분명하다. 양측이 동일한 요소에 부여하는 의미는 정반대까지는 아니지만 완전히 다르다. 이러한 오해가 커질수록 기업 입장에서는 대중과의 관계를 기반으로 경쟁우위를 구축할 수 있는 중요한 기회를 놓치게 된다.

　그러나 기회를 놓치지 않고 잘 활용한 기업들도 있다. 여러 기업 중에서 특히 데카트론의 경우가 그렇다. 고객 카드를 보유한 스포츠맨들을 참여시키기 위해 데카트론이 개최한 무료 이벤트인 스포츠데이Sportdays는 연중 내내 열리며 사이클링, 등산, 피트니스, 테니스, 승마의 날을 정해 사람들을 참여하게 만든다. 그렇게 해서 데카트론은 충성도가 높은 고객에게 가치를 창출하고 비즈니스의 일관성을 보여준다. 그렇게 이 브랜드는 거래를 넘어서는 경험을 만들어 사업에 실체를 부여하고 고객과 강력한 유대감을 형성한다.

또 다른 흥미로운 사례는 레고LEGO다. 데카트론이 팬들을 특정한 물리적 장소에 모이도록 하는 데 집중한다면, 레고는 혁신, 창의성, 상상력과 같은 브랜드의 핵심 가치를 드러내는 디지털 커뮤니티 구축을 목표로 한다. 그렇게 해서 레고 아이디어LEGOideas라고 부르는 플랫폼이 탄생했다. 이 플랫폼에서 레고 애호가들은 자신이 구상한 프로젝트를 보내 자신의 아이디어가 실제 제품으로 만들어지는 로망을 실현할 수 있다. 그러기 위해서는 작품에 대한 사진과 설명을 업로드하고 적어도 1만 명의 커뮤니티 회원의 동의를 얻어야 한다. 이 목표에 도달한 안건들은 레고 팀에서 검토하고, 상품성이 인정돼 채택되면 전 세계에서 생산 및 판매된다. 레고는 미래 수익의 일정 비율을 제작자에게 일종의 저작권으로 지불하기로 약속한다. 이 경우에도 브랜드 충성도가 어떻게 입소문을 촉발시키는 인센티브 정책과 함께 혁신적인 비결로 해석되는지 분명하게 드러난다.

이러한 사례들은 로열티 프로그램이 단순히 거래 시 금전적 혜택을 주는 방식에서 벗어나 고객의 이익을 중심으로 설계된 더 많은 정서적 매커니즘과 어떻게 결합하는지를 잘 보여준다.

기존 고객과 잠재적 고객의 욕구를 충족시키기 위해 **선견지명이 있는 기업들은 로열티 프로그램의 개념에서 멤버십 클럽**membership club**의 개념으로 넘어감으로써 관점의 근본적인 변화를 꾀했다.** 아마존 프라임이 만들어낸 현상이 보여주듯이 멤버십은 사람들의 행동을 모든 면에서 변화시킨다. 아마존이 전 세계에서 연간 20~100유로 사이의 금액을 지불할 의향이 있는 1억 명 이상의 고객을 유치했다는 점에서 이는 특히 중요한 사례다. 나아가 데이터에 따르면 아마존 프라임 사용자는 자신이 한 투자에서 최대한의 혜택을 얻기 위해 비사용자에 비해 두 배 더 자주 구매하는 것으로 나타났다. 대부분의 아마존 프라임 이용자들은 수백만 개의 제품을 24~48시간 이내에 무료배송 받을 수 있다는 점에 매료되어 서비스에 가입한다. 그러나 점점 더 많은 사용자가 음악 및 비디오 스트리밍, 도서, 클라우드 저장 서비스와 같은 프라임 에코시스템의 추가적 이점에 매료되어 가입을 결정하고 있다.

그러나 멤버십이 가져온 가장 흥미로운 결과는 이른바 '아마존 퍼스트Amazon first' 사고방식일 것이다. 실제로 아마존 프라임 사용자 두 명 중 한 명은 구매의 필요성이나 욕구가 일어나면 다른 어느 곳보다 먼저 아마존에서 검색한다고 한다. 또한 사용자 다섯 명 중 한 명은 아마존을 주로 이용하다 보니 다른 소매 업체에서의 쇼핑을 줄였다고 밝혔다.

아마존 프라임은 따라 하기 어려운 모델이긴 하지만 멤버십 클럽이 고객을 비즈니스에 끌어들이고 장기적으로 총 매출을 늘리는 데 핵심적인 요소가 될 수 있다는 점을 분명히 보여준다. 이에 대한 또 다른 브랜드 사례는 나이키다. 나이키는 나이키+, 나이키+ 트레이닝 클럽, 나이키+ 러닝 클럽 애플리케이션을 통해 운동 및 영양 섭취에 대한 제안, 신체 변화 추적 및 기타 많은 것을 제공함으로써 사람들과의 상호작용을 증가시켰다. 고객과의 이러한 소통 자체가 주는 구매 인센티브는 낮은 편이다. 구매보다는 브랜드가 홍보하는 경험에 초점을 맞추기 때문이다. 그러나 이러한 유형의 서비스는 계속 성공하고 있는 추세다. 왜일까? 마케팅 데이터베이스 운영의 세계적 리더이자 WPP 그룹에 속한 분더만Wunderman이 추진한 연구가 이를 설명해준다. 연구에 따르면 **충성도loyalty는 더 이상 브랜드에 대한 고객 충성도 개발로 생기지 않고 브랜드가 다양한 접점들을 통해 고객에게 제공하는 경험에 따라 결정된다.** 따라서 관심은 전통적인 마케팅에서 고객 경험의 더 복잡한 영역으로 옮겨간다. 소비자의 90퍼센트가 지속적으로 새로운 표준을 만드는 브랜드와 관계를 맺기 원하며 이 중 75퍼센트는 그러한 표준을 '더 높은 수준의 고객 경험'으로 정의한다.

충성도과 고객 경험 그리고 경제적 결과 사이에 밀접한 관련이 있다는 또 다른 증거는 브랜드 경험 평가BEA에서 찾을 수 있다. WPP 그룹에 속한 AKQA 브랜드 에이전시가 이탈리아 SDA 보코니 경영대학원과 공동으로 만든 이 지수는 고객 경험 분야에서 브랜드의 성과를 파악하고 이를 구매 의도와 연결한다. 이 데이터는 잠재적인 매출 증가를 가장 잘 나타내주기에 고객 경험이 비즈니스에 미치는 영향을 측정하는 데 쓰인다. 그러나 입소문 말고도 충성도의 개념과 유사하며 옹호 행위로 이해되는 또 다른 행동들도 많이 있다. 따라서 고객 경험이라는 새로운 전쟁터에서 살아남기 위해 소매 업체는 경험 분야에 더 많이 투자하고 더 많은 사람들과 관계를 유지하며 이를 강화해야 한다.

오늘날 충성심 경쟁에서 승리하기 위해 브랜드가 한물간 '적립식 할인 모델'을 뛰어넘어 의미 있는 경험을 활성화해야 한다는 사실은 분명해 보인다. 이러한 전략을 따를 때 점점 더 많은 브랜드가 기업이 직접 홍보하는 방식이 아닌 소비자들이 이야기하고 퍼뜨리는 경험에 의해 정의될 것이다.

마지막으로 '충성도를 높여라' 법칙은 고객뿐만 아니라 직원이나 공급 업체와 같은 더 광범위한 이해 당사자들에게까지 확장해 적용할 수 있다. 실제로 소매 업체가 성과에 기여하는 모든 이해 당사자들과 만족스러운 관계를 유지하면 이는 더 큰 성과로 이어질 가능성이 크다.

일례로, 아마존이 인수한 홀푸드 마켓은 자사 브랜드로 판매되는 제품의 품질을 보장하기 위해 '미식단'이라는 이름의 태스크 포스 팀을 만들었다. 홀푸드 마켓은 고객과의 관계를 구축하는 데 가장 유능한 직원들, 즉 소비자의 기대와 취향을 잘 관찰하는 사람들

고객 경험이라는
새로운 전쟁터에서
살아남기 위해 소매 업체는
경험 분야에 더 많이 투자하고
더 많은 사람들과
관계를 유지하며
이를 강화해야 한다.

을 선택해 팀을 꾸렸다. 팀 구성원들은 제품의 품질과 맛을 평가하여 고객의 기대에 부합하도록 노력한다. 이 태스크 포스 팀 덕분에 홀푸드는 1년 동안 900만 달러를 절약했고, 지금까지의 결과는 상당한 것으로 나타났다. 홀푸드의 미식단 사례는 소매 업체가 직원과 신뢰 관계를 구축하고, 직원의 지식과 능력을 활용해 비즈니스 프로세스를 재정의하는 방식을 통해서도 실질적인 이익을 끌어낼 수 있음을 보여준다. 홀푸드 마켓은 이것 외에도 농민과 생산자를 참여시켜 일선에 있는 소규모 독립 사업자에게 구체적인 도움을 지원한다. 또한 농민과 생산자가 사업을 확장하고 후속 비즈니스 관계의 기반을 마련할 수 있도록 하는 지역 대출 프로그램local loan program을 만들기도 했다.

결론적으로 우리는 로열티 프로그램이 여전히 매우 중요하며, 소매 업체와 고객 모두에게 상당한 이익을 창출할 수 있으리라 생각한다. 그러나 이러한 프로그램은 **역사적으로 더 '약자'였던 측이 전례 없는 협상력을 손에 쥐게 됨으로써 그 힘을 행사하는 이른바 '기브 앤 테이크' 메커니즘을 기반으로 한다.** 이것이 로열티 프로그램의 전제를 바꾸고 균형을 재정의해야 하는 이유다. 로열티 프로그램은 소비자에게 브랜드에 대한 친밀감과 유대감을 심어주기 위해 소매 업체가 제공하는 가치 있는 경험의 생태계가 되어야 한다. 혜택만 누리고 떠나는 기회주의자에 가까운 고객을 상대할 위험이 과거보다 훨씬 더 높아질 수 있다는 점을 감수하고서라도 말이다.

물론 고객에게 편리한 서비스나 프로모션을 제공하기만 해도 충분하다고 여기는 기업도 분명 있을 것이다. IBM의 한 조사에 따르면 고객의 74퍼센트는 소매 업체가 무료 배송을 제공한다면 이 업체에서 한 번도 구매한 적이 없더라도 구매 의향이 있다고 한다. 그러나 강력한 브랜드 친화력을 구축할 수 있는 소매 업체는 소비자로부터 지속적이며 더 큰 충성도를 기대할 수 있다. 단순한 소비자가 아닌 팬이 된 그들은 이러한 기업의 행동이 자신의 가치와 필요에 더 부합한다고 믿으면서 구매와 옹호 행동으로 충성을 보여줄 것이다.

5

개인화하라 *Be Personal*

고객의 가까이에 있으라.
고객이 무엇이 필요한지
미처 깨닫기도 전에
제안해줄 수 있을 만큼 가까이에.

– 스티브 잡스

소비자와 브랜드의 관계는 지속적으로 변화하고 있으며 디지털의 출현은 행동 측면에서 그 변화를 가속화하여 제품 및 서비스에 대한 기대치를 높였다. 각 개인, 특히 밀레니엄 세대에 속한 사람들은 오늘날 자신을 유일무이하다고 느끼게 해줄 개인화된 제품과 서비스를 기대한다. 개별성과 취향을 인정받는 것은 사람과 기업 간 지속적인 관계를 구축하기 위한 기본 전제 조건이다. 선택지가 거의 무한에 가깝다는 점을 감안할 때 실제로 사람들은 자신의 기대와 비슷하지 않거나 구매 및 소비 습관에 부합하지 않는 브랜드, 제품, 서비스는 더 이상 고려하지 않는다.

이러한 관점에서 볼 때, 공급의 속도와 깊이는 더 이상 소비자의 요구를 충족시키기에 충분치 않다. 그러므로 **소매 업체는 일정한 표준화가 특징인 대중 상대의 일대다**one-to-many **접근 방식에서 개인화된 일대일** one-to-one **접근 방식으로 전략을 바꿔야만 한다.** 이는 모든 수준에서 조직에 대한 깊은 성찰과 관점의 지대한 변화가 있을 때만 가능하다.

보통 '고객 맞춤화'와 '개인화'라는 용어는 서로 바꿔 쓸 수 있는 의미로 사용돼왔다. 그러나 실제로는 이 두 개념 사이에는 본질적이고 중요한 의미의 차이가 존재한다. 고객 맞춤화는 주어진 수의 대안 내에서 특정 조합을 선택할 수 있는 가능성을 사용자에게 제공하는 방식이다. 반면에 개인화는 수집된 소비자 정보를 암묵적으로 사용하여(예를 들면 과거 구매 내역이나 스타일 및 선호도 분석을 통해) 소비자의 기대치를 예상하고 만족시킬 가능성이 매우 높은 솔루션을 제공하는 방식이다. 말하자면 **고객 맞춤화는 소비자의 선택에 대해 '반응형으로' 기능하며, 개인화는 놀라움과 즐거움을 위해 '선제적으로' 작동한다.**

고객 맞춤화의 대표적 사례는 사이트에서 제안하는 일련의 옵션을 조합하여 자신의 취향에 따라 신발 한 켤레를 만들 수 있는 나이키iD^{NIKEiD} 프로젝트를 꼽을 수 있다. 2012년 탄생한 이 서비스는 소비자가 직접 자신의 신발을 디자인할 수 있도록 한다. 순수 디지털 환경을 떠나 나이키iD 스튜디오와 같은 실제 매장으로도 운영되고 있다. 고객이 '스스로 디자인한' 제품은 30~50퍼센트 더 높은 비용이 책정된다. 그럼에도 고객의 선호도가 높다. 따라서 회사의 수익이 증가할수록 구매자 만족도도 높아진다. 이는 충성도와 옹호를 유발할 수 있는 윈윈 솔루션이다.

아마존의 '당신을 위한 추천' 기능의 경우는 어떨까? 이것은 고객 맞춤화와 비슷해 보이지만 조금 다르다. 추천 기능은 일련의 알고리즘 시스템이 고객의 과거 행동 데이터와 구매 데이터를 활용해 어떻게 고객의 선호나 관심사에 적극적으로 대응하는지를 보여주는 사례다.

그렇다면 고객 맞춤화와 개인화, 이 두 개의 개념을 결합함으로써 어떻게 최상의 결과를 얻을 수 있는지 주목해봐야 한다. 여기서 우리는 넷플릭스의 사례를 살펴볼 수 있다. 이 유명한 콘텐츠 플랫폼 홈페이지는 등록 단계(고객 맞춤화)에서 사용자가 밝힌 선호도를 기반으로 영화 및 TV 시리즈물에 대한 정교한 추천을 할 수 있다. 그러다 사용자가 콘텐츠를 많이 보면 볼수록 개인화로 발전해 시청자에게 흥미로운 콘텐츠를 제공할 가능성을 극대화한다.

넷플릭스의 제품 혁신 담당 부사장인 토드 옐린Todd Yellin에 따르면 사용자의 80퍼센트가 넷플릭스의 추천을 신뢰하여 검색을 따로 하지 않고, 추천에 뜬 영화 중에서 하나를 선택한다고 한다. 수집된 데이터에 따르면 보통의 사용자는 무엇을 볼지 결정하기 전에 단지 40~50개의 제목 리스트만을 살펴본다. 따라서 적절한 시점에 적절한 시청자에게 가장 관련성 있는 콘텐츠를 제시하는 것이 근본적으로 중요하다.

이는 오프라인 상점에도 영감의 원천이 될 수 있다. 예로, 가구업체라면 DIY 시장의 성장에 맞춰 유닛(모듈) 형태의 제품만 매장에 들여놓고 고객에게 취향에 따라 원하는 모양의 가구를 완성하도록 제안할 수 있을 것이다. 또는 디지털 데이터를 통해 가까운 매장에 가면 3D 프린트 등으로 물건을 즉석에서 만들 수 있다고 홍보하며 잠재 고객의 관심을 끌 수도 있다. 이처럼 고객 선호도가 점점 더 중요해지는 만큼 소비자 역시 고객 맞춤화를 최소한의 요구 사항으로 간주하며, 개인화를 자신의 정체성을 드러내기 위한 기회로 여기고 있다.

메시지의 개인화에 인적 요소를 결합할 때 개인화는 더 극적으로 이루어진다. 예를 들어 개인을 대상으로 하는 홍보 메시지 또는 콘텐츠를 자동으로 만들 때 자연어 처리Natural Language Processing, NLP 의 원칙에 따라 메시지와 콘텐츠들을 구상하는 방식이 있다. 이는 컴퓨터와 인간 사이의 상호작용을 최대한 '자연스럽게' 만드는 데 초점을 맞춘 컴퓨터 과학 및 인공지능의 연구 영역이다. 기업이 고객 서비스를 더 신속하고 효율적으로 만들기 위해 활성화된 챗봇에 바로 이러한 기술이 쓰인다. 이렇게 하지 않으면, 사람들은 개인적인 접촉이 단지 겉치레에 불과한 흉내 내기일 뿐이라고 생각하여 결국 콘텐츠의 진가를 전혀 인정하지 않을 위험이 있다.

상호작용의 개인화를 더욱 현실적이고 효과적으로 만들기 위한 노력이 비단 언어에 국한되어서는 안 된다. 관계의 인간화 측면 역시 매우 중요한데, 이에 대해서는 '인간 중심이 되라Be Human' 부분에서 자세히 살펴볼 것이다.

앞서 설명한 개인화 법칙에 따라 제안 및 마케팅 활동을 구성하려면 조직이 모든 흐름과 프로세스를 재편하기 위해 일정한 노력을 기울여야 한다. 가장 먼저 단호한 사고방식의 전환이 이루어져야 한다. 이는 매장이나 고객 서비스센터에 있는 직원들이 기존과는 다른 접근 방식을 취해야 한다는 의미이기도 하다. 회사의 우선순위가 아닌 소비자의 우선순위에 맞춰 상호작용한다는 것은 무슨 뜻일까?

쉽게 말해 **소비자가 기업 또는 해당 분야 논리를 알 필요도 없고, 제품 서비스와 관련된 모든 정보를 언제나 가지고 있는 것도 아니라는 점을 기억하면서 약어, 코드 및 기술 용어 사용을 최소화한다는** 의미다. 예를 들어, 고객이 새 TV를 선택하는 데 도움을 줄 판매원은 TV로 영화 콘텐츠를 어떻게 선택하는지, 컴퓨터, 스마트폰과 어떻게 연결하는지, 벽에 걸 수 있는 모델인지 아닌지, 시청 거리 및 각도를 고려하여 어디에 TV를 놓아야 하는지에 대해 이야기해야 할 것이다. TV의 인치 수나 화면의 화소와 같은 기술적 부분에 대화의 초점을 맞추지 말아야 한다. 대부분의 사람들에게는 그러한 개념이 친숙하지 않기 때문이다. 반면, 대화 중에 잠재 고객의 요구 사항을 듣고 이상적인 모델을 추론해내는 것은 담당 직원의 전문성에 달려 있을 것이다.

매장 내에서 이른바 근접 기술을 사용하여 스마트폰을 통해 고객에게 직접 다가가고 개인적인 관계를 구축할 수도 있다. 와이파이, RFID, NFC, 블루투스 등이 대표적인 근접 기술이다. 무엇보다 시너지 효과를 내는 방식으로 사용된다면 이러한 도구들은 사용자와 연결되어 개별 관계를 구축하는 데 도움을 준다. 이러한 관계는 매장을 방문하기 전에 시작되고 구매 상품의 배송 중에도 계속되며 목표 리타겟팅 활동을 통해 나중에도 발전할 수 있다. 고객의 스마트폰에 적시에 메시지를 보낼 수 있는 가능성 외에도, 이러한 기술의 사용으로 얻은 정보로 소매 업체는 매장 내 가장 '핫한' 영역을 강조함으로써 상품 진열도 보다 효율적으로 할 수 있다.

한 가지 흥미로운 사례로 세포라의 '뷰티 인사이더' 프로젝트를 살펴보자. 브랜드가 제안한 로열티 프로그램을 통해 관심 있는 고객은 스마트폰에 직접 개인 프로필을 만든다. 이때 세포라는 피부 색조 또는 화학 성분에 대한 알레르기 같은 뷰티 제품 사용을 위한 관련 정보를 수집한다. 그런 다음 이 정보를 다시 처리하여 소비자에게 그들의 요구 사항에 맞는 프로모션을 제안한다. 그러나 이것이 다가 아니다. 사용자는 매장과 직접 동기화되는 가상의 '뷰티 백'에 좋아하는 품목을 저장할 수 있다. 고객 중 한 명이 매장의 문턱을 넘으면 그의 스마트폰이 인식되고 매장 직원은 '뷰티 백'에 담긴 제품을 기반으로 개인화된 서비스를 제공한다.

데이터의 스마트한 사용을 통해 사람들의 요구에 완벽하게 대응하는 매장의 또 다른 사례는 나이키에서 찾아볼 수 있다. 2018년 7월, 이 스포츠용품 업계의 거인은 로스앤젤레스의 유명한 쇼핑 지역에 '나이키를 소비자에게 직접 판매하는 D2C 브랜드direct-to-consumer brand로 전환하라'는 요구에 부응한 매장을 열었다. 나이키 바이 멜로즈Nike by Melrose라는 이름은 매장이 멜로즈 애비뉴에 위치하기 때문만이 아니라 실제로 그 지역 사람들이 만들었음을 의미하는 것이기도 하다. 매장의 위치에서부터 제품에 이르기까지 모든 측면은 실제로 멜로즈 인근 지역의 고객 데이터에 기반을 두었다. 예를 들어, 이 지역에서 수요가 가장 많은 신발 모델을 파악해 나이키는 소비자의 요청에 지속적이고 적극적으로 대응하며 신속하게 매장 내 공급량을 늘릴 수 있다. 나이키 바이 멜로즈는 실제 쇼핑과 디지털 쇼핑 사이의 경계를 허물 수 있는 일종의 '라이브 콘셉트 스토어'이기도 하다. 공간 내의 모든 것은 나이키+ 앱과 완벽하게 커뮤니케이션되도록 설계됐다. 이 앱을 통해 온라인으로 예약한 상품을 찾을 수 있는 픽업 포인트pick-up points에 액세스하거나 매장의 재고 목록을 검색하거나 또는 매장의 특정 구역에서 점원의 도움을 요청할 수도 있다.

위치 정보를 통해 사용자의 취향에 맞는 제품이 있는 섹션에서는 알림을 받을 수도 있다. 데이터에 따르면 이러한 개인화 매커니즘은 나이키가 지금까지 실험한 다른 모든 방법보다 전환율이 40퍼센트 더 높았다. 요컨대, 이 매장은 물리적 공간에 디지털 매커니즘을 적용한다는 아이디어를 구체적으로 구현한 것이다. 또한 앱이 생성한 생태계를 통해 개인화된 방식으로 사람들을 안내하고 조언하며 동기를 부여했다. 그렇게 그들을 단순한 고객이 아닌 나이키 커뮤니티의 구성원으로 만들었다.

영국의 명품 소매 업체인 파페치Farfetch도 최신 기술을 사용하여 개인화된 경험을 제공하기 위해 노력하고 있다. 파페치는 2017년 런던과 뉴욕에 두 개의 플래그십 스토어를 열었다. 이 매장들은 브랜드와 제품에 관련된 정보를 고객의 스마트폰에 전달하면서 실시간으로 쇼핑 경험을 개인화하고 있다. 고객은 앱에 로그인을 하면서 식별된다. 스마트폰에서 방출되는 무선 주파수와 선반에 설치된 RFID 센서를 통해 고객의 움직임을 추적함으로써 파페치는 쇼핑객과 개별 품목의 상호작용을 인식하여 앱 내부에 생성된 위시리스트에 제품을 자동으로 담는다. 위시리스트에 있는 제품은 색상을 바꿔서 보여줄 수도 있고 필요한 경우 판매 담당 직원과 직접 대화할 수 있는 인터랙티브 디지털 거울이 장착된 '지능형' 탈의실로 배달된다.

앞서 인용한 사례들은 모두 매장 경험의 지대한 변화를 상징한다. 이 책에서 서비스의 개인화를 효과적으로 달성할 수 있는 모든 기술 도구들을 다 살펴보기란 힘들다. 기술의 진화 속도가 현기증이 날 정도로 빨라서 지금 검토한들 금방 한물간 도구가 될 것이기 때문이다. 그러나 중요한 것은, 또다시 강조하지만 기술은 수단이 아니라 목적이다. 그리고 그 목적은 단 하나, 개인화를 향해 진화하는 것이다. 또한 거의 30년 동안 변하지 않았던 일대다 접근 방식에서 벗어나 소비자의 구매 경험을 인적 요소로 풍부하게 만드는 것이다.

6

큐레이터가 되라 Be a Curator

무한한 콘텐츠의 세계에서
사람들은 원 스톱 숍을 찾고 있다.
– 마이크 카푸트

앞서 살펴본 것처럼 디지털 전환의 두 가지 주요 특징은 소비자 기대치의 증가 그리고 진입 장벽 감소와 기술 민주화에 힘입은 경쟁의 증가다. 소매 업체의 관점에서 볼 때 이러한 특징에 대해 적어도 세 가지 측면에서 세심한 고찰이 필요해 보인다.

첫 번째 측면은 물론 규모다. 과거에는 디스플레이 면적과 제품군의 다양성 사이에 직접적인 상관관계가 있었으며 이러한 조합이 중요한 경쟁우위를 결정했다. 오늘날에는 이것이 더 이상 유효하지 않음을 여러 증거들이 보여준다. 반면 디지털은 제품군의 다양성을 가상으로 제공해줄 수 있다. 예를 들면 디지털 카탈로그를 통해 한정된 수의 제품을 전시하고도 여러 버전의 상품들을 고객에게 보여줄 수 있는 것이다. 한편, 규모의 경제에서 빼놓을 수 없는 또 하나의 주제는 도시화다. 도시화는 점점 더 파괴적인 현상으로 나타난다. 한 예측치에 따르면 2050년까지 오늘날에 비해 약 25억 명의 인구가 더 도시로 유입된다고 내다봤다. 이러한 인구의 도시 집중 현상은 이미 인구밀도가 높은 지역에서 부동산 비용의 상승을 불러오고 있다.

오프라인 매장으로서는 넓은 면적을 유지하는 데 들어가는 경제적 부담이 늘어나는 만큼 규모는 점점 더 작아질 것이다. 따라서 매장은 쇼룸과 유사한 형식으로 점점 더 변화할 것이다. 쇼룸은 매력적인 경험을 통해 브랜드를 기리고 한정된 제품을 선별, 전시하는 장소이며 또 어떤 경우에는 기술적 문제에 대한 해답을 발견하며 온라인으로 구매한 제품을 반품하고 전문가와 소통할 수 있는 일종의 '서비스 센터'가 될 것이다. 또한 물류 허브가 되어 배송 시간을 단축시킬 수도 있다.

그러다 보니 현재 중심지에서 벗어난 지역에 위치한 매장들은 비용을 훨씬 더 들이고서라도 도시와 더 가까운 곳으로 올 수밖에 없다. 그러나 전통적 매장이 갖는 부담, 즉 재고 문제나 대출 및 임대 비용 문제로 인해 매장들이 고통받고 있는 것 또한 사실이다. 이러한 비용 부담으로 인해 많은 소매 업체는 고객 경험에 대한 투자와 공격적인 가격 책정을 포기할 수밖에 없고 그 결과 경쟁 업체에 비해 훨씬 더 취약해진다. 여기에 서비스 품질과 초경쟁적인 가격에서 성공을 거둔 디지털 경쟁사들이 가하는 압력 또한 무시할 수 없다. 그리고 이 모든 것은 소비자가 유리한 가격뿐만 아니라 인접성, 접근성, 편리성(예를 들어 한 시간 이내의 배송, 간편한 무료 반품, 신속하고 효과적인 AS, 다양한 결제 방법) 측면에서 매우 많은 것을 기대하는 상황 속에 놓여 있다.

전통적 소매 업체의 진화를 가로막는 두 번째 측면은 이른바 다크 리테일dark retail이다. 이는 엄청나게 회전율이 낮은 제품, 즉 거의 사는 사람이 없는 제품을 의미한다. 대형 슈퍼마켓에서는 총 3만 5,000~4만 개 품목 중 약 500개 제품이 매출의 3분의 1을 차지한다. 또한 전체 매출의 거의 50퍼센트가 베스트셀러 상품 1,000개에서 나온다. 그러므로 남은 것이 이른바 '긴 꼬리long tail'를 결정한다. 따라서 이러한 제품의 주요 목표는 실제로는 매장의 수익에 큰 영향을 미치지 않더라도, '제품 선택의 폭이 넓고 매장이 풍요롭다'는 인상을 만들어내는 것이다. 이는 규모와 특성이 다르긴 하지만 다양한 부문에서 발생하는 역학이다. 그래서 그 구조적 비효율성에도 불구하고 고객이 높이 평가한다는 이유만으로 몇 년 전까지 거의 모든 소매 업체가 이러한 방식을 취했다. 그러나 오늘날 점점 더 비싼 공간에 대량의 상품을 보관하는 것은 비즈니스의 지속 가능성에 심각한 문제를 제기할 정도로 비경제적이다. 특히 디지털이 훨씬 더 효율적인 대안을 제공할 수 있다는 점을 고려하면 더더욱 그렇다.

마지막으로, 고려해야 할 세 번째 측면은 매장의 제안에 대한 것이다. 지난 수십 년 동안 우리는 별 특징도 없고 비슷비슷한 제안을 하는 매장들이 우후죽순으로 생겨나는 것을 목격해왔다. 그동안 소매 업체가 의존한 경쟁우위는 독자적 판매 기획보다 물류 측면에 더 치중돼 있었다. 그러나 이제는 그 어떤 물건도 인터넷을 통해 손쉽게 구할 수 있는 세상이다. 소매 업체가 디지털 기업과 경쟁하기 위해서는 제품과 서비스를 결합하여 차별화할 수 있는 모델을 제안하는 방법밖에 없다. 품목 검색(검색 엔진, 리뷰, 부가 서비스 등) 측면에서 전자상거래의 경쟁 상대가 되지 않는 소매 업체가 차별화되지 않은 제안까지 하면 결국 고객에게 너무 많은 선택을 떠안긴다는 인상만 불러일으킬 뿐이다. 사람들은 과도한 옵션에 혼란스러워하고 신중한 선택을 할 수 없다고 느끼게 되어 더 작은 매장으로 향한다. 나름의 기준으로 잘 선별된 적은 수의 물건 안에서 전문성 있는 관리자가 적절한 추천을 해주는 작은 매장 말이다. **작은 전문점들이 주인공이었던 소매업의 기원으로 돌아가는 일종의 회귀**다.

이제 큰 그림으로 돌아가 보자. 시장은 기존의 대량 소비에서 점점 더 멀어지고 있으며 상대적으로 소량으로 생산 및 유통되는 틈새 브랜드와 제품을 선호한다. 오늘날 시장은 어떻게 소비자의 정체성을 반영하는 마이크로 시장으로 변화할 수밖에 없었을까? 이는 선택의 증가로 인한 과도한 경쟁이 제품의 품질과 유용성을 지속적으로 높여주었기 때문이다. 눈이 높아진 소비자들은 이제 웬만한 특징으로는 차별화를 느끼지 못한다. 브랜드가 자신의 마음을 알아주기를, 자신의 열정과 취향을 모두 반영해주기를 기대하는 것이다. 그러다 보니 브랜드와 소매 업체 사이에서는 '틈새 마케팅'이 다시 유행하고 있다. 이는 가능한 한 많은 소비자에게 도달하기 위한 매스 마케팅 방식과는 정반대의 방식이다(여기서 '틈새'라는 용어는 시장성이 작은 부문을 의미한다기보다 기존 시장에서 소규모 고객이 필요로 하는 특정 요구를 만족시켜준다는 의미가 더 정확하다). 무제한에 가까운 많은 양의 상품을 특징으로 하는 디지털 세계에서도 제안은 돋보일 수 있는 제품과 선별적인 서비스를 통해 이루어져야 한다. 쉽고 편리한 온라인 매장의 장점에 자신들만의 차별성을 부여해줄 특별한 손길을 추가할 필요가 있는 것이다.

소수의 특정 고객층을 대상으로 이러한 방식을 채택한 소매 업체들을 떠올려보자. 이들은 고유한 제안 시스템과 따라 할 수 없는 경험을 제공하는 것이 자신을 돋보이게 하는 방법임을 잘 이해했다. 그러나 그것만으로는 충분치 않을 수 있다. 큐레이터로서 소매 업체는 소비자에게 시각적으로 매력적이고 일관성 있으며 소비자를 끌어들일 수 있는 환경에 제품들을 배치하여 진정한 정서적 연결을 활성화하는 데에도 주의를 기울여야 한다.

큐레이터가 되는 것은 매장이 가진 단점, 즉 물리적 공간의 축소와 비효율성을 매장에게 유리한 방향으로 뒤집을 수 있는 기회를 준다. 시장의 형태에 따른 위험 요소는 기회로 바뀔 수 있다는 말이다. 이미 많은 대형 센터에서 이러한 현상을 목격하고 있다. 상대적으로 적은 제품을 구비하고 있지만 제품을 개인 맞춤화하거나 심지어 매장에 존재하지도 않는 제품도 몇 시간 이내에 배송해주는 최신 서비스를 내세운 전문 상점들이 점차 늘고 있는 추세다.

'큐레이터가 되라' 법칙의 기치 아래 이러한 유형의 접근 방식은 향후 몇 년 동안 점점 더 확산될 것이다. 그리고 이는 전 세계의 많은 비즈니스 경로를 변화시킬 것이다.

여기서 우리가 이야기하는 **'큐레이션'은 특정 콘셉트를 중심으로 한정된 수의 제품을 선택하는 것만을 의미하지 않는다. 제품과 서비스가 상호 보완 및 강화되는 방식으로 선택하여 브랜드가 제안하는 가치를 분명하게 보여주는 독특한 조합을 만드는 것 또한 의미한다.** 이를 구현하기 위해서는 큐레이터가 자신의 비즈니스 전략이 무엇인지에 대해 분명하고 정확한 선택을 내리고 다음 질문에 답할 수 있어야 한다.

a. **누가** Who: 어떤 사람이 내 타깃 고객층에 속하고 어떤 사람이 속하지 않는가?

b. **무엇을** What: 무엇이 나의 비즈니스 제안의 일부가 되고 무엇이 되지 않는가?

c. **어떻게** How: 제품을 판매하고 서비스를 제공하는 방식은 어떠해야 하는가?

위의 질문들에 명확한 대답을 내릴 수 없다면 특유의 가치를 표현할 수 없고 따라서 큐레이션은 그 타당성을 잃고 만다. 물론 타깃 고객에 해당하지 않으면 서비스를 제공하지 않는다거나 융통성 없이 당신의 판매 방식만을 고수해야 한다는 뜻은 아니다. 그보다는 결과를 극대화하기 위해 미리 선택한 조합에 대한 과감한 투자가 이루어져야 한다는 뜻이다.

이미 강조했듯이 소매 업체에게 고도로 차별화된 제안은 디지털 경쟁 업체의 대규모 압력에 효과적으로 대응할 수 있는 무기가 된다. 따라서 이를 잘 활용하려면 '누가, 무엇을, 어떻게'의 조합에 매우 주의해야 한다. 이 조합을 통해 차별화되고, 특정 고객에게 의미가 있으며 경쟁으로부터 자신을 방어할 수 있는 위치를 차지할 수 있다. 틈새시장에서 차별화된 제안을 통해 매장을 하나의 명소로 변화시킬 정도로 독특한 '시스템'을 갖추고 제품과 서비스를 통합하는 매장들이 하나의 사례라고 할 수 있다.

정말로 차별성을 보일 수만 있다면 '누구'를 큐레이션의 중심으로 선택할 수도 있다. 예를 들자면, 특정한 취미를 가진 사람에게 초점을 맞춘 매장이나 특별한 신체적 필요성(왼손잡이 또는 키가 매우 큰 사람들을 위한 매장)을 가진 사람을 중심에 둔 매장처럼 말이다. 상징적인 사례로는 그루밍하는 남성들의 틈새시장을 공략하기로 결정한 이발소인 불프로그Bullfrog를 들 수 있다. 이 체인의 첫 번째 매장은 2013년 밀라노에서 탄생했는데 전형적인 미국 이발소를 이탈리아 전통과 결합시키는 데 성공했다. 면적 22제곱미터의 매장에서 고객은 최상의 트리트먼트를 받으며 매일 자신의 스타일을 관리하는 데 도움이 되는 제품 및 액세서리를 사용할 수 있다. 열정 가득한 사람들이 있는 틈새시장의 가능성을 읽은 불프로그는 온라인으로도 틈새시장 고객을 끌어들이기 위해 전자상거래를 통해서 제품을 판매하기로 결정했다. 이러한 원칙 덕분에 이 브랜드는 국제적으로 확장되고 있다.

이러한 전략이 소매업의 지평에서 분명 완전히 새롭지는 않다. 그러나 우리의 생각으로는, 디지털 시대에 틈새 제안 큐레이터가 된다는 것은 매우 흥미로운 비즈니스 기회이며, 연결된 소비자들의 욕구에 대한 효과적인 대응이 될 수 있다. 또한 틈새시장을 노리는 것이 반드시 소수의 고객만을 대상으로 하지 않는다는 점을 주목해야 한다. 오늘날에는 전 세계 여러 나라에 있는 동일한 소규모 집단에도 얼마든지 서비스를 제공할 수 있기 때문이다. 틈새시장이라고 해도 고객의 수는 어마어마하게 많을 수 있다는 얘기다.

불프로그의 사례가 '누가'에 초점을 맞춘 것이라면, 특정한 공급 분야에 초점을 맞춰 우리가 '어떻게'로 정의한 단계를 소매 업체가 더 높은 수준의 서비스로 보여줄 수도 있다. 물론 이는 전문성이 떨어지는 경쟁자들은 따라 하기 힘들다. 수준 높은 제품 및 서비스를 제공하며 틈새시장을 공략하는 소매 업체가 되기 위해서는 높은 진입 장벽을 넘어야 한다. 그러나 이 장벽을 뛰어넘고 나면 수익성 측면에서 높은 이윤을 창출할 수 있는 프리미엄 포지셔닝을 획득할 수 있다.

이와 관련하여 흥미로운 사례는 필라델피아 근처에 있는 아웃도어 브랜드 팀버랜드의 트리랩Timberland TreeLab 스토어다. 트리랩은 소비자에게 주기적으로 다른 스토리를 전달한다. 6~8주마다 매장은 다른 모습으로 탈바꿈하는데 그때마다 새로운 팀버랜드 브랜드 제품을 세심하게 선택하여 고객에게 선보인다. 매장이 브랜드 스토리에 맞춰 수시로 변화할 수 있는 이유는 이곳이 모듈식 공간으로 구성되어 있기 때문이다. 직원은 브랜드 스토리를 해석하고 가치를 높여, 고객에게 매력적이고 기억에 남는 경험을 선사한다.

그러므로 '큐레이터가 되라' 법칙의 강점은 특정 관심사에 따라 의미 있는 소비 경험을 제공하고 고객 경험의 측면에서 높아진 표준을 만들어가는 데 있다. 여기서 매장이 '필요' 구간에서 가고 싶은 '명소'로 진화한 후에는 판매자의 역할도 진화한다는 것을 알 수 있다. 실제로 이러한 진화가 완전히 실현되려면 인적 요소가 필수적이다. 판매자는 '큐레이터'의 역할로 승격되어야 한다. 다시 말해, 판매자는 제품을 선택하고 진열하고 판매하는 전통적인 역할에만 머물러서는 안 된다. 고객에게 제품 및 서비스에 걸쳐 독특한 경험을 제공하기 위한 모든 기술을 다룰 줄 알아야 한다. 그리고 이러한 시스템은 타깃 고객과의 정서적 연결을 유지하면서 지속적으로 갱신되어야 한다. 한마디로 새로운 시대 판매자의 역할은 아트 큐레이터의 역할과 유사하다. 브랜드가 적절한 순간에 완벽한 제품을 추천해주는 풍부한 제안 시스템의 관리자이자 통역가가 되는 것이다.

7

인간 중심이
되라 *Be Human*

인간은 여전히 '킬러 앱'이다.

'인간 중심이 되라'는 말은 오늘날 **디지털은 모든 것이지만 모든 것이 디지털은 아님**을 기업이 확인한다는 뜻이다. 아니 오히려, 디지털의 파괴적 혁신과 기술의 민주화로 인적 요소가 많은 부문에서 경쟁우위의 주요 원천이 될 것이다. 그러므로 소매 업체는 무엇보다 서비스에 투자해야 한다. 나아가 매장 내 인간 중심 경험의 설계뿐만 아니라 매장 직원의 이른바 소프트 스킬의 개발에도 주의를 기울여야 한다. 동시에, 소매 업체는 자신이 운영하는 매장이 공동체 내에서 어떤 사회적 역할을 할 수 있는지에 대해 성찰해야 한다. 기업의 사회적 책임에 대한 소비자의 민감도가 높아졌기 때문이다. 이런 이유로 기업은 맹목적인 이윤의 극대화가 넓은 의미에서 인류에게 어떤 영향을 미칠지에 대해서도 주의를 기울여야 한다.

한마디로 모든 분야에서 디지털화가 급속해짐에 따라 사람들 사이의 관계에 대한 관심이 증가할 것이라는 게 우리의 생각이다. 따라서 '인간 중심이 되라'는 가치 사슬의 모든 고리에서 인간 중심의 정신을 회복하라는 요청과도 같다. 그 특성을 고려할 때 소매 업은 확실히 이 법칙이 결정적으로 드러날 수 있는 영역이다.

이 개념의 범위를 더 잘 이해하려면 앞서 언급한 세 가지 차원을 고찰해봐야 한다. 이는 **서비스**Service**, 사회성**Sociality**, 지속 가능성** Sustainability의 '3S'로 요약할 수 있다.

첫 번째 S인 서비스는 서비스 설계, 즉 매장에서의 고객 경험을 뜻하며 직원의 역할과 밀접한 관련이 있다. 여기서 따라야 할 접근 방식은 인간 중심 디자인human-centered design으로, 서비스 기획의 모든 단계에서 회사의 관점보다 인간의 관점을 우선시하는 것이다. 이러한 접근 방법의 장점 중 하나는 제품-서비스 간의 관계를 단순화하는 것인데, 이케아가 좋은 예다. 이케아는 주거 환경별로 제품군을 구성하여 가정이나 사무실 안의 실제 방을 재현하고 세트로 구매할 수 있는 제품 조합을 소비자에게 추천한다. 그렇게 함으로써 이 스웨덴 브랜드는 소비자들에게 '자연스럽게' 사야 할 제품을 제안하고, 선택 과정을 단순화한다.

미국 스포츠웨어 소매 업체인 룰루레몬Lululemon의 방식도 흥미롭다. 이들은 신발의 종류나 사용되는 상황 같은 보다 전통적인 진열 방식에서 벗어나 신발이 특정 범주의 사람에게 가져다줄 수 있는 혜택에 따라 매장의 제품을 재구성했다. 이러한 접근 방식은 옴니채널 경로에 조화롭게 어울리며, 자연스러운 선택으로 나타나는 가치 제안을 중심으로 하기 때문에 사람들이 쉽게 받아들일 수 있는 고객 경험을 선사한다.

이러한 상황에서 직원은 경험을 더욱 즐겁고 쉽게 해주는 결정적인 역할을 한다. 실제로 엑센츄어 스트레터지Accenture Strategy가 실시한 글로벌 조사에 따르면 소비자의 73퍼센트가 문제를 해결하고 조언을 구하고 제품 및 서비스에 대한 지원을 받기 위해 매장 직원과의 상호작용을 선호한다고 한다. 고도로 전문적인 영업 인력의 필요성은 또 다른 통계에서도 확인된다. 고객 다섯 명 중 세 명은 유능하고 도움을 주는 직원과 대화하기 위해서라면 더 높은 가격을 지불할 의향이 있다고 밝혔다. 이처럼 '직원의 부가가치'에 대한 크나큰 관심은 반대로 말하면 영업 직원의 부족 또는 비효율성이 고객 경험에 부정적 영향을 미친다는 것을 뜻한다. 즉, 매출에도 심각한 타격을 미칠 수밖에 없다. 더욱이 고객이 부정적인 경험을 소셜 미디어에 공유하면 타격은 더 커질 것이다.

제품 및 서비스에 대한 지식 전달 외에도 고객은 직원에게 긍정적이고 열정적인 서비스를 기대한다. 실제로 응답자 네 명 중 세 명이 예의 바르고 친절한 사람의 도움을 받는 것을 매장 내 좋은 경험을 위한 필수 조건으로 꼽았다. 기업들은 이러한 상호작용이 브랜드와 사람 간의 관계를 강화하는 중요한 요소라는 점을 인식하게 됐다. 디지털 기업이 다양한 고객 접점에 오프라인 매장을 추가하는 경향이 두드러진 것도 바로 이런 이유에서다. 더욱이 가까운 장래에는 매장 내 직원이 수행하는 활동 중 많은 부분이 소프트웨어, 인공지능 또는 로봇으로 대체될 수 있다. 그 결과 직원은 공감 및 창의성과 같은 인간성의 전형이라 여겨지는 특성을 활용하여 고객에게 전념할 수 있다.

'인간 중심이 되라' 법칙에서 중요한 두 번째 S는 **사회성**이다. 우리는 많은 소매 업체의 희망 사항이 그들이 운영하는 장소가 공동체의 중심이 되는 것이라고 생각한다. 그러므로 전시 및 판매 공간을 만남의 장소로 활용할 필요가 있다. 브랜드 가치를 드러내주는 이벤트 및 활동 프로그램을 대중에게 선보임으로써 진정한 커뮤니티를 구축하고 있는 기업의 사례가 많이 있다. 애플의 매장 내 활동이 대표적이다. 애플 매장에서는 제품 사용에 대한 워크숍뿐만 아니라 코딩, 음악, 사진 강좌도 열린다. 애플 웹 사이트에는 '오늘 애플에서는Today at Apple'이라 부르는 전체 섹션이 있다. 여기서 자신에게 가장 가까운 매장을 찾을 수 있으며, 예술에서 비즈니스, 디자인에 이르는 다양한 제안 및 이벤트 일정을 볼 수 있다.

더욱더 눈여겨봐야 할 곳은 2016년 샌프란시스코 유니언 스퀘어에 문을 연 애플의 플래그십 스토어다. 실제로 이 건물에는 매일 모든 시간, 즉 매장 영업시간 이외에도 대중이 이용할 수 있는 '플라자'라고 부르는 야외 공간이 있다. 무료 와이파이와 좌석을 갖춘 이 공간은 매주 열리는 다양한 어쿠스틱 음악 공연에 사람들을 끌어들인다. 즉, 이곳은 애플이라는 한 사기업의 건물이기도 하지만 지역 공동체 형성을 촉진하는 역할도 하는 것이다. 이 콘셉트는 대단한 성공을 거두었고, 애플은 이 혁신적인 건축 공간을 바다 건너 밀라노에도 복제해놓았다. 2018년 리버티 광장에 새로운 애플 매장이 들어섰다. 이 매장의 특이한 점은 큰 분수가 뿜어대는 두 개의 높은 물기둥에 가려 매장이 잘 보이지 않는다는 데 있다. 이는 이탈리아 광장과 밀라노 운하에 대한 오마주다. 그러니까 이 매장은 광장, 즉 항상 열린 공간, 앉아서 휴식을 취하고 사람들을 만나는 현대의 원형극장으로 남아 있다. 또한 이곳은 사람들이 열정을 공유하고, 또 새로운 열정을 발견하며, 자신의 능력을 심화할 수 있는 장소다.

이탈리아의 한 젊은 기업이 디지털 시대에 더더욱 중요해진 사회성에 대한 열망을 담아 새로운 고객 가치를 제안했다. 브리스콜라 피자 소사이어티Briscola Pizza Society에 대한 이야기다. 이 피자 전문점은 이탈리아 전역을 비롯해 유럽의 여러 수도들로 진출하겠다는 큰 꿈을 품고 있다. 이 브랜드의 특징은 이탈리아 사람들에게 만남의 장소인 피자 가게를 매우 독창적인 방식으로 경험하도록 제안한다는 데 있다. 실제로 브리스콜라의 모든 메뉴는 여러 가지 맛의 피자를 조금씩 즐길 수 있는 '피자 쉐어링pizza sharing'이 가능하게 만들어져 있다. 친구들과 여러 종류의 작은 피자를 주문하고 다양한 토핑과 도우의 조합을 맛보도록 유도하는 방식이다.

이제 세 번째 S인 **지속 가능성**을 살펴보자. 이것은 자원의 활용, 투자, 기술 개발 및 제도적 변화가 우리가 살고 있는 세계, 나아가 미래 세대가 살아갈 세계와 조화를 이루어야 한다는 점을 강조하는 개념이다. 오늘날 기업은 이러한 원칙에 따라 운영하고 사업의 환경적, 사회적, 경제적 영향에 큰 관심을 기울여야 한다. 디지털 시대를 구별 짓는 투명성, 누구나 쉽게 인터넷에서 정보를 생산하고 전파할 수 있는 용이성, 콘텐츠가 확산되는 속도를 고려한다면 이 주제는 더욱 시사성이 있다. 실제로, 끊임없이 연결된 세상에서 어떤 기업이 무책임한 행동을 벌이면 그 소식은 몇 시간도 안 돼 전 세계로 퍼진다. 기업의 평판과 비즈니스에 엄청난 손상을 줄 수 있는 것이다. 2015년 9월, 전 세계에 충격을 준 폭스바겐의 디젤게이트가 대표적 사례다.

자사 자동차의 이산화탄소 배출량과 관련된 수치를 조작하여 잠재적인 환경 피해를 숨긴 사실이 밝혀지자 이 독일 그룹은 신랄한 비판의 대상이 되었고 프랑크푸르트 증권거래소에서 단 하루만에 150억 유로어치의 주식이 연기로 사라지는 것을 봐야 했다. 이러한 현상을 보면 밀레니얼 세대는 사회 변화의 리트머스지를 상징하는 것처럼 보인다. 이들은 기업들의 새로운 운영 방식을 가장 적극적으로 받아들이는 세대다. 실제로 그들 중 대부분은 지속 가능성과 비즈니스 윤리를 특히 중요한 구매 동인動因으로 여긴다. 그리고 기업이 지속 가능성 부분에서 조화를 보여줄 수 없다면 가차 없이 그들을 브랜드 목록에서 제외한다. PwC가 강조했듯이, 밀레니얼 세대의 80퍼센트는 기업이 소비자에게 지속 가능성에 대한 자사의 노력을 적절하게 알리지 않는다고 생각하며, 웹 사이트 및 매장에서 발견할 수 있는 자료를 통해 소매 업체가 자사의 작업에 대한 증거를 대중에게 공개하기를 원한다.

그런데 분석에 따르면 밀레니얼 세대를 넘어 모든 세대로 조사 대상을 넓히더라도 이 현상은 여전히 중요한 것으로 나타난다. 2017년, 에델만Edelman이 실시한 글로벌 연구에 따르면 소비자의 57퍼센트는 사회적, 정치적 문제에 대한 기업의 입장 때문에 특정 브랜드를 구매하거나 보이콧할 의향이 있으며, 65퍼센트는 중요하다고 생각되는 주제에 대해 명확한 입장을 취하지 않는 기업의 제품 및 서비스를 더 이상 구매할 의사가 없다고 밝혔다. 게다가 조사 대상의 절반은 자신의 견해와 입장이 일치하는 브랜드들을 비판으로부터 방어하는 경향이 있다고 답했다.

지속 가능성은 의식적인 소비를 의미하기도 한다. 아웃도어 의류 업계의 세계적 리더 중 하나인 파타고니아Patagonia의 사례를 보자. 이 회사는 승합차 한 대로 미국 전역을 다니면서 중고 의류 수선 서비스를 제공하고 옷 수선 교육 세미나 투어를 홍보했다. 이 프로젝트는 대성공을 거두어 파타고니아는 전국의 플래그십 스토어에 이 서비스를 도입했다. 환경의 지속 가능성에 대한 이 캘리포니아 기업의 관심은 총매출의 1퍼센트 또는 수익의 10퍼센트 중 더 큰 쪽을 환경보호 단체들에 할당하겠다는 약속으로 증명된다.

이 주제는 특히 식품 부문에 큰 영향을 미친다. 에비앙Evian, 액티

비아.Activia, 알프로Alpro 및 기타 여러 브랜드를 소유한 프랑스의 다국적 기업 다논Danone 역시 지속 가능성을 기업의 방향으로 삼은 대표적 사례다. CEO이자 회장인 엠마뉘엘 파버Emmanuel Faber는 사회적, 환경적 노력에 대한 투명성이 부족했기 때문에 수십 년 동안 자신들의 브랜드가 사람들로부터 외면받았다고 지적한다. 오늘날 많은 소비자들이 공정무역 브랜드나 환경보호에 기여한 제품을 선호한다. 이것이 바로 다논이 자신의 존재 이유부터 시작해서 회사를 급진적으로 전환하는 데 힘쓰고 있는 까닭이다. 파버에 따르면 다국적 기업 다논의 우선순위는 더 이상 주주를 위한 가치의 극대화가 아니다. 그보다는 가능한 한 많은 사람들이 건강식품을 접할 수 있게 함으로써 소비자와 근로자, 주주에 이르기까지 모든 이해당사자들이 이익을 얻을 수 있는 방식이 될 것이다.

물론 기업이 이윤 추구를 무시해야 한다는 말은 결코 아니다. 그러나 디지털 시대에 이러한 요구들을 등한시하는 것은 더 이상 지속 가능하지 않다고 생각한다. 더욱이 사회적으로 또 생태적으로 책임 있는 행동은 상업적(대중의 선호), 경제적(더 높은 수익) 및 재정적(투자자는 '덕망' 있다고 평가되는 기업에 투자할 의무가 있다) 관점에서 볼 때 더 큰 이익을 가져올 수 있다.

보다시피 우리는 '인간 중심이 되라'라는 개념에 매우 광범위한 의미를 부여하고자 했다. 실제로 인적 요소를 기업 운영의 중심에 놓게 되면 기업의 모든 부분에 엄청난 영향을 미친다. 이는 매장 직원과 고객 간의 상호작용을 고려하고, 매장이 속해 있는 사회적 맥락 속에서 매장의 역할을 강화하며, 가치의 모든 사슬에 걸쳐 환경적, 사회적, 경제적 지속 가능성을 일관되게 추구하는 것을 의미한다. 요컨대, **'인간 중심이 되라'는 말은 기술 및 디지털이 혁신을 위한 강력한 도구이지만, 매일 이 도구를 어떻게 사용하고 어디에 적용할지 결정하는 존재는 언제나 '사람'이라는 점을 인정한다는 의미다.**

8

한계를
극복하라 *Be Boundless*

오직 우리의 한계를
받아들일 때에만
우리는 그 한계를 극복할 수 있다.

– 알베르트 아인슈타인

우리는 점점 더 까다로워지는 소비자의 필요와 욕구를 바탕으로 소매 업체의 가치 제안을 재설계하는 것이 얼마나 중요한지 여러 번 강조했다. '한계를 극복하라$^{Be\ Boundless}$'는 소매업이 네 개의 벽으로 둘러싸여 있고 특정 장소에 위치한 물리적 매장이라는 사실을 완전히 극복한다는 의미다. 오늘날 기술의 발전과 물류의 진보는 기업들이 매우 유연한 방식으로 고객에게 서비스를 제공할 수 있도록 한다. 최근 몇 년 동안 우리는 소매업 분야에서 일어난 다양한 실험을 목격했다. 그 실험들의 모든 전제는 소비자 중심이라는 것, 그리고 소비자의 요청을 충족시킬 수 있는 혁신적인 방법을 찾는 것이었다.

테스코^{Tesco}는 소매점의 전통적인 경계를 허문 완벽한 사례다. 국제적으로 매우 적극적인 활동을 펼치고 있는 영국의 이 주요 유통 그룹은 한국에 최초의 **가상 매장**을 열었다. 한국은 세계에서 근로 시간이 가장 긴 곳 중 하나이며, 그 결과 기업들이 쇼핑 시간을 확보하기 위해 치열하게 고민한다. 이 문제를 해결하고자 테스코는 지하철역이나 버스 정류장과 같이 사람들이 자주 이용하는 공공장소에 특별 광고판 형태로 슈퍼마켓 진열대를 설치했다. 지나가는 사람은 지하철을 기다리는 동안 자신의 스마트폰으로 간단히 상품의 QR코드를 찍어 물건을 구매할 수 있다. 이렇게 구매한 제품은 고객의 귀가 시간에 맞춰 집으로 배송된다. 그렇게 해서 테스코는 실제 매장을 차리는 부담 없이 소비자에게 상품을 판매할 수 있었다. 사람이 슈퍼마켓에 가는 게 아니라 슈퍼마켓이 사람에게 찾아간 것이다.

이 프로젝트는 구매에 스마트폰을 사용하는 잠재 고객의 태도, 기술을 이용할 줄 아는 어느 정도의 능력 그리고 무엇보다도 몇 시간 내에 쇼핑한 물품이 집으로 배달될 수 있는 가능성에 기반을 둔 것이다. 특히 세 번째 측면은 택배 서비스의 놀라운 발전 덕분에 가능해진 일이다.

a. **클릭 앤 섭스크라이브**Click-and-subscribe: 구독 또는 온디맨드 모드로 장바구니에 자동으로 물건이 담긴다.

b. **클릭 앤 콜렉트**Click-and-collect: 온라인으로 구매하고 오프라인 매장에서(자회사 소유 또는 제3의 장소에서) 상품을 찾아간다.

c. **클릭 앤 코뮤트**Click-and-commute: 온라인으로 구매하고 특정 경로에 위치한 매장에서 상품을 찾아간다(지하철역이나 고속

도로 휴게소).

d. **클릭 앤 트라이**Click-and-try: 온라인으로 일련의 제품을 주문하고 거래를 완료하기 전에 매장이나 집에서 사용해본다.

e. **클릭 앤 리저브**Click-and-reserve: 실시간으로 특정 매장에 제품 및 서비스가 있는지 확인하고 온라인으로 예약한다.

점점 더 많은 소비자들이 **구독 또는 온 디맨드로 자동 주문되는 프로그램**에 가입할 용의가 있음을 밝히고 있다. 글로벌 리서치 기업 칸타 월드패널Kantar Wordpanel이 〈위닝 옴니채널Winning Omnichannel〉보고서에서 강조한 바와 같이, 미국에서는 2024년까지 식료품 부문의 온라인 거래 중 5퍼센트가 자동으로 재공급될 것이며, 이는 월마트 매장 800개의 연매출에 해당하는 경제적 가치를 창출한다. 이러한 추세는 특히 경험적 요소가 없는 제품, 즉 그다지 차별화 요소가 없는 생활용품과 구매자가 습관적으로 구매하는 제품 또는 브랜드에서 더욱 두드러진다.

아마존이 와이파이로 연결된 기기인 대시 버튼dash button을 출시한 것은 바로 이러한 요구를 충족시키기 위해서였다(대시 버튼은 아마존의 인공지능 비서인 알렉사가 출시되면서 2019년 서비스가 종료됐다). 이 기기는 프라임 프로그램 회원이 단순히 버튼을 누르기만 하면 자주 사던 제품을 자동으로 구매할 수 있게 해준다. 소비자는 각 대시 버튼을 자신의 계정에서 직접 설정함으로써 특정 항목을 연결할 수 있다. 클릭 한 번으로 소비자는 생필품이 떨어질 걱정 없이 알맞은 때에 물건을 배송받을 수 있다. 게다가 이 모든 것에는 추가 비용이 들지 않았다.

또 다른 사례로 캘리포니아의 스타트업인 달러 쉐이브 클럽^{Dollar} Shave Club을 들 수 있다. 2016년 유니레버^{Unilever}가 10억 달러에 인수한 이 스타트업은 면도기와 면도 용품을 생산 및 배송하는 모델로 시장에 뛰어들었다. 창업자들은 면도 용품 세트를 소모품으로 생각하면서 구매를 귀찮게 여기는 잠재 고객이 많다는 것을 감지했다. 그래서 그들은 월간 구독 모델을 개발해 가성비 좋고 매달 자동적으로 배송해주는 면도기를 선보여 크게 성장할 수 있었다.

이러한 사례들은 택배가 소매 업체에게 확실히 기회가 될 수 있음을 보여주지만 모든 사람이 별문제 없이 집에서 택배 상자를 받을 수 있는 것은 아니다. 택배 배달 시간에 맞추지 못하거나 배달 받기 불편한 곳에 사는 사람들도 있다. 이러한 어려움은 **'클릭 앤 콜렉트'** 옵션으로 손쉽게 해결된다. 소매 업체가 수많은 매장에 도입한 이 옵션은 온라인으로 미리 구매한 제품을 매장의 특정 구역에서 찾아갈 수 있도록 한 것이다. 여기서 더 나아간 **'클릭 앤 코뮤트'** 옵션도 있다. 영국의 존 루이스^{John Lewis} 백화점이 처음 도입한 이 서비스는 상품을 수령하기 위해 매장에 가는 것조차 힘든 사람들에게 흥미로운 대안을 준다. 바로 픽업 포인트를 마련해준 것이다. 첫 번째 클릭 앤 코뮤트 스토어는 런던의 주요 터미널인 세인트 판크라스 역 내에 개점했다. 이 매장은 소비자가 학교나 직장을 오가며 늘 지나다니는 길에 온라인으로 주문한 상품을 찾아갈 수 있도록 전략적인 위치에 자리 잡았다. 픽업 포인트는 이용 시간이 유연하고 해당 지역에 촘촘히 들어서 있으며 당사자를 대신하여 제3자가 택배를 받을 수 있다는 점도 특징이다. 게다가 주요 택배 업체와 아마존 자체도 이른바 '로커locker'라고 부르는 셀프 서비스 사물함을 갖추고 있다. 이 사물함은 주요 도시의 중추적 위치에 자리하고 비밀번호로 보안이 유지된다. 많은 소매 업체들은 물건을 가져가기 위해 사물함을 찾아오는 사람들을 보며 이를 유입 인구를 끌어들일 기회로 여겼다. 그래서 택배 업체에게 사물함을 배치할 수 있는 전용 공간을 내주었다.

이러한 의미에서 매우 흥미로운 사례는 이탈리아 스타트업 인다박스Indabox가 제공하는 서비스다. 이 회사는 사람들이 온라인으로 주문한 제품을 받을 수 있는 독립적인 픽업 포인트들의 네트워크를 만들었다. 어떤 소매 업체든 이 프로그램을 완전히 무료로 이용할 수 있다. 양측은 각기 다른 혜택을 받게 되는데, 소비자는 편한 위치에서 물건을 가져갈 수 있고 판매자는 수령된 각 제품에 대해 수수료를 받으며 자신의 매장 내에 추가적인 유입 인구를 창출할 수 있다. 이 비즈니스 모델이 성공하고 이탈리아 모든 대도시에 급속히 확장될 수 있었던 이유는 우리가 과거 이웃들 간에 항상 해왔던 일을 간편하게 디지털화했기 때문이다. 생각해보라. 예전에는 자기 집 열쇠를 이웃이나 믿을 수 있는 가게에 맡겨놓거나 부재 시 근처 가게로 택배를 보내놓는 경우가 많았다.

볼보는 고객을 위한 '인 카 딜리버리in car dlelivery' 서비스를 개발 했다. 가입자는 제휴된 전자상거래 사이트에서 온라인으로 주문한 제품을 직접 자신의 차량 트렁크 안으로 배송받을 수 있다. 최대한 의 보안을 위해 1회용 비밀번호OTP가 생성되며 배달원은 차 트렁 크 문을 단 한 번만 열 수 있다. 작업이 끝나면 차량 소유자는 상품 이 배송됐고 차량이 다시 잠겼다는 메시지를 받는다.

영국의 쇼핑센터 체인인 하비 니콜스Harvey Nichols는 쇼핑할 시간 이 거의 없고, 고급 서비스를 원하는 부유층을 대상으로 하는 또 다른 서비스를 개발했다. **'클릭 앤 트라이'**가 바로 그것이다. 구매자 는 온라인 카탈로그를 참고하여 자신이 원하는 상품을 무료로 예 약할 수 있다. 요청이 접수되면 스타일 컨설턴트가 연락을 취해 하 비 니콜스 쇼핑센터 내의 전용 스위트룸에서 개인적인 약속을 잡 는다. 그곳에서 고객은 자신이 미리 선택한 의류나 액세서리와 함 께 매장 직원이 신중하게 골라 온 다른 상품들을 착용해볼 수 있 다. 이와 같은 솔루션은 일부 고객이 상품을 받아보기도 전에 결제 부터 하는 것을 꺼리는 상황을 해결하고자 고안됐다. 이 솔루션은 소매 업체가 매장에서 직접 업셀링up-selling(연쇄판매) 및 크로스셀링 cross-selling(교차판매)의 전략을 구사할 수 있도록 해준다.

오프라인 매장의 한계를 극복하기 위한 소매 업체들의 다양한 도전을 **'클릭 앤 리저브'**를 살펴봄으로써 마무리하자. 이 서비스는 웹 사이트 또는 스마트폰 애플리케이션으로 특정 매장에 특정 제품이 있는지를 실시간으로 확인하는 방식이다. 그렇게 해서 사람들은 온라인으로 제품을 선택하고 구매하고 배송이 잘 오고 있는지 확인할 수 있다. 이 방식은 한 번의 구매 배송을 위해 여러 매장을 다니고, 원하는 것을 찾지 못해 시간을 낭비하고 싶지 않은 고객의 요구를 충족시켜준다. 이 옵션을 식품 부문, 특히 '신선 식품' 부문에 적용시킬 수도 있다. 육류, 유제품, 제빵 등과 관련된 기업은 전자상거래의 장점과 근접 매장이 가지는 특수성을 결합시켜, 고객이 온라인으로 선택한 제품을 자신들과 제휴한 소규모 가맹점에서 받아갈 수 있게 한다. 소비자는 매장을 선택하고 매장에서 바로 구입 가능한 제품을 확인하며 그럴 수 없는 것들은 미리 주문한 다음, 예약한 시간에 매장에 들러 찾아갈 수 있다. 이러한 방식으로 사람들은 자신이 구매하려는 식품의 신선도를 눈으로 직접 확인할 수 있는 기회를 점점 더 많이 누리게 될 것이다.

유럽인들을 대상으로 한 소비자 리포트를 살펴보면 유럽인들은 '한계를 극복하라' 법칙과 연관시킨 서비스들을 좋아한다는 사실을 확인할 수 있다. 온라인 구매자의 42퍼센트가 적어도 한 번은 집이 아닌 다른 곳에서 상품을 수령해본 적이 있다고 답했다. 그리고 더욱 흥미로운 데이터는 그렇게 다른 곳에서 물건을 수령한 사람들 중 24퍼센트가 추가 구매를 했다는 사실이다.

우리는 오프라인 매장과 그것이 가진 한계를 극복하려는 추세가 임시 매장 현상으로 잘 나타나고 있다고 생각한다. 임시 매장은 이미 탄탄한 기반을 갖추었다고 해도 과언이 아니다. 팝업 스토어라고도 부르는 임시 매장은 유동 인구가 매우 많은 도심, 쇼핑센터, 역 또는 공항 등의 지역에서 일반적으로 몇 주 또는 최대 몇 달의 미리 정해진 기간 동안만 운영된다. 이는 물리적으로 존재하지 않으면서 고객-소비자와 관계를 구축하기 위한 효과적인 방법을 찾고 있는 디지털 소매 업체에게 유리한 방식이다. 임시 매장은 소비자의 변화된 요구를 즉각적으로 파악할 수 있고, 증강현실 및 가상현실 기술 등을 통해 미흡한 부분을 보완할 수도 있다.

마지막으로 '순회매장itinerant' 솔루션을 통해 다른 곳에 있는 소비자들을 끌어올 수 있는 방법과 소규모 임시 매장을 결합한 회사들이 있다. 이른바 움직이는 매장에 대한 이야기다. 예를 들어 이탈리아에는 이미 2만 3,000개의 트럭 매장이 돌아다니고 있으며 패션 및 식품 브랜드가 마케팅 및 영업에 사용하고 있다. 프랑스의 유통 체인 오샹Auchan 그룹도 이 솔루션을 채택하여 약 3,000개의 순회매장을 대형 주차장, 사무실, 학교와 인접한 지역과 같은 전략적 지점에 배치했다.

앞의 사례들은 모두 기업에서 사람에게로, 즉 구매자에게로 권력이 이동했음을 보여준다. 이러한 서비스 방식의 증가는 다른 무엇보다 디지털화와 기술의 진보 그리고 소비자 중심 전략이 낳은 결과라고 할 수 있다. 하지만 포화 상태에 이른 경쟁과 순수 디지털 플레이어들의 압력으로 인해 점점 더 공격적이 되고 있는 것도 사실이다. 그러므로 이러한 옵션을 채택하려는 소매 업체는 조직의 모든 부문에서 많은 노력을 기울여야 한다. 또 한 번 다소 급진적인 사고방식의 전환이 필요하다는 것을 강조하는 바다. 그리고 경제적 관점에서도 이러한 혁신에 필요한 기술적 인프라를 갖추기 위해 대규모 투자를 해야 할 것이다.

9

시너지 효과를
일으켜라 *Be Exponential*

당신의 회사가
얼마나 중요한지는 중요치 않다.
더 뛰어난 사람들 중 대부분이
어쨌든 남의 회사에서 일하니까.

– 빌리 조이

오늘날의 소비자는 기술과 서비스 및 제품을 결합하여 자신의 모든 관심과 라이프스타일과 필요를 충족시켜줄 수 있는 브랜드를 높이 평가한다. 이러한 새로운 기대에 효과적으로 부응하기 위하여 많은 기업들은 다른 기업과 협력하여 자사의 가치와 유용성을 높일 기회를 포착하고 있다. 실제로 이러한 전략적 제휴는 고객의 경험을 크게 향상시킬 수 있다. '시너지 효과를 일으켜라Be Exponential'는 제3자와의 제휴로 자신의 비즈니스가 가진 한계를 극복하는 것을 의미한다.

이 법칙은 싱귤래리티 대학의 창립자 중 한 명인 피터 디아만디스가 쓴 책에 등장하는 '기하급수 조직exponential organizations' 개념에서 영감을 받은 것이다. 여기서는 무엇보다 디지털 기술과 제3자와의 협업으로 가능해진 '가벼운' 비즈니스 모델의 탄생을 뜻한다. 상대적으로 낮은 비용과 단기간에 기하급수적으로 규모를 확장한 우버Uber나 에어비앤비AirBnB 같은 회사들처럼 말이다. 물론 우리가 모든 소매 업체들에게 이러한 비즈니스 모델을 강요할 수는 없다. 하지만 협업의 형태를 살펴보면서 분명 영감을 얻는 부분이 있으리라 확신한다. 실제로 소매 업체는 외부 파트너와의 제휴를 통해 비용을 부담하는 일 없이 제안을 보강하고 더 크고 더 공격적인 경쟁 업체와 겨룰 수도 있다. 이 법칙을 따르기로 결정한 소매 업체는 소비자의 수준 높은 요구를 충족시키는 데 기여할 수 있는 적합한 파트너를 찾아야 한다.

자신의 비즈니스를 '기하급수적'으로 성장시키기 위해서는 서로 다른 두 가지 방향으로 운영해야 한다. 자사의 상품 및 서비스를 새로운 채널(제 3자 회사)을 통해 전파하거나, 또는 서로 다른 기업이 상호 보완적인 경험을 통해 이를 강화하는 것이다.

그럼, 첫 번째 방법인 새로운 채널을 통해 전파 및 확장하는 방식에 대해 생각해보자. 오늘날 이것은 누구나 소프트웨어를 개발할 수 있도록 표준화된 플랫폼을 제공하는 서비스형 플랫폼Plaform-as-a-Service, PaaS 덕분에 가능해졌다. 이러한 제3자 회사의 대표적인 예로는 택배 및 배송 플랫폼을 꼽을 수 있다. 많은 기업들이 관리하기 어렵지만 전략적으로 중요한 비즈니스인 택배 서비스를 고도로 전문화된 기업에 아웃소싱한다. 그렇게 기업은 택배 솔루션과 관련된 연구, 개발 및 관리에 들어가는 비용을 부담하지 않고도 더 광범위하게 대중에게 다가갈 수 있게 된다. 또한 자신들의 핵심 비즈니스를 놓치지 않으면서 다른 유통 기업에 디지털 전환을 활용할 수 있는 기회를 주기도 한다.

이러한 의미에서 꼭 짚고 넘어갈 가치가 있는 기업은 이탈리아의 밀크맨Milkman 플랫폼이다. 이 회사는 물류를 최적화하여 일반적인 택배사가 서비스해주지 않는 시간대라도 고객이 원하는 시간에 딱 맞추어 배송해준다. 이러한 이유로 밀크맨은 많은 전통적 기업 및 전자상거래 플랫폼의 이상적인 파트너가 됐다. 밀크맨의 배송 옵션을 통해 판매자(기업)는 더 많은 가능성을 소비자에게 제안할 수 있다. 판매자는 새로운 운영 프로세스를 개발할 필요 없어 좋고, 구매자는 자신에게 가장 맞는 옵션을 설정하기만 하면 되기에 좋다.

밀크맨은 이탈리아 시장에 진출한 지 얼마 되지 않았음에도, 이미 네스프레소Nespresso, 이탈리Eataly, 온라인 와인숍인 탄니코Tannico를 포함한 수많은 브랜드와 중요한 비즈니스 계약을 체결했다. 그중에서 가장 중요한 협업은 이탈리아의 대규모 유통 리더들 중 하나인 콥Coop과 함께한 것이다. 이 파트너십은 진보적이고 혁신적인 식품 전자상거래 서비스인 이지콥EasyCoop을 내놓았다. 또한 이 사업은 무엇보다 전용 창고의 물류 최적화 및 배송의 특수성 덕분에 고객들 사이에서 큰 성공을 거두었다.

또 다른 성공 사례는 맥딜리버리McDelivery다. 패스트푸드계의 이 글로벌 대기업은 미국, 영국, 네덜란드 시장에서 테스트한 뒤 이탈리아에서도 배달 서비스를 시작했다. 이를 위해 맥딜리버리는 글로보Glovo, 딜리버루Deliveroo, 우버이츠UberEATS와 파트너십을 맺고 이들 파트너의 역량, 리소스, 기술 및 규모의 경제를 활용하기로 결정했다. 이러한 경우, 서비스는 최종 고객이 이미 사용 중인 파트너사의 배송 플랫폼을 통해 이루어진다.

이러한 전략적 파트너의 예는 택배 플랫폼 말고도 많이 있다. 또 다른 예시는 구글의 마이비즈니스MyBusiness 서비스다. 수많은 중소기업이 구글과의 제휴 속에서 큰 기회를 얻고 있다. 구글 마이비즈니스를 통해 업체는 무료로 자신의 가게를 등록한다. 그러면 소비자인 우리는 가게를 검색 엔진에서 찾고 지도에서 위치를 확인할 수 있다. 이 서비스는 구글의 무한한 기술력과 연결되어 수집된 데이터를 비롯해 매우 중요한 고객 정보를 판매자에게 전송한다.

예를 들면, 소매 업체는 그 데이터를 통해 자신의 가게에 관심이 있는 고객의 위치를 추적하거나 타깃팅 및 리타깃팅 활동을 개선할 수 있다. 그 어떤 소매 업체도 개별적으로는 그렇게 정확한 분석을 할 수 없을 것이다. 하지만 구글 수준의 기하급수적 조직에 의지함으로써 소매 업체는 구조화된 정보의 혜택을 누릴 수 있고 소비자에게 훨씬 더 광범위한 제안을 할 수 있다.

우리는 단순히 소매 업체가 새로운 파트너와 공급 업체를 선택해야 한다는 사실을 말하려는 것이 아니다. 그보다는 제3자와의 협업이 전략적인 요소가 된다는 점을 받아들이는 사고방식의 전환, 그리고 단기·중기적으로 이러한 협업의 혜택을 최대한 활용하려는 자세가 필요하다는 점을 이야기하고 있는 것이다.

이제 앞서 제시된 두 가지 중 나머지 방법을 살펴보자. 바로 상호 보완적으로 기업의 자사의 상품 및 서비스를 강화함으로써 소비자의 경험을 강화시키는 방법이다. 이때 고객의 요구를 더 크게 만족시키기 위해 브랜드와 소매 업체는 뚜렷한 공통의 목표를 가지고 파트너십에 참여해야 한다. 이 방식이 올바르고 효율적으로 작동하기 위해서는 각 기업이 그들만의 훌륭한 특성과 전문성을 갖고 있어야 하며 명확한 공통의 목표, 즉 소비자의 전반적인 경험을 향상시키겠다는 목표를 가져야 한다. 기업들 사이의 이러한 파트너십은 종종 사람들에게 그다지 친숙하지 않은 브랜드를 소개하고, 기업의 브랜드 인지도를 높일 수 있게 해준다.

이러한 유형의 파트너십이 갖는 진정한 가치와 실질적인 이점을 보여주는 성공 사례는 리처드 브랜슨Richard Brandson이 론칭한 상징적 브랜드인 버진Virgin 호텔 체인과 다국적 의류 기업인 갭Gap 사이에 체결된 계약이다. 외견상 서로 멀게만 보이는 이 두 세계를 연결함으로써 호텔은 공항에서 캐리어 분실 사고를 당했거나 갑작스런 악천후 상황과 같은 예기치 못한 상황에 처한 고객의 문제를 해결할 수 있다. 작동 방식은 간단하다. 고객은 애플리케이션이나 호텔 사이트를 통해 갭의 콜렉션을 검색하고 선택한 의류를 3시간 이내에 자신의 객실로 배달받아 입어보고 구매할 수 있다.

또 다른 주목할 만한 사례는 차량 공유 서비스 분야의 세계적 리더인 우버와 세계 최초의 음악 스트리밍 플랫폼인 스포티파이 Spotify 간의 협업이다. 매우 다른 두 브랜드 간의 제휴지만 이들의 공통적인 한 가지 목표는 이 협업을 통해서만 달성할 수 있는 더 풍부하고 기억에 남는 경험을 고객에게 제공하는 것이다. 실제로 두 애플리케이션의 통합을 통해 우버를 이용하는 사람들은 듣고 싶은 음악을 선택할 수 있다. 마치 자신의 차를 운전하며 좋아하는 음악을 직접 선택할 수 있는 것처럼 말이다.

앞의 사례들은 한때 서로 멀기만 했던 분야들 사이의 경계가 점점 흐려지고 있다는 사실을 너무도 명확히 보여준다. 지금 시장은 고객의 요구를 중심에 두는 융합과 통합을 향해 가고 있는 것이다. 잠재적으로 모든 소매 업체는, 특히 소규모이거나 전문화된 소매 업체는 점점 더 연결되고 까다로운 소비자의 요구를 충족시키기 위해 제3자와의 시너지 효과를 선택할 수 있다.

여기서 한 발짝 더 나아가 고객, 심지어 경쟁사와도 적극적인 협력을 함으로써 '기하급수적 특성'을 추구하는 방법도 있다. **디지털 시대의 마케팅은 소매 업체가 상호 배타적이지 않은 두 가지 전략을 채택함으로써 훨씬 더 경쟁력을 갖출 수 있음을 가르쳐준다. 바로 고객과 협력하는 '공동 창작co-creation'과 다른 기업, 경우에 따라서는 경쟁사들과도 소통하는 '경쟁사 간 협력'이 바로 그것이다.** 공동 창작은 시장을 기업과 고객(소비자)이 함께 자원 및 기술을 공유하고 상호작용을 통해 가치를 창출하는 장소로 바라본다. 이러한 협업을 통해 고객은 개인

한때 서로 너무 멀기만 했던
분야들 사이의 경계가
점점 흐려지고 있다.
**지금 시장은 융합과 통합을
향해 가고 있다.**

화된 만족스러운 경험을 얻고 기업은 수익성과 인지도 상승 같은 성과를 보장받는다. 이러한 방식은 최종 사용자와 협업하여 차별화된 제품을 만들 수 있도록 해주기 때문에 앞서 '개인화하라' 법칙에서도 언급한 바 있다.

반면에 경쟁사 간 협력은 경쟁과 협업의 특성을 결합한 전략이며, 특정 활동에서 한정적 제휴를 선택한 기업들 간에 이루어진다. 이것은 보통 라이벌인 두 기업 간의 예기치 못한 파트너십으로 나타나며, 대개 공동의 목표에 도달하기 위해 잠시 동안 경쟁을 중단한다. 무엇보다 협상력과 계약 능력을 높임으로써 혼자 힘만으로는 달성하기 어려운 성과를 획득하는 것이 목표다.

경쟁사 간 협력의 놀라운 사례로는 독일 자동차 업계의 숙명의 라이벌인 다임러Daimler와 BMW 사이의 역사적 제휴를 꼽을 수 있다. 이 두 역사적인 라이벌은 모빌리티 강국mobility powerhouse이라는 공동의 목표를 실현하기 위해 서로 손을 잡았다. 두 자동차 제조업체는 유일무이한 도시 이동성 서비스를 제공하기 위해 협력할 필요성을 느꼈다. 그리고 이 서비스를 더 높은 수준의 고객 경험으로 만들기 위해서 시장에 나와 있는 다양한 솔루션을 결합하여 하나의 제안으로 녹여내야 한다는 것을 이해했다. 그래서 이들은 협력을 통해 공유 모빌리티와 자율주행 분야에서 더 넓은 시장 기회를 창출하기로 결정했다. 특히, 이 파트너십에는 두 회사가 각각 소유했던 차량 공유 플랫폼 카투고Car2Go와 드라이브나우DriveNow가 제공했던 주문형 모빌리티, 택시, 주차 옵션, 전기 자동차 충전 솔루션, 카 세어링에 이르는 여러 서비스가 포함됐다.

지금까지 말한 내용은 **개방형 혁신**open innovation 으로 알려진, 흥미로운 또 다른 사례로 이어진다. 개방형 혁신은 기업이 자신의 가치를 높이고 혁신을 촉진하기 위해 내부의 아이디어와 자원에만 의존하지 않고 외부의 자원과 능력을 함께 이용하는 새로운 혁신 모델 및 패러다임을 가리킨다. 어떤 브랜드와 소매 업체든 부가가치의 원천은 어디에서나 찾을 수 있다. 대학 및 연구 기관뿐만 아니라 스타트업 인큐베이터, 비즈니스 파트너, 프리랜서 전문가 및 컨설턴트가 될 수 있으며, 우리가 살펴보았듯이 고객과 경쟁사도 될 수 있다. 이러한 접근 방식은 전통적 프로세스인 폐쇄형 혁신closed innovation, 즉 회사의 경계 내에서 이루어지는 혁신과 대조된다. 그러나 폐쇄형 혁신은 역동적이고 예측 불가능한 시장에서는 더 이상 힘을 발휘하지 못한다. 기업에서 시장으로, 이전에는 수직적이었던 혁신의 흐름이 수평이 됐기 때문이다.

세계의 주요 유틸리티 기업 중 하나인 에넬Enel 그룹은 이러한 방향으로 움직여 해당 분야를 초월하고 있음을 스스로 증명했다. 에넬은 빠르게 변화하는 상황에서 성장하기 위해 혁신과 디지털화를 자신의 산업 전략의 기본 지렛대로 삼아 고도의 관리 효율성과 안정성을 확보했다. 에넬은 가치 사슬 전체를 포괄하는 산업 및 학술 기관과 스타트업으로 구성된 진정한 생태계를 구축했다. 현재 세계적으로 8개의 허브가 활동하고 있으며 스타트업과의 150건의 협업이 이루어졌다. 더욱이 에넬은 자신의 혁신적 잠재력을 극대화하기 위하여 클라우드 소싱 플랫폼(OpenInnovability.com)을 만들었다. 그룹이 직면한 문제에 대한 솔루션이나 지속 가능한 혁신 프로젝트를 제안하고 싶어 하는 모든 사람에게 개방된 이 플랫폼을 통해 에넬은 이해 당사자들의 적극적인 참여를 유도하고 있다.

약 50만 명의 청년 기업가와 이를 지원하는 조직으로 구성된 글로벌 네트워크인 G20 청년 기업가 연맹G20 Young Entrepreneurs Alliance이 추진한 조사에 따르면 기업과 스타트업(또는 기타 혁신자) 사이의 협력은 전 세계적으로 약 1조 5,000억 달러의 잠재적 성장 가치를 창출할 수 있으며 이는 현재 전 세계 GDP의 2.2퍼센트에 해당하는 규모로, 돈으로 환산하면 약 350억 유로의 증가를 의미한다. 이러한 파트너십의 기회는 대기업이나 특정 시장뿐만 아니라 모든 유형의 회사가 가질 수 있다는 점을 분명히 해둘 필요가 있다. 사실, 우리의 논의는 그 반대가 될 수도 있다. 즉, 소규모 소매 업체는 큰 브랜드의 잠재력을 확장시킬 완벽한 솔루션이 될 수 있으며 그 경우, 소매 업체 자신도 뚜렷한 혜택을 얻을 수 있다는 사실이다. 이 연구 데이터에 따르면 기업가의 76퍼센트는 스타트업 또는 기타의 지역 기업들을 활용하여 비즈니스를 강화할 수 있다고 믿고 있으며, 협업으로 창출된 매출의 비중은 5년 이내에 현재 매출의 평균 7~16퍼센트에 이를 수 있다고 기대하는 것으로 나타났다. 스타트업은 이미 있는 것을 활용하여 시장에 뛰어들어야 하는 반면 대기업은 리스크를 아웃소싱하고 연구 개발에 들이는 비용 없이 혁신적 솔루션을 실험해야 하기 때문에 이 모델은 모든 당사자에게 윈윈으로 작용한다.

이러한 관점에 완벽하게 맞는 사례는 네슬레^{Nestlé}와 프레쉴리^{Freshly}의 경우다. 프레쉴리는 요리사 팀이 즉석에서 조리한 건강한 요리를 집으로 배달하는 스타트업으로 식품 업계의 글로벌 거인인 네슬레의 관심을 끌었다. 이에 네슬레는 7,700만 달러를 투자하여 프레쉴리의 지분 소수를 인수했다. 네슬레 푸드 디비전의 사장, 제프 해밀턴^{Jeff Hamilton}에 따르면 이 사업은 건강한 식사 트렌드에 발맞추고 증가하는 택배 서비스 수요에 적응하려는 네슬레의 의지를 표현한 것이다. 이 시장은 미국에서만 100억 달러 이상의 가치가 있다고 추산된다. 이는 무엇보다 홀푸드 인수 후 최고의 위치를 차지하고 있는 아마존 같은 거대 기업이 식품 업계에 관심을 쏟는 이유를 잘 설명해준다.

또 하나의 사례는 사용자가 대안 네트워크를 통해 현금과 카드 없이도 거래할 수 있는 모바일 결제 서비스 앱인 새티스페이^{Satispay}다. 소비자들은 점점 더 많은 결제 방식을 원하고 있다. 이에 이 스타트업은 소매 업체에게 더 다양한 결제 시스템을 제공하는 방식으로 도움을 준다. 새티스페이는 이미 에쎌룽가^{Esselunga}와 콥과 같은 두 개의 대규모 유통 체인과 협약을 체결했으며, 대중교통 사업자들과 파트너십을 맺어 스마트폰에서 직접 티켓 및 정기권을 구매할 수 있게 했다. 또한 은행과 제휴하여 언제든 청구서를 신속하게 처리하고 친구, 친척 간에 돈을 모으는 것과 같은 모임 통장 등 여러 서비스를 활성화했다.

이렇듯 자체 가치 제안, **공동 창작 및 경쟁사와의 협업, 좀 더 일반적으로는 개방형 혁신을 통해 시너지를 일으키는 비즈니스 파트너십은 기업의 기하급수적 성장의 중요한 원천이 된다. 기업이 혁신 프로세스와 관련된 위험 및 투자를 부담하지 않고도 자신들의 가치 제안을 확장할 수 있도록 해주기 때문이다.**

'시너지 효과를 일으켜라' 법칙을 기반으로 우리는 한 가지 중요한 추정을 해볼 수 있다. 즉, 이토록 복잡하고 역동적인 경쟁 상황에서 자신의 가치 제안을 구성하는 모든 요소들을 반드시 자체적으로 개발할(소유할) 필요 없이 '린lean 방식'으로 혁신을 추구할 수 있다는 것이다. 린 방식은 기업에게 비교적 적은 투자로 제품 및 서비스에 대한 신속한 실험을 할 수 있게 해준다.

우리는 다음 법칙인 "대담해져라"에서 이 주제들에 초점을 맞출 것이다. 빠르게 진화하는 시장에서 사업체를 운영한다는 것은 비즈니스를 경계가 모호한 개방형 시스템으로 간주한다는 의미이기도 하다. 혁신을 하기 위해서는 아이디어, 상품, 재능이 필요한데 모든 것이 내부의 지식과 기술에서 파생될 수 있는 것은 아니다. 외부로부터 오는 기회와 솔루션이 브랜드의 활동과 운영 측면에

쉽게 통합될 수 있으며 실제로 최종 사용자가 인식하는 가치를 높일 수 있다면 내부에서 오는 기회와 솔루션만큼 중요하게 간주되어야 한다.

10

대담해져라 *Be Brave*

역설적이게도,
지속적으로 변화하는 세상에서
안전하게 행동하는 것은
가장 위험한 행동 중 하나다.

– 리드 호프먼

'대담해져라'는 이 책에서 제안한 10가지 법칙 중 마지막 법칙이 자 아마도 가장 도발적인 법칙일 것이다. 아마존 창립자이자 CEO 인 제프 베조스의 고찰에서 탄생한 법칙이다. 그에 따르면 제안을 다양화하고 사업을 확장하기 위한 두 가지 주요 방식이 존재한다. **하나는 기업이 가장 잘할 수 있는 일의 목록을 작성하고 이를 선형적인 혁신의 출발점으로 활용하는 것이다. 다른 하나는 관점을 뒤집는 것이다.** 즉, 고객 경로를 분석하고 충족되지 못한 (또는 부분적으로 충족된) 요구를 파악한 다음, 이러한 요구를 충족시키고 그에 따른 비즈니스 기회를 활용하기 위해 필요한 기술을 습득하거나 개발함으로써 거꾸로 작업하는 것이다. 이러한 두 번째 길은 분명히 더 큰 위험을 나타내지만 올바른 접근 방식을 따른다면 상당히 낮은 비용으로도 여러 분야를 탐색하고 다양화할 수 있다.

　이는 방향 감각을 상실한 채 복잡하고 혼란이 가속화된 시기를 겪고 있는 모든 소매 업체에게 매우 강력한 메시지를 준다. 한편

많은 기업들은 기술 혁신의 결과로 벌어지고 있는 지금의 변화가 부정할 수 없는 일임을 이미 깨달았다. 머리를 모래 속에 처박고 위험이 지나가기를 기다리는 타조에게 닥칠 결과는 뻔하다. 코닥, 블랙베리, 노키아와 같이 규모가 큰 다국적 기업조차도 시장의 현실적인 요구에 충분히 발맞춘, 용기 있는 접근 방식을 채택하지 못해 파산했다.

그러나 누구도 넘볼 수 없을 것 같던 거인이 경쟁사의 파괴적 혁신으로 쓰러진 가장 상징적인 사례는 아마도 블록버스터 BlockBuster일 것이다. 1990년대에는 홈 비디오 시장이 특히 번창했다. 먼저 비디오, 그다음에는 DVD를 대여해주는 대여점이 어디든 있었고, 블록버스터는 전 세계 25개국 이상의 매장에서 수천만 명의 고객에게 서비스를 제공하는 업계 최고의 리더였다. 1997년, 이미 포화 상태가 된 이 시장에 넷플릭스가 DVD를 집으로 배송해주는 사업 모델을 가지고 뛰어들었다.

전설적인 얘기지만, 넷플릭스의 CEO 리드 헤이스팅스Reed Hastings는 자신이 다니던 블록버스터 매장에 영화 〈아폴로 13〉 DVD를 뒤늦게 반납했다가 40달러의 연체료를 물고 나서 회사를 설립할 생각을 했다고 한다. 이 이야기가 진짜든 아니든, 이미 블록버스터 매장이 널리 퍼져 있는 지역에서 넷플릭스의 새로운 비즈니스 모델이 빠르게 자리 잡기 시작했다는 것만은 사실이다. 그럼에도 불구하고 블록버스트의 경영진은 자사의 고객에게 제공하는 '물리적' 경험이 자신들의 강점이라고 확신하여 특별한 조치를 취하지 않기로 결정했다.

그러나 그로부터 얼마 지나지 않아, 점점 더 빠르고 안정적인 인터넷망이 확산됨에 따라 넷플릭스는 자체 스트리밍 서비스를 시작할 수 있게 됐다. 그로써 비즈니스 관련 문헌에서 '블록버스트의 순간BlockBuster moment'이라고 명명되는, 되돌아갈 수 없는 시점에 와 있음을 선언했다. 그 순간부터 비디오 콘텐츠에 대한 소비자의 습관은 빠르게 바뀌었다. 대여 산업의 거인 블록버스터의 모델이 부과하는 제약보다 넷플릭스의 스트리밍이 주는 편리함을 선호하기 시작한 것이다. 이러한 열차에 올라탈 수 없었던 블록버스트는 몇 년 지나지 않은 2013년에 파산 선언을 해야 했다.

네트워킹 장비 및 IT 서비스 공급을 전문으로 하는 가장 큰 다국적 기업인 시스코 시스템즈Cisco System의 CEO 존 챔버스John Chambers가 단언한 바에 따르면, 현재 운영 중인 사업들 중 적어도 40퍼센트는 진행되고 있는 변화에 적응하지 못하여 향후 10년 이내에 사장될 것이다. 챔버스에 따르면, 그런 기업의 유일한 희망은 진행되고 있는 '진화'를 재해석하고 기술 및 디지털 혁신에 적합하게 변신하는 데 있다. 이것이 '대담해져라' 법칙의 핵심으로, 소매 업체는 자신의 사업이 미래가 없을 수도 있으며 따라서 변화를 수용하고 인정할 용기를 가져야 한다.

그렇다면 소매업에 대한 당신의 제안이 지금 시장의 요구에 부합하지 않는다는 것을 알게 된다면 어떻게 해야 할까? 매장 내 유입 인구의 지속적인 감소에 어떻게 대응해야 할까? 저렴한 가격으로 우수한 수준의 서비스 및 AS를 제공하는 디지털 경쟁자들의 압력에는 또 어떻게 대응해야 할까? 우리가 보기에 남은 것은 '대담해지는' 것뿐이다. 완전히 충족시키지 못한 구체적 요구를 파악하고 그것에 대한 해결책을 찾기 위해 미지의 영역을 탐험해야 한다는 사실을 받아들여야 한다. 그리고 그 미지의 영역에 뛰어들어 당신만의 새로운 제안을 개발해야 한다. 물론 거기에는 매우 큰 위험이 따른다. 따라서 그 위험을 세밀하게 계산하고 사업을 테스트하는 단계로 가능한 한 빨리 도달할 수 있는 방법을 채택해야 한다.

전통적으로, 새로운 사업을 시작하거나 기존 사업을 중심으로 다른 사업을 시작하는 것은 기업가나 관리자에게 항상 위험한 일이었다. 그러나 최근 10년 동안, 스타트업의 프로세스를 덜 위험하면서 더 빠르고 더 효율적으로 만드는 새로운 접근 방식이 자리를 잡았다. 바로 린 스타트업 프로세스다. 이 방법론은 지나치게 정교한 계획보다 실험을 선호하고, 관리자의 직감이나 창의적인 아이디어(여전히 매우 중요하다)보다는 소비자의 요구와 피드백을 중심에 두는 방식이다. 이는 스타트업이 일하는 전형적인 방식이지만 전통적인 소매 업체나 대규모 조직에도 적용할 수 있다. 또한 디지털 전환의 혜택을 누리기 위해 자신의 위치를 재조정하려는 모든 기업에게 새로운 기회를 열어준다. 실리콘밸리의 대부 스티브 블랭

소매 업체는 자신의 사업이
미래가 없을 수도 있으며
따라서 **변화를 수용**해야 함을
인정하는 용기가 필요하다.

크^{Steve Blank}가 착안한 이 모델은 다음의 세 단계로 이루어진다.

a. **비즈니스 모델**^{Business Model}: 계획 수립과 조사에 수개월을 소비하지 않으려면 기업가와 관리자는 현재 자신이 손에 쥔 것이라곤 일련의 검증되지 않은 가설과 직관뿐이라는 사실을 직시해야 한다. 따라서 무엇이 가능성 있는 비즈니스 계획인지 결정 내리기 전에 비즈니스 모델 캔버스로 알려진 도구를 통해 초기 가설의 타당성을 확인할 필요가 있다. 비즈니스 캔버스는 제품 혹은 서비스가 전달하는 가치, 타깃 고객, 전달 방법, 수익 모델 등 비즈니스의 주요 요소가 담긴 다이어그램으로 구성된다.

b. **공동 설계**^{Co-Design}: 자신의 가설을 즉시 테스트하는 단계다. 이 프로세스는 고객 개발^{customer development}이라는 용어로도 널리 알려져 있다. 이 단계에서 잠재적 고객과 파트너는 제품의 특성, 예상 가격, 유통 채널 및 고객 확보 전략을 포함하여 비즈니스 모델 캔버스의 모든 요소에 대해 피드백을 준다. 이러한 연구가 목표로 하는 것은 민첩성과 속도다. 실제로 첫 번째 단계 이후 테스트에서 얻은 조언을 반영해 다시 새로운 주기에 돌입해 제안을 다시 설계하고 테스트하는 과정을 반복한다. 이는 사실상 사업 파트너부터 고객에 이르기까지 프로젝트에 관련된 다양한 이해 관계자들에게 공

동 설계라는, 글자 그대로의 뜻에 기여해달라고 요청하는 것과 같다.

a. **테스트**Test: 마지막으로 애자일 개발agile development이라고 부르는, 소프트웨어 산업에서 빌린 방법론을 활용할 필요가 있다. 전통적인 순차 개발 방법과 다르게 이 작업 방식은 시간과 자원을 최적화하여 몇 개월 안에 시제품(고객의 피드백을 받아 최소한의 기능을 구현한 제품)을 만들 수 있게 해준다. 스타트업은 일반적으로 제품 또는 서비스의 첫 번째 버전을 출시하기 위해 이러한 애자일 개발을 활용해 제품의 만족도를 신중히 조사하고 시장으로부터 중요한 피드백을 받는다. 이는 더 광범위한 규모의 출시를 앞두고 다음 버전을 조정하는 데(또는 프로젝트를 중단하는 데) 유용하다. 만약 다양한 타깃층으로부터 얻은 피드백을 기반으로 서비스가 지속적으로 개선되며 후속 버전들에서도 이러한 방법론이 계속 사용된다면 매우 이상적일 것이다.

앞의 세 단계는 사실상 도요타의 방식에서 영감을 얻은 것이다. 폐기 제품의 판별, 단기간 내에 판매가 예정된 것만 생산하는 적시 생산 그리고 지속적인 개선을 통한 완벽의 추구와 같은 정확한 원칙들을 바탕으로 하는 린 생산lean production을 계획하고 구현한 것은 바로 이 일본 자동차 제조 업체였다.

어떻게 린 스타트업 프로세스가 이른바 파괴자들(대안적 비즈니스 모델로 새로운 시장에 뛰어들어 시장의 판을 흔드는 기업들)**과 기존의 기업 모두에게 흥미로운 옵션이 되는지 살펴보면 무척 흥미롭다.** 첫 번째, 파괴자들에게는 상대적으로 낮은 비용으로 적시에 가치 제안을 테스트할 수 있고 가장 이름 있는 대기업을 위협하겠다는 포부를 품을 수 있게 해준다. 두 번째, 기존 기업들에게는 린 프로세스가 복잡하고 힘든 '폭포수 모델'(설계부터 유지보수까지 일련의 모든 단계가 완벽히 검토되고 완성되어야만 다음 단계로 진행할 수 있는 순차적 개발 모델-편집자)에 대한 유효한 대안이 된다. 오늘날 디지털 시대의 변화 속도는 혁신 프로세스에도 민첩함을 요구하면서 단시간에 응답을 얻을 수 없는 프로세스를 쓸모없는 것으로 만들고 있다.

이와 관련하여 소비재 분야에서 일어나고 있는 일을 관찰해보면 흥미롭다. 이 분야에서는 역사적인 대형 브랜드들이 힘든 시기를 지나고 있는데, 이들의 성과가 저하된 원인은 다름 아닌 수많은 소규모 경쟁 업체들의 시장 진입이다. 이들 소규모 경쟁 업체는 다국적 제품의 표준화를 진정성, 장인 정신, 전통에 대한 존중 및 지속 가능성 같은 더 큰 가치와 비교하는 경우가 많다. 이러한 경쟁자들은 훨씬 더 민첩한 비즈니스 모델과 우리가 앞서 기술한 법칙들의 적용 덕분에 거대한 선도 기업들을 위협하고 있다.

이들의 수와 공격성 및 시장을 공략하는 방식으로 인해 이들은 **피라냐 브랜드**piranha brands라고 불리곤 한다. 이들은 '시너지 효과를 일으켜라'에서 살펴본 것과 비슷하게 일부 기능을 제3의 파트너에게 아웃소싱함으로써 생산 시스템의 폭넓은 유연성을 누리고 있다. 물론, 소규모 브랜드와 틈새시장은 언제나 존재해왔지만 최근의 추세는 가히 파괴적이다. 다시 한 번, 그 기원에는 기술의 민주화로 많은 진입 장벽이 무너진 덕분에 제품 및 서비스의 출시가 쉬워졌다는 것을 들 수 있다. 뿐만 아니라 소비자 태도의 변화에서도 그 원인을 찾을 수 있다. 지금 소비자들은 변화하는 기대치에 보다 정확하게, 보다 빠르게 반응하며 보다 '진정성 있는' 경험을 제공하는 브랜드를 선호한다. 이런 소비자들의 등장으로 소비재 분야의 대형 브랜드들이 소규모 경쟁 업체들과의 싸움에서 맥없이 쓰러지고 있다. 블록버스터와 같은 사례는 애자일로 무장한 소규모 기업이 과거보다 훨씬 더 쉽게 시장에 위협을 가할 수 있다는 것을 보여준다. 동시에 앞에서 설명한 프로세스의 '용기 있는' 적용이 전통적인 기업들에게 효과적인 대응 방법이 될 수 있음을 다시 한 번 강조한다. 이 책의 다음 장에서는 이 새로우면서도 치열한 경쟁에 직면할 수 있도록 린 방식을 개방형 혁신과 결합해 실행한 많은 전통적인 기업들의 사례를 살펴볼 것이다.

'대담해져라'는 전통적인 소매 업체들에게 지난 수십 년 동안 성공의 바탕이 되어준 많은 확실했던 것들에 대해 겸손한 자세로 의문을 제기하라는 말이기도 하다. 저비용 대량 생산, 마케팅 및 커뮤니케이션에 대한 대규모 투자, 비즈니스 파트너와의 강력한 협상력, 광범위한 네트워크 그리고 연구 개발에 대한 투자 능력을 기반으로 경쟁우위를 확보하는 것만으로는 더 이상 충분치 않다. 오히려 현재의 경쟁 상황에서 이러한 요소들은 무거운 짐이 되어 기업의 대응력을 떨어뜨릴 수도 있다. 요컨대 '대담해져라'는 전통적인 소매 업체들에게 가치 제안의 기본에 대해 의문을 제기하면서 현 상황에 직면하라는 의미다.

또한 개방형 혁신과 결합된 린 스타트업 프로세스는 확실히 유효한 옵션이 될 수 있다. 물론 린 스타트업 프로세스 자체는 만병통치약이 아니다. 그러나 만약 해당 산업에 지대한 변화가 일어나고 고객의 기대치가 빠르게 진화할 때라면, 그리고 시장 상황이 불안정할 때라면 린 프로세스가 결실을 맺을 수 있을 것이다. 반대로, 프로젝트 후반부에서 변경에 비용이 많이 들어가거나 기술적으로 불가능하다면, 혹은 이해 관계자가 프로세스에 참여할 의사가 없다면, 시장이 안정적이고 비교적 예측 가능하다면, 제품 또는 서비스가 거의 결정적인 단계에 도달하기 전에는 테스트할 수 없는 등의 상황이라면 전통적인 접근 방식이 나을 수도 있다.

경험적 증거들에 따르면 린 접근 방식은 확실히 큰 잠재력을 가진 옵션이다. 이 방식은 비용 절감 측면에서 이점을 가져오고 새로운 제품 및 서비스의 출시를 가속화한다. 또한 순차적이 아니라 동시 작업을 유도함으로써 팀 간의 협력을 강화한다. 최종 사용자에게 별로 중요하지 않은 요소들은 설계 단계에서 미리 제거하여 제품-시장 적합성product-market fit을 개선할 수도 있다. 또한 폭포수 모델의 고질적인 문제인 중복을 줄이고 향후의 계획을 고려하여 최종 고객에 대한 지식을 향상시키는 데 도움을 준다.

마지막으로 린 스타트업 프로세스가 전통적인 기업에 효과적으로 적용될 수 있도록 두 가지 추가적인 전제 조건을 강조하려 한다. 첫째는 최고 경영진의 명확한 의지와 지속적인 노력이다. 예산, 흐름, 프로세스 등의 측면에서 필수적인 전제 조건이라 할 수 있다. 둘째는 회사의 혁신을 소중히 생각하고 자발적으로 프로젝트에 참여하는, 동기 부여된 직원들로 구성된 팀이다.

사람과 기업은 위험을 피하는 경향이 있으며 또 그래야만 한다. 그렇지 않으면 안정과 번영을 누리지 못하기 때문이다. 그러나 이 장에서 기술한 내용은 현재의 경쟁 상황과 디지털 시대의 격동성으로 인해 더 개방적이고 더 민첩한 논리를 따라 혁신 프로세스를 재고해야 하는 때가 왔음을 시사한다. 전통적인 기업은 수년에 걸쳐 도달한 기술과 역량에 새로운 접근 방식을 추가해야 한다. 그리고 디지털 전환이 제공하는 기회를 활용하고 자신의 현실적 상황 및 시장의 특성을 바탕으로 린 스타트업 프로세스를 재해석할 수 있어야 한다. 비록 이것이 미지의 영역으로 이끌 것처럼 보이더라도 소매를 걷어붙이고 행동해야 한다. 새로운 기술을 습득하고, 사고방식을 바꾸고, 고객을 위해 중요한 것이 무엇인지 깨달으며 혁신할 용기를 가져야 한다.

RETAIL

10
regole
per l'Era
digitale

3부

리테일 현장에서 '4.0 법칙'을
실천하는 리더와 기업들

01
아마존

마리안젤라 마르셀리아
이탈리아 및 스페인 지역 총괄 매니저
부문: 소매업 | 2017년 매출: 자료 없음
amazon.com

Q. 리테일 4.0은 당신에게 무엇을 의미하나요?

A. 리테일 4.0은 채널 및 고객 접점이 소비자와 결합하고 통합된다는 의미입니다. 지난 50년 동안 소매 시장은 근본적으로 늘 같은 모습이었습니다. 매장의 역할이 지배적이었고 소비자와의 관계는 혁명적 변화라기보다 자동 결제나 모바일 스캐너 도입과 같은 진화가 전부였죠. 그러나 아마존은 최근 4년 동안 소매업의 근본적인 부분을 변화시킨 심오한 혁신을 이뤄냈습니다. 이는 소비자의 요구에서 비롯된 혁신으로 점점 더 소비자를 중심에 두기 위한 선택이었지요.

그 혁신 중 하나는 이제 어디서 어떻게 구매했든 상관없이 몇 시간 만에 집에서 제품을 받아볼 수 있다는 것입니다. 아마존 프라임나우Prima Now가 탄생한 것이지요. 실제로 오늘날 전자상거래를 통해 원하는 제품을 집에서 몇 시간 내에 받는 것이 가능합니다. 이 배송 시간은 차를 타고 매장에 가는 데 걸리는 시간과 비슷합니다. 결과적으로 소비자는 물리적 세계와 디지털 세계 간의 차이가 점점 더 좁혀지는 것을 보고 있습니다.

Q. 이러한 상황에 대하여 아마존은 어떻게 대처하고 있습니까?

A. 우리는 주로 신속하고 즉각적인 욕구에 응답하기 위해 노력하고 있어요. 사람들에게 구매 경험, 서비스 품질 그리고 선택 가능성은 거래 그 자체만큼이나 중요합니다. 이러한 이유로 아마존은 '원활하게 하라'와 '보이지 말라'에 표현된 개념을 엄격하게 적용하려고 노력합니다. 사람들의 구매 방식은 '상품화'의 과정을 겪었습니다. 고객은 한 채널에서 다른 채널로 이동하는 데 깊게 생각하지 않지요. 그러므로 우리가 물류의 복잡성을 관리하고 데이터들을 처리하여 흥미로운 대안 및 옵션을 제안함으로써 고객이 구매하려는 상품에 집중하고 만족스러운 경험을 누리도록 만드는 것이 중요합니다. 마찰을 없애기 위해서 소매 업체는 다양한 접점들을 통합하여 소비자가 기기나 채널에 상관없이 서비스를 이용할 수

있도록 많은 노력을 기울여야 합니다. '충성도를 높여라'에서 강조했듯이 브랜드 충성도는 독특하고 지속 가능한 가치 제안을 기반으로 구축되는 것입니다. 아마존 고는 이에 대한 완벽한 사례지요.

하지만 혁신적인 제안으로 고객을 붙드는 것만으로는 충분치 않습니다. 관계를 유지하고 개선시키기 위해 노력해야 하지요. 그래서 우리는 멤버십 클럽의 형태를 띠는 프라임 프로그램을 개발했습니다. 할인이나 사은품을 제공하는 회원 카드만으로는 소매업체가 실직적인 가치를 창출하기 어렵습니다. 프라임은 바로 그러한 점에 기반하고 있어요. 추가 서비스들의 조합을 통해 우리는 고객 경험의 측면에서 지속적으로 그 기준을 높일 수 있었습니다.

아마존이 제공하는 서비스는 오디오 및 비디오 콘텐츠 스트리밍에서부터 클라우드 서비스에 이르기까지 다양합니다. 물론 무료 배송과 신속한 배송도 빼놓을 수 없죠. 제가 유용하다고 생각하는 또 다른 고찰은 '큐레이터가 되라'와 관련이 있습니다. 세계에서 가장 큰 전자 상거래 기업 중 하나인 아마존은 큐레이션 작업을 처음부터 획일적으로 하지 않습니다. 오히려 우리의 포부는 사람들에게 가능한 다양한 제품을 제공하는 것입니다. 그렇지만 사람들이 너무 많은 제품의 양에 압도되는 일을 피하기 위해 그리고 거기서 오는 선택의 역설을 피하기 위해 우리는 가능한 한 가장 효과적인 방법으로 데이터를 관리하여 고객에게 최적화된 제안을 제공하고 고객 경로를 단순화하려고 노력합니다.

Q. 향후 3년에서 5년 동안 어떤 진화가 일어날 거라고 보십니까?

A. 우리 회사의 CEO인 제프 베조스는 "소비자의 가장 멋진 점은 끊임없이 불만족한다는 것이다."라고 말했어요. 오늘 '우와!' 하며 감탄을 보낸 어떤 경험이 1년 후에는 매우 당연한 일, 즉 새로운 표준이 될 것입니다. 이러한 이유로 '대담해져라' 법칙이 매우 흥미롭다고 생각해요. 우리에게 그 말은 "모든 것이 잘되고 있고 많은 사람들이 당신의 브랜드에 대해 좋게 말할 때에도 또 당신을 탁월한 혁신가로 생각할 때에도 멈추지 말고 내일의 솔루션을 계획하기 위해 매진해야 한다."라는 의미죠. 지금부터 기업은 소비자에게 양질의 경험을 보장하기 위해 점점 더 큰 노력을 기울여야 할 것입니다. 소비자를 모든 것의 중심에 두고 지속적으로 스스로를 재창조할 수 있는 브랜드만이 시장에서 자신의 입지를 유지할 수 있을 것입니다.

이러한 맥락에서 '디지털 네이티브'라고 해서 회사가 반드시 그 혜택을 누릴 수 있는 건 아니지요. 아마존이 약 20년 전에 디지털 기업으로 탄생한 건 맞지만 당시의 디지털이라는 개념은 오늘날의 개념과는 상당히 거리가 멀었어요. 우리가 도달한 전문성은 확실히 성공의 중요한 요소이지만 우리의 진정한 자산과 경쟁우위는 '변화에 직면하는 방식'이라고 생각합니다. 기술의 발달 속도가 빨라지면서 어제의 기술은 금세 구식이 돼버리고 맙니다. 그러므로 진짜 중요한 것은 사고방식이지요. 우리 회사가 1990년대에 생겨나서 과거보다 더 중요해진 몇 안 되는 기업이 될 수 있었던 이유는 소비자의 요구에 대한 이해를 바탕으로 한 철학 덕분입니다.

확실히 향후 몇 년 뒤의 아마존을 상상해야 한다면 핵심 주제는 외부 혁신에 대한 개방일 것입니다. 우리는 '시너지 효과를 일으켜라'에서 말씀하신 바를 따르면서 혁신가들 및 발명가들과 함께 계속해서 협력할 것입니다. 그리고 모든 소매 업체가 이 법칙을 따라야 한다고 생각합니다. 그렇지 않으면 좋은 기회를 놓치거나 중요성을 상실하거나 심지어 사라지게 될 테니까요.

02
아우토그릴

쟌마리오 톤다토
CEO
부문: 여행자를 위한 음식 제공 서비스
2017년 매출: 46억 유로
매장 수: 4,000개 | autogrill.com

Q. 리테일 4.0은 당신에게 무엇을 의미하나요?

A. 제 생각에 리테일 4.0은 디지털로의 전환을 의미합니다. 본질적으로 사람들과 소매 업체 사이의 관계가 달라졌죠. 이 새로운 관계의 중심에는 소비자가 있으며 자신의 목소리가 힘을 발휘할 수 있다는 소비자의 인식을 기반으로 합니다. 이러한 이유로 '고객 맞춤형' 또는 심지어 '개인화된' 제품에 대한 수요가 점점 더 확산되고 있고 어떤 소비자들은 이를 전제 조건으로 간주하곤 하죠.

정보에 대한 접근도 제가 방금 말씀드린 것과 관련이 있습니다. 디지털, 무엇보다도 모바일은 사람들의 태도와 행동을 근본적으로 변화시켰습니다. 구매 경로는 돌이킬 수 없을 정도로 바뀌었습니다. 이제 소비자는 어떤 유형의 제품이나 브랜드, 서비스에 대해서든 원하는 모든 정보를 언제든 얻을 수 있습니다. 이 모든 것은 아우토그릴에 절대적으로 중요한 식품 업계에도 엄청난 영향을 미쳤습니다. 예를 들면, 건강식의 개념도 바뀌고 있습니다. 과거에는 '저칼로리'와 '저지방'을 의미했지만 지금은 신선한 식품, 생식품, 천연 식품, 유기농 식품, 단백질 고함량 식품, 유전자 변형이 없는 식품을 의미하죠. 여기에다 무슨 무슨 'free'라는 인증이 붙은 온갖 식품들도 있고요. 동시에, 환경에 대한 인식이 높아져 제로 킬로미터 식품 등 생산 체인에 대한 관심도 높지요. 요컨대, 오늘날 소매 업체는 개별 고객의 요구 사항을 파악하는 일은 물론이고 점점 더 빨라지고 빈번해지는 수요의 '거시적 변화'를 예측할 수 있는 폭넓은 관점도 채택해야 합니다.

소매 분야에서 마지막 주요 변화는 시간과 공간의 장벽이 완전히 무너졌다는 것입니다. 오늘날 사람들은 지구상 어디에 있든 항상 연결되어 있습니다. 예전에는 멀리 떨어져 나와는 상관없다고 생각되던 일들이 이제는 전 세계적으로 즉각적인 반향과 결과를 가져옵니다. 이러한 이유로 '우리'라는 의식, 지구라는 하나의 거대한 현실에 속해 있다는 소속감이 점차 커졌지요. 게다가 두 저자께서 '인간 중심이 되라'에서 지적하신 것처럼 지속 가능성에 대한 관심이 점점 더 뚜렷해지고 있습니다.

Q. 이러한 상황에 대하여 아우토그릴은 어떻게 대처하고 있습니까?

A. 오래전부터 우리는 제품 및 서비스를 혁신할 수 있는 디지털 솔루션을 연구, 개발하고 있습니다. 매우 중요한 사례는 두말할 것 없이 'Host2Coast' 모바일 앱입니다. 이 앱은 북아메리카의 공항에 입점한 거의 대부분의 아우토그릴 제휴 음식점을 모아놓은 것입니다. 이 앱을 통해 여행객은 자기가 있는 위치에서 가장 가까운 음식점을 찾고, 메뉴를 보고 식사를 미리 주문하며, 스마트폰으로 손쉽게 결제할 수도 있습니다. 이러한 지원을 통해 우리는 여행자가 공항에서 환승하는 동안 겪을 수 있는 모든 고충을 최소화하여 가능한 원활한 경험을 선사하고자 노력했습니다.

이러한 기술 덕분에 우리는 전 세계 고객의 취향과 선호도를 지속적으로 모니터링하고 있습니다. 우리 그룹이 관리하는 네 개 대륙, 4,000개 이상의 매장을 이용하는 사람이 2017년에만 약 10억 명에 달하니까요. 소비자가 공항에서 주로 어떤 식품을 선택하는지 새로운 트렌드를 파악하기 위한 아주 좋은 데이터가 되는 셈이지요. 이러한 트렌드 연구를 통해 우리는 건강식품의 수요에 대응하기 위한 중요한 전략을 세울 수 있었습니다.

또 다른 중요한 프로젝트는 시카고 공항에 오픈한 오헤어 어번 가든O'Hare Urban Garden입니다. 게이트들 사이에 수직으로 44종의 채소를 재배하고 공항 내 아우토그릴 매장에 항상 신선하고 품질 좋은 제로 킬로미터 식품을 공급하는 정원이지요. 이는 향후 다른 공항에서도 꼭 재현하고 싶은 지속 가능성 분야의 선구적 실험입니다. 이렇듯 고객의 '음식 경험'의 질을 향상시키기 위한 우리 회사의 연구와 실험은 지금도 계속되고 있습니다. 연구와 혁신은 우리 그룹의 DNA라 할 수 있죠. 동시에 우리는 여행자들의 다양한 요구를 충족시키기 위해 새로운 개념의 음식 서비스 모델을 개발하는 방법에 대해서도 생각하고 있습니다.

Q. 향후 3년에서 5년 동안 어떤 진화가 일어날 거라고 보십니까?

A. 비즈니스 자동화 및 디지털 관리 부분에서 진화가 일어날 거라고 봅니다. 우리가 가는 방향을 보여주는 분명한 사례는 오클랜드 공항이 도입한 휴머노이드 로봇 '페퍼Pepper'입니다. 인간 곁에서 살도록 설계된 이 로봇의 주요 기능은 사람들과 대화하고, 사람들의 감정을 이해하고, 그에 따라 반응하는 것입니다. 이 로봇은 도움을 필요로 하는 탑승객들에게 길을 안내하고 정보를 알려주고 여러 가지 조언을 해주기도 합니다.

이러한 기술의 영향은 곧 음식점 영역에까지 확장될 것입니다. 그렇지만 인간은 계속해서 중요한 역할을 할 거예요. 이러한 활동들에서 인간의 경험과 열정, 창의성은 로봇이 대체할 수 없는 부분이기 때문이죠. 사람들은 혁신 프로세스에서도 매우 중요한 역할을 합니다. 그래서 인적 자원의 교육 및 재교육에 투자하지 않고는 디지털 전환을 구현할 수 없어요. 이는 아우토그릴이 무엇보다 혁신적인 아이디어와 디지털 기술을 가진 젊은이들을 포용할 수 있는 '세대 간 협약'을 시작한 또 다른 이유이기도 합니다.

03
보쥐

파올로 셸바
유럽 지역 CEO

부문: 의류 및 액세서리
2017년 매출: 자료 없음
매장 수: 180개 | boggi.com

Q. 리테일 4.0은 당신에게 무엇을 의미하나요?

A. 제가 보기에 소매업의 세계를 대폭 변화시킨 장본인은 바로 고객입니다. 고객은 지속적으로 연결되어 있고 점점 더 '관리 범위 내'에 들어오게 됐습니다. 이제 우리는 완전히 다른 방식으로 고객과 관계를 맺고 있죠. 기업과 소비자 간의 정보의 비대칭성이 현저히 줄어들었고 힘의 축이 소비자 쪽으로 옮겨갔습니다. 더욱이 우리는 사람들이 우리의 제품을 구매하는 데 들이는 시간에 가치를 부여해야 합니다. 시간이야말로 오늘날 가장 희소한 자원이니까요. 보쥐는 전 세계의 많은 고객을 맞이하는 영광을 누리고 있으며

그 대신에 고객에게 '의미 있는 경험'을 제공해야 하는 부담을 안고 있습니다. 바로 다양한 접점과 채널들 사이를 원활하고 자유롭게 이동할 수 있는 마찰 없는 경험이죠.

Q. 이러한 상황에 대하여 보쥐는 어떻게 대처하고 있습니까?

A. 우리는 채널과 관계없이 고객을 식별하고 디지털 거래와 물리적 거래가 통합된 경험을 제공하고자 했습니다. 그러기 위한 이상적인 방법은 사람들이 자신의 모바일 기기와 연결되는 것이라고 믿고요. 오늘날 스마트폰은 우리가 어딜 가든 무엇을 하든 함께하고 남들에게는 절대 내주지 않는 개인 미디어입니다. 또한 표적 이메일의 도움으로 우리는 '개인화하라'에서 말씀하셨듯이 각 사람과의 관계를 개인화할 수 있습니다. 우리의 목표는 고객 경로를 모니터링하고 약점에 대처하고 모든 마찰을 최소화하며 고객의 요구에 절대적인 우선순위를 부여하는 것입니다.

이러한 정신으로 우리는 '클릭 앤 콜렉트' 서비스를 활성화했습니다. 전체 컬렉션을 훑어보고 온라인으로 주문한 다음 '매장 찾기'로 검색하여 옷을 수령할 가장 편한 매장을 선택할 수 있게 만들었죠. 또한 구매 금액의 하한선 없이 무료 택배를 이용할 수도 있습니다. 우리 제품에 덜 친숙하고 구매하기 전에 우리 제품을 입어보고 싶어 하는 분들을 위해서는 '클릭 앤 리저브' 서비스가 활성화되어 있어서 180개 매장 중 한 곳을 미리 예약해 선택한 의류를 입어볼 수도 있습니다. 마지막으로, 우리 회사는 가장 작은 매장에서도 인터넷 사이트가 갖는 장점인 사이즈와 디자인의 다양함을 보장하기 위해 상품 공급을 표준화하는 데도 투자했습니다. 보쥐 매장 직원은 태블릿의 특정 앱을 통해 고객이 다른 매장에서 즉시 구할 수 없거나 집으로 바로 배송될 수 없는 디자인 및 색상의 제품을 준비할 수 있도록 지원합니다. 이러한 옴니채널 경험 덕분에 우리는 해마다 디지털 판매에서 200퍼센트의 성장을 이루고 있죠.

우리는 이러한 성장의 원인이 전자상거래에서 유래한다고 보는 것은 너무 피상적인 시각이라 생각합니다. 이러한 성공은 채널 간 통합에 있습니다. 최종 거래가 어디에서 일어나든 상관없이 일관되고 기능적인 방식으로 고객에게 서비스를 제공해주는 채널들 말이죠.

우리가 실행 중인 또 다른 중요 정책은 매장 내의 흐름을 모니터링하는 기술에 대한 것입니다. 이러한 데이터 분석을 통해 우리는 매장의 디스플레이 방식을 개선하고 보다 정확하게 제품군을 선택하며 영업 방식을 수정하기 위한 매우 중요한 제안들을 도출할 수 있습니다. 아직은 시행착오의 과정이지만 바로 그 점이 중요합니다. '대담해져라'에서 잘 설명하신 것처럼, 용기를 가지고 유연한 접근 방식을 채택하는 것이 필수적인 일이죠.

Q. 향후 3년에서 5년 동안 어떤 진화가 일어날 거라고 보십니까?

A. 보쥐는 2024년까지 전 세계에 직영점 또는 프랜차이즈로 250개 매장을 추가로 오픈할 예정입니다. 따라서 우리의 주요 목표는 고객들에게 의미 있는 경험을 선사할 수 있도록 디지털 기술을 이용한 다양한 실험들과 파일럿 프로젝트들을 계속해나가는 것입니다. 성과들을 바탕으로 우리의 활동이 항상 일관성을 유지하는지 확인하면서 활동을 개선시킬 것입니다. 매일 우리 브랜드를 선택하는 사람들의 요구에 초점을 맞추고 그에 따라 회사도 변화해나가야 합니다.

구체적으로 말하자면, 향후 3~5년 동안 확실하게 발전할 기술 중 하나는 무선 주파수 인식인 RFID가 될 것이라고 믿습니다. 물론 이 기술이 완전히 새로운 기술은 아니죠. 하지만 옴니채널 접근 방식을 추구한다는 바로 그 관점에서 제품들을 쉽게 추적할 수 있도록 하는 RFID만의 기능이 혜택을 가져오리라고 생각합니다.

또 다른 중요한 변화는 당연히 데이터 부분에서 일어납니다. 기술을 통해 우리는 점점 더 명확한 방식으로 데이터를 처리할 수 있게 됐습니다. 이를 통해 우리는 구매자의 현재의 취향과 잠재적인 취향에 대해 훨씬 더 많은 정보를 갖게 되겠죠. 그렇게 되면 자연스럽게 마케팅 및 커뮤니케이션 전략도 개선시킬 수 있고 매장의 성과도 향상시킬 수 있을 것입니다.

04
브리지스톤

스테파노 파리시
남유럽 지역 상무

부문: 타이어 | 2017년 매출: 270억 유로
매장 수: 유럽 내 2,000개 이상
bridgestone.com

Q. 리테일 4.0은 당신에게 무엇을 의미하나요?

A. 브리지스톤이 운영하는 비즈니스 모델은 B2B2C(B2B와 B2C를 결합한 전자상거래로, 기업들을 모집하여 기업 제품들을 소비자에게 판매하는 형태-편집자)와 B2C입니다. 우리 회사의 판매 채널은 주로 유통업체, 타이어 딜러 그리고 차량 서비스 센터입니다. 그 외 렌터카 회사와 카 플리트car fleet 회사를 통한 판매도 있습니다. 견고한 산업 기반, 연구 개발 및 제품의 우수성을 바탕으로 경쟁우위를 구축한 우리와 같은 기업들은 역사적으로 소매업을 기회의 큰 장으로 바라보았죠.

저에게 리테일 4.0은 기본적으로 '디지털 고객'의 경로를 따르고, 고객에게 서비스를 제공하는 데 있어서 기술을 활용하며, 원윈 관점에서 가치 사슬의 기업들 간에 더 큰 시너지 효과를 낼 수 있는 가능성을 의미합니다. 이는 생산 및 유통상의 요구를 체계화하고 통합할 수 있음을 의미합니다. '원활하게 하라'에서 잘 설명된 옴니채널의 본질은 다양한 이해 당사자들 간의 이러한 시너지 효과에 있다고 생각합니다. 바로 비즈니스 목표와 최종 고객의 실질적 요구 사이의 효과적인 연계가 발생할 때인 것이죠. 잠재적인 이점은 분명합니다. 제품 생산자는 소비자의 요구를 고려하여 새로운 아이디어 구상과 기획에 전념할 수 있으며 소매업 비즈니스 파트너로부터 나오는 심층적 지식을 활용할 수도 있지요. 반면에 유통 및 소매업에 종사하는 사람은 고객의 기대치에 부합하는 제품 및 서비스를 보장할 수 있습니다. 이들 제품 및 서비스는 생산과 함께 공동 설계되었기 때문이지요.

이러한 의미에서 저에게 리테일 4.0은 타이어 부문에 존재하는 현재의 전자상거래 모델의 한계를 극복하기 위한 도구이며, 디지털과 실제 사이의 경계가 사라지는 진정한 인터넷 쇼핑 경험을 구현하기 위한 도구를 의미합니다. 따라서 오늘날 소매업은 단순히 우리의 제품이 유통되고 판매되는 장소를 의미하지 않습니다. 소매업은 이제 최종 고객에게 더 높은 부가가치를 창출하기 위해 제품 생산 및 서비스가 서로 연결된 하나의 생태계와도 같습니다.

Q. 이러한 상황에 대하여 브리지스톤은 어떻게 대처하고 있습니까?

A. 지금 세계 인구는 급속하게 늘고 있고, 인구의 도시 집중 현상도 계속되고 있죠. 그러다 보니 자동차 부문도 변화를 맞고 있습니다. 바로 자동차가 CASE(연결Connected, 자율Autonomous, 공유Shared, 전기Electric)화되는 현상입니다.

이러한 기회 앞에서 브리지스톤은 타이어 생산 업체에서 모빌리티 솔루션을 제공하는 리더로 빠르게 진화하고 있습니다. 고객 및 최종 소비자에게, 나아가 사회 전체에 이익을 창출하겠다는 목표를 갖고 고품질 프리미엄 타이어에 대한 운전자들의 새로운 요구에 부응하는 광범위한 솔루션 및 디지털 애플리케이션을 개발하고 있습니다. 한 가지 사례로 유럽에서 향후 개발될 타이어 및 차량의 유지보수를 위한 최첨단 예측 솔루션인 '브리지스톤 커넥트Bridgestone Connect'를 들 수 있습니다. 마이스피디MySpeedy라는 이름으로 판매될 이 솔루션은 실시간 차량 상태 모니터링을 통하여 운전자가 위험에 처할 수 있는 잠재적 고장을 방지하고 시간과 비용을 절약할 수 있도록 도와줍니다. 새로운 모빌리티 세계를 구축하기 위해서는 협업이 필요하다는 것을 우리는 잘 알고 있습니다. 그 어떤 기업이나 사람도 필요한 모든 기술과 답을 가지고 있지는 않으니까요.

협업은 브리지스톤의 가장 큰 강점입니다. 우리 회사는 주인의

식으로 똘똘 뭉쳐 있고, 용기 있는 의사결정을 내리며, 민첩하게 목표를 추진하고, 하나의 팀처럼 일하는 사람들로 이루어져 있습니다. 앞서 나왔듯 기업은 용기를 가지는 것 외에도 스스로를 '기하급수적'으로 인식하고 개방형 혁신의 관점에서 외부 생태계와 협력해야 합니다. 이러한 가치를 기반으로 우리는 유럽의 자동차 제조 업체들과 군건한 관계를 맺고 기술, 데이터, 물류 및 소매업 분야에서 새로운 파트너십을 지속적으로 구축할 수 있었습니다. 우리는 모빌리티의 미래로 나아가고 있는 것처럼 협업의 측면에서도 성장하고 있습니다.

필요한 모든 것을 실현하기 위해서는 기술 및 경험의 진화가 필수적입니다. 실제로 우리는 2017년, 로마에 디지털 차고Digital Garage를 만들었습니다. 회사 내부 및 외부에서 솔루션을 개발하는 데 필요한 엔지니어링, 데이터 기술 등을 교차 방식으로 연결하려고 만든 개방형 플랫폼이죠. 이를 위해 로마에 있는 세 개 대학과 협력하여 학생들과 함께 해커톤Hackathon(한정된 기간 내에 기획자, 개발자, 디자이너 등 참여자가 팀을 구성해 끊임없이 아이디어를 도출하고 이를 토대로 앱, 웹 서비스 또는 비즈니스 모델을 완성하는 것을 말함-편집자)을 조직하기도 했습니다.

Q. 향후 3년에서 5년 동안 어떤 진화가 일어날 거라고 보십니까?

A. 지금 자동차 부문은 구조적 변화를 겪고 있습니다. 앞에서 언급했듯이 차량이 점점 더 CASE화되고 있고 이동성 및 운송에 대한 사고방식이 변화하고 있기 때문입니다.

많은 통계들이 보여주듯이 사람들은 이제 자동차를 소유하는 쪽보다 렌트하는 쪽을 선호하고 있습니다. 이에 발맞춰 우리는 최초의 타이어 구독 서비스인 모박스^{Mobox}를 출시했어요. 이러한 트렌드는 당연히 지원 및 유지보수 서비스, 액세서리, 예비 부품 그리고 타이어를 포함한 공급망 전체에 영향을 미칩니다.

저는 향후 몇 년간 연결성과 그에 따른 데이터 가용성을 중심으로 진화가 이루어질 것이라고 생각합니다. 분명 데이터는 차량에서도, 또 타이어에 설치된 센서에서도 나올 수 있습니다. 세계 최대의 타이어 및 고무 제품 제조업체인 브리지스톤에게 디지털화와 빅데이터는 생산, 제품의 효율성, 혁신 및 개발 프로세스, 소매 및 공급망에 긍정적 영향을 미치는 새로운 기회들을 의미합니다. 지금 브리지스톤은 진정한 전환 여정의 한가운데에 있습니다. 이 여정에서 우리의 궁극적 목표는 모빌리티 솔루션의 리더가 되는 것이죠.

제품 그 자체보다 서비스 및 모빌리티 솔루션의 역할이 점점 더 중요해짐에 따라 지금부터 향후 몇 년 동안은 소매업의 개념 자체가 진화하지 않을까 생각합니다. 이제 고객들은 단순히 타이어를 사는 게 아니라 진정한 통합 네트워크 속에서 사전 예방 서비스를 제공받을 수 있을 것입니다. 이러한 트렌드 속에서 우리 회사는 소매 업체들의 비즈니스를 위한 전략적 파트너이자 개발 촉진자로 자리매김하고 싶습니다.

05
브룩스 브라더스

루카 가스탈디

유럽, 중동 및 아프리카 지역 CEO

부문: 의류 | 2017년 매출: 11억 유로
매장 수: 850개
brooksbrothers.com

Q. 리테일 4.0은 당신에게 무엇을 의미하나요?

A. 저에게 리테일 4.0은 옴니채널 전략을 채택하고 인간 관계에 대한 가치를 높인다는 의미입니다. 최근 몇 년 동안 기술은 급속한 상품화 과정을 겪었습니다. 사회·경제적으로 더 발전된 시장에서 사람들은 기술을 모든 기업이 활용해야 하는 하나의 요소로 간주합니다. 소매 업계에서 이러한 접근성은 중요한 혁신으로 이어졌습니다. 한편으로 우리는 공급망의 근본적인 변화와 예측 모델의 점진적인 개선을 지켜보았습니다. 이는 의류 부문에서 이른바 패스트 패션을 탄생시켰죠.

컬렉션이 준비되고 주문이 들어가고 물건이 배달되는 데 드는 시간이 현저히 줄어들어, 고객은 이러한 신속한 방식에 익숙해졌고 이것은 하나의 표준으로 자리 잡았습니다. 매장 역시 근본적인 변화가 일어났고 지금도 계속해서 일어나고 있습니다. 매장 내에서 직원의 역할을 재정의할 수 있는 기술 지원이 점점 더 널리 확산되는 추세이기도 하고요.

'원활하게 하라'에 소개된 내용은 소매 업체가 항상 염두에 두어야 할 전반적인 그림을 잘 보여준다고 생각합니다. 접점의 확산을 고려할 때 고객 경로 전반에 걸쳐 독특하고 일관성 있는 경험을 보장하고 항상 고객의 욕구에서 시작하는 통합 프로세스를 구현하는 것이야말로 절대적으로 필요한 일입니다.

오늘날 소비자들은 이러한 '표준'이 충족되지 않으면 즉시 다른 데로 갈 준비가 되어 있습니다. 그렇다면 이런 고객들을 어떻게 붙잡을 수 있을까요? 기술이 제품 및 서비스에서 차지하는 부분이 커질수록 고객이 느끼는 정서적 만족감이 결정적인 역할을 하게 됩니다. 결국엔 인간적인 접촉, 즉 고객과의 깊은 유대감을 형성하는 영업 직원의 역할이 커지게 되는 것이죠. 따라서 실제 매장은 고객에게 무대의 주인공이 된 느낌을 주는 강렬한 브랜드 경험을 제공하기 위한 필수적인 자산이라고 생각합니다.

Q. 이러한 상황에 대하여 브룩스 브라더스는 어떻게 대처하고 있습니까?

A. '원활하게 하라'에 요약된 전략을 적용하기 위해 우리는 '어디서든 사고 어디서든 찾아 가세요Buy Anywhere Get Anywhere'라고 부르는 혁신적인 플랫폼을 개발하고 있습니다. 이 프로그램을 통해 고객에게 물리적 채널 또는 디지털 채널 측면에서 최대한의 자유를 보장합니다. 또 모든 공간적·시간적 장벽 그리고 재고의 장벽을 무너뜨렸죠. 고객은 제품에 대해 자세한 정보를 알아보고 거래를 하기 위해 자신에게 가장 적합한 채널을 선택할 수 있습니다.

우리는 또한 '인간적 접촉'의 중요성을 고양하기 위해 노력하고 있습니다. 교육 프로그램을 통해 우리는 매장 직원들에게 자신을 단순한 '판매 직원'이 아니라 라이프스타일에 대한 개인 고문 또는 상담사, 브랜드 철학의 해설사로서 스스로를 소개하도록 합니다. 우리는 일회성의 거래가 아닌 하나의 훌륭한 경험을 만드는 데 중점을 두고 있습니다. 브룩스 브라더스가 추구하는 모든 기술 개발은 이러한 방향으로 진행됩니다. 대표적인 예로 바디 스캐너를 들 수 있는데요, 이 기기는 고객의 신체 실제 치수를 매우 정확하게 감지하여 장갑처럼 딱 맞는 수트를 만들 수 있게 해주죠.

이처럼 데이터가 가진 잠재력을 우리는 아주 잘 알고 있습니다. 하지만 그럼에도 '소프트한' 정책을 선택했습니다. 우리는 데이터 수집을 아주 적은 양(이름, 성, 이메일, 전화번호)에 한정해놓고 나머지에 대해서는 직원에게 물어봅니다. 왜냐고요? 우리는 직원들이 대면 대화를 통해 관계를 개인화하고 상대방과 가치 있는 관계를 구축하는 것을 선호하기 때문이죠. 이 방식 다소 전통적이라는 점은 부인할 수 없지만 우리 브랜드의 DNA와 고객의 기대에 더 부합한다고 믿고 있어요. 이는 단순한 기술을 활용하는 것이 아닌, 우리와 함께 일하는 사람의 공감을 활용하여 '개인화하라' 법칙을 구현하는 우리만의 방식이죠.

　마지막으로, 저는 두 분이 책에서 광범위하게 다루었던 두 가지 측면, 즉 소셜 미디어의 사용과 커뮤니티에 대한 관심에 대해 특별히 심도 있게 살펴봐야 한다고 생각합니다. 피렌체에서 열린 피티 워모Pitti Uomo(매년 1월과 6월 피렌체에서 열리는 전 세계 최대 규모의 남성복 박람회-편집자) 기간 동안 브룩스 브라더스 설립 200주년을 기념하며 조직한 패션쇼에서 우리는 특별한 확장 전략을 구현해보았습니다. 바로 페이스북에서 패션쇼를 실시간 스트리밍으로 생중계하면서 회사의 모든 제품을 그 즉시 온라인으로 구매 가능하게 만든 것이었죠. 이는 판매 측면에서 최고의 성과를 거두었습니다. 우리의 커뮤니티에 대한 이러한 관심을 보며 매장이 마치 일종의 클럽과 같은 역할을 하고 있음을 확인하게 되어 기뻤습니다. 그때의 경험을 발판 삼아 유명 사진작가, 스타 셰프, 디제이 및 유명 크리에이터들과 함께 플래그십 스토어에서 일련의 회원 전용 이벤트를 개최하기도 했죠.

Q. 향후 3년에서 5년 동안 어떤 진화가 일어날 거라고 보십니까?

A. 저는 중요한 전환이 매장의 형식에서 일어날 거라고 확신합니다. 매장은 점점 더 작아지고 경험과 고객 서비스가 우선순위가 되는 쇼룸 역할을 하는 방향으로 나아가고 있습니다. '명소가 되라'에서 설명한 가이드 숍은 이러한 현상을 상징적으로 보여주는 것입니다. 소매업 분야의 대기업들이 점차적으로 공간 임대 및 관리 비용을 줄여나가는 추세도 이 때문이죠.

향후 몇 년 내로 개인정보 관리 문제도 점점 더 중요해지리라 봅니다. 제 생각에 성공하는 기업은 데이터를 기반으로 하는 마이크로 타깃팅을 가장 잘하는 기업만은 아닐 것입니다. 그보다는 사생활을 덜 침해하는 정책, 인간적 요소가 여전히 주인공인 정책을 선택하는 기업에게도 큰 기회가 있을 것입니다.

빠르게 발전할 또 다른 분야는 근접 기술입니다. 우리는 앞으로 몇 년 안에 자동 움직임 추적 시스템을 매장에 갖출 예정입니다. 당연히 이 모든 것은 데이터의 익명성을 유지하면서 진행되죠. 이를 통해 우리 매장의 쇼윈도 앞에 사람들이 머무는 시간, 그들의 관심을 끄는 요소, 매장 내에서 사람들이 이동하는 방식을 이해할 수 있을 것입니다. 다시 한 번 강조하지만 우리의 목표는 고객의 경험을 개선하는 동시에 우리 브랜드와 제품에 대한 인식을 최대한 좋게 만드는 것입니다.

06
브루넬로 쿠치넬리

프란체스코 보틸리에로
iCEO

부문: 명품 의류 및 액세서리
2017년 매출: 5억 300만 유로
매장 수: 단일 브랜드 매장 126개,
　　　멀티브랜드 매장 650개
brunellocucinelli.com

Q. 리테일 4.0은 당신에게 무엇을 의미하나요?

A. 리테일 4.0은 프라이버시를 최대한 존중하면서 디지털에서 얻
은 정보와 실제 매장에서 얻은 정보를 결합하는 것이며 고객에 대
한 전체적인 관점을 채택할 줄 안다는 의미입니다. 프라이버시를
보호하는 데 있어서 세심하고 전문적이며, 친절하고 인간적이며,
또한 신속하고 품질 좋은, 개인화된 관심을 기울이는 것이 중요합
니다.

　기업의 비즈니스에 데이터를 통합하는 것과 화면 뒤에 숨은 사
람을 향한 관심 사이에서 균형을 이루는 CRM(고객 관계 관리) 기술

부문에서 엄청난 진전이 있었습니다. 우리에게는 커뮤니케이션, 홍보 그리고 고객과의 대화를 품위 있고 인간적으로 관리하는 것이 기본적으로 중요합니다.

브랜드가 운영해야 하는 접점의 수에도 큰 변화가 있었습니다. 차세대 디지털 기업은 고객들에게 통합되고 일관적인 경험을 제공하는 데 매우 능숙한 경우가 많습니다. 이는 사람들의 기대치에 현저한 영향을 끼쳤습니다. 보다 전통적인 기업들과 접촉할 때에도 동일한 대우를 요구하는 것이죠. 그러나 전통적인 기업들이 '원활하게 하라'에 효과적으로 요약되어 있는 통합을 이루기란 결코 쉬운 일이 아닙니다. 이 접근 방식과는 동떨어진 채 수십 년을 보낸 조직을 아래에서부터 위까지 뜯어 고쳐야 하는 일이기 때문입니다.

Q. 이러한 상황에 대하여 브루넬로 쿠치넬리는 어떻게 대처하고 있습니까?

A. 우리는 물리적 세계에서 구축한 경험, 분위기, 취향, 품위 그리고 특수성을 온라인으로 가져오려고 노력하고 있습니다. 2017년 초부터 내부의 모든 커뮤니케이션, 비즈니스, 기술 및 조직 측면에서 전자상거래 프로젝트를 실현해왔습니다. 그러면서도 커뮤니케이션 및 비즈니스 개발 전략에 가장 부합하는 것만을 구현하려고 노력하여 우리의 비즈니스 철학을 시야에서 놓친 적이 결코 없었지요. 디지털이 가져다주는 변화가 무조건 유익한 것도 아니고, 또

그래야 하는 것도 아닙니다. 디지털은 외부의 어떤 팀에 위임되거나 혼자 동떨어진 사내 부서로 간주되지 않기 때문에, 회장부터 회사의 경영진 전체의 일상적인 의제에 포함됩니다.

우리는 정보통신기술과 디지털을 통합하기로 결정했습니다. 이들은 별도의 팀이지만 개발 목표와 전략을 공유하면서 한 방향으로 나아가지요. 우리의 목표는 고객과 가치 있는 관계를 생성하는 것입니다. 디지털과 ICT 간 전략적 계획의 공유 덕분에 우리는 가장 중요한 기술 프로젝트들을 효과적이고 신속하게 수행할 수 있게 됐습니다. 이 모든 것의 구체적 결과 중 하나는 기술과 관련해서 어떤 방향이 결정될 때 공유의 수준이 높아졌다는 것입니다. 우리 부티크에서 선택하고 시행하는 프로젝트, 도구, 플랫폼은 비즈니스 팀, 리테일 팀, CRM 팀 및 디지털/ICT 팀의 공동 작업의 결과입니다. 명품 의류에서 업 셀링은 프라이버시 침해적이거나 무례해 보이지 않도록 세심한 주의를 기울여 관리해야 합니다.

이에 대한 작은 사례로 이른바 '버려둔 장바구니'에 대한 우리의 정책을 들 수 있습니다. '버려둔 장바구니'는 장바구니에 제품을 담은 뒤 구매를 완료하지 않는 고객에게 알림을 보내주는 솔루션이었습니다. 하지만 우리는 이 방식이 우리 브랜드와 위치에 적합하지 않다고 생각했습니다. 따라서 이를 사용하지 않기로 결정했지요. 우리는 고객에게 물건을 사라고 재촉함으로써 어떤 식으로든 그들의 프라이버시를 침해하고 있다는 느낌을 주고 싶지 않았습니다. 우리 브랜드는 주의와 신중함을 특징으로 하고 있습니다. 이러한 관점에서 우리는 우리 브랜드를 선택하는 사람의 사생활에 그 어떤 형태의 간섭도 하지 않음으로써 '보이지 말라' 법칙을 글자 그대로의 의미로 해석합니다.

오래전부터 우리는 특정 매장에 있는 상품 정보를 얻기 위해 디지털 채널로 연락할 수 있게 하는 기능 외에도, 온라인으로 구매한 의류를 부티크에 반납할 수 있는 서비스를 고객에게 제공하고 있습니다. 이러한 바탕에 깔린 생각은 우리 브랜드의 간판이 어디에 있든 고객은 고품질의 동일한 서비스를 받을 수 있고, 이를 통해 우리가 바라는 특별하고 인간적으로 흐뭇한 경험을 할 수 있다는 것입니다.

아마도 디지털에 대한 우리의 비전을 가장 잘 요약하는 측면은 전자상거래의 물리적 부분으로, 저는 감히 '물질적 부분'이라 말하고 싶습니다. 바로 온라인 고객에게 주문한 상품을 보낼 때마다 직접 손으로 쓴 편지를 동봉하는 서비스입니다. 그러면 가끔씩 고객 역시 직접 쓴 손으로 편지로 우리에게 응답해주죠. 이러한 관행을 온라인 고객에게 다가가는 우리만의 독특한 특징이라고 생각합니다. 우리는 온라인 고객과의 관계를 가능한 한 만족스럽고 개인화된 것으로 만들어 어떤 방식으로든 우리의 오프라인 부티크에서 느낄 수 있는 배려 깊고 따뜻한 분위기를 재현하고자 합니다.

우리에게 매우 중요한 또 다른 결정은 디지털 조직에서 절대적으로 핵심적인 역할을 담당하고 있는 고객 서비스에 대한 것입니다. 온라인 고객과의 관계를 관리하는 사람들은 모두 솔로메오에 위치한 본사에서 일하며 항상 제품과 리테일을 전담하는 팀과 긴밀하게 접촉하면서 정보, 피드백 및 제안의 매우 귀중한 정보통이 되어주고 있습니다. 이들 덕분에 우리는 날마다 우리의 제품과 서비스를 향상시킬 수 있지요.

Q. 향후 3년에서 5년 동안 어떤 진화가 일어날 거라고 보십니까?

A. 우리 회사는 '원활하게 하라'에서 설명한 방향으로 계속 일해 나갈 것이라고 생각합니다. 그러려면 지난 수십 년간 우리가 만든 사일로^{silos}(조직의 부서들이 서로 담을 쌓고 내부 이익만을 추구하는 현상-편집자)를 허물 필요가 있죠. 예를 들어 각 브랜드의 웹 사이트에서 구매한 제품을 멀티 브랜드 스토어로 반품하는 것과 같은 서비스를 관리하는 효과적이고 효율적인 방법을 파악해야 합니다. 수년 동안 많은 사람들이 의존해온 소셜 및 전자상거래 플랫폼의 특권이었던 데이터와 정보를 통합하고 정리하여 시스템에 넣어야 합니다.

어쩌면 디지털 세계의 일부 트렌드는 조만간 포화점에 도달할 것이라고 저는 생각합니다. 특히, 서유럽, 미국, 중국에 살고 있는 신세대를 생각해보면 우리는 이미 매우 성숙하고 의식적인 매체 사용을 목도하고 있습니다. 저는 소셜 네트워크에 들이는 시간이나 화면 앞에서 보내는 시간이 앞으로 더 늘어날 것이라고는 생각하지 않습니다. 저는 다음 세대들이 디지털 세계가 주는 일련의 과잉 상태에 대항하는 우수한 항체를 타고날 것이라고 생각합니다. 온라인에서 제품을 구매하는 고객에게 손으로 메시지를 써 보내는 우리의 정책이 차별점이 될 수 있는 것처럼요.

07
캄파리 그룹

밥 쿤체-콘체비츠
CEO
부문: 주류 | 2017년 매출: 18억 유로
camparigroup.com

Q. 리테일 4.0은 당신에게 무엇을 의미하나요?

A. 리테일 4.0은 사람들을 참여시키는 새로운 논리이자 브랜드를 구축하는 새로운 방법이며 결과적으로 새로운 소매 전략을 의미합니다. 최근 몇 년 동안 마케팅 세계를 근본적으로 변화시킨 혁신은 분명 디지털 시대가 불러온 것입니다.

우리는 많은 관점에서 엄청난 가속화를 겪고 있으며 정보의 흐름은 끊임없고 사람들은 기업과 기관에 자신의 목소리를 낼 기회를 갖게 됐습니다. 오늘날 소비자는 브랜드와의 관계에서 진정성과 투명성을 기반으로 한 대화를 할 수 있기를 원합니다. 소셜 네트워크에서 사용자가 만드는 콘텐츠를 통해 구체화되는 이러한 대화는 장기적으로 브랜드를 정의하고 브랜드의 스토리를 구축하는데 이바지합니다.

디지털 시대는 마케팅 담당자에게 새로운 기술을 개발하도록 했습니다. 대중과의 지속적인 접촉은 단순히 의사소통한다는 의미를 넘어 '진짜로' 대화한다는 의미죠. 이는 경청 능력이 필요할 뿐만 아니라 대화에 따라 목소리의 톤과 그에 따른 내용을 지속적으로 조절해야 한다는 의미입니다. 이는 수십 년 동안 미디어에 막대한 돈을 투자하며 스토리 구축 및 메시지의 확산에만 집중해온 사람에게는 새로운 것입니다. 브랜드 개발의 키를 잡고 있는 사람은 더 이상 회사 경영진만이 아닙니다. 고객도 키를 함께 잡고 있죠.

기술의 민주화와 지식에 대한 즉각적인 접근은 '수제'에 대한 욕구를 탄생시키면서 우리 부문에 또 다른 중요한 영향을 끼쳤습니다. 많은 애호가들이 집에서 위스키, 진, 버번을 증류하기 시작했죠. 우리 같은 주류 회사는 관심과 존중심을 가지고 이러한 현상을 지켜봐야 하며 음료 문화에 대한 이러한 새로운 관심을 통해 이익을 끌어낼 차별화된 가치 제안을 할 수 있어야 합니다.

Q. 이러한 상황에 대하여 캄파리 그룹은 어떻게 대처하고 있습니까?

A. 이러한 새로운 상황으로부터 최대치의 이익을 끌어내기 위해

우리 회사는 책에 소개된 법칙들 중 많은 부분을 지키려고 노력합니다. 우리 제품의 특성을 고려할 때 우리가 집중하고 있는 가장 중요한 법칙은 의심할 여지없이 '인간 중심이 되라'입니다.

저는 소비자들이 전 세계 수천 개의 바에서 우리 제품을 마시는 것을 넘어 우리의 브랜드와 우리의 제안을 가능한 한 가장 매력적인 방식으로 경험해야 한다고 굳게 믿습니다. 우리가 하는 일의 본질을 기리는 장소를 만든 것과 소셜 미디어의 활용은 바로 그런 이유 때문입니다. 미국에서 와일드 터키 브랜드 제품을 출시하며 페이스북으로 라이브 스트리밍을 실시한 적이 있습니다. 결과는 믿을 수 없을 정도였죠. 전 세계에서 60만 명 이상의 사람들이 실시간으로 접속했고 우리가 마케팅을 시작하기도 전에 수십 개의 유통 업체가 제품을 받아보고 싶다며 문의를 해왔습니다.

캄파리 그룹에게 사회적이라는 것은 기업의 사회적 책임에 특별한 관심을 기울인다는 의미이기도 합니다. 예를 들면, 우리는 2013년부터 네그로니^{Negroni} 칵테일의 판매 수익금을 자선 단체에 기부하는 주간인 네그로니 위크^{Negroni Week}를 지원해왔습니다. 단 5년 만에 이 행사에 참여한 바는 전 세계적으로 120개에서 1만 개 이상으로 늘어났습니다. 이 행사의 성공은 놀라울 정도입니다. 지난 수년 동안 이 행사로 우리는 기부금 150만 달러 이상을 모금했습니다.

우리는 브랜드 경험이 진정성 있고 브랜드의 가치를 일관성 있게 제공하는 한, 브랜드 경험이 갖는 중심적 역할에 대해 굳게 믿고 있습니다. 최근 몇 년 동안 우리는 소비자와의 일반적인 접점을 넘어서는 브랜드의 물리적 차원을 만들기 위해 많은 투자를 해왔습니다. '명소가 되라'에 나온 내용과 부합하게 우리는 2017년 자메이카에 조이 스펜스 애플턴 에스테이트 럼 익스피리언스Joy Spence Appleton Estate Rum Experience라는 증류소이자 브랜드 하우스를 열었습니다. 우리 분야의 사람들은 브랜드의 역사 및 제품과 관련된 의례에 큰 관심을 보이죠. 그래서 우리는 섬의 중심부, 사탕수수밭 한가운데에 진정한 의미의 브랜드 하우스를 짓고 싶었어요. 브랜드와 사랑에 빠지고 생산 과정에 친숙해지고 세계 최고의 럼주를 자연 산지에서 맛볼 수 있는 마법의 장소죠.

Q. 향후 3년에서 5년 동안 어떤 진화가 일어날 거라고 보십니까?

A. 우리가 맞서야 할 주요 트렌드 중 하나는 우리가 판매하는 제품, 즉 술을 소비하는 행위를 별 것 아닌 것으로 치부해버리는 사회적 분위기입니다. 우리는 제품과 서비스를 조달할 때 소비자들이 신속함과 유연성을 더 원한다는 점을 계속해서 느끼고 있습니다. 칵테일 애호가들의 이러한 요구에 맞춰 칵테일을 만드는 데 필요한 모든 것을 온라인으로 주문할 수 있도록 하고 있죠. 물론 이러한 사람들의 욕구가 잘못됐다고 생각하지는 않습니다.

그러나 우리 제품에 대한 필수 정보를 공유하고, 마시는 방법, 칵테일 브랜딩의 적정 비율 등 전반적인 서비스와 지식을 전달하는 데 매우 조심해야 함은 두말할 나위도 없습니다. 우리는 캄파리 DNA를 가능한 한 그대로 유지하면서도 개인화된 경험을 가질 수 있도록 해야 합니다. 그렇지 않으면 우리 브랜드의 부가가치가 희석되고 '대량 상품화' 과정이 야기될 위험이 있습니다.

또 다른 진화는 '시너지 효과를 일으켜라'에서 두 분이 제안한 방향으로 진행됩니다. 우리는 스타트업의 세계를 매우 세심하게 살피며 '잘 마시기' 문화를 가능한 한 널리 전파하기 위해 다른 회사들과 몇 가지 협약에 착수하고 있습니다. 주목할 만한 하나의 사례는 의심할 여지없이, 미국에서 출시된 모바일 플랫폼인 스터드 Stirred입니다. 이 앱은 사람들이 집에 가지고 있는 제품들을 조합하여 칵테일을 만들 수 있도록 도와줍니다. 또한 이 앱을 통해 레시피를 찾아보고 계절에 따라 혹은 검색 기록을 기반으로 개인화된 메시지를 받아볼 수 있습니다. 우리에게 이 앱은 유용한 정보를 도출하고 사람들의 욕구와 취향을 더 잘 이해하기 위한 최고의 실험실이기도 합니다.

또한 '대담해져라'에서 다룬 주제들이 매우 고무적이라고 생각합니다. 지금 세상은 흔히 스타트업 회사들이 취하는 전형적인 방식 그러니까 '완료가 완벽보다 낫다'는 접근 방식을 채택해야 할 정도로 빠른 속도로 돌아가고 있습니다. 이는 마케팅 및 커뮤니케이션 분야에서 특히 그렇습니다. 우리는 더 이상 긴 승인과 검토 프로세스를 감당할 수 없으며 업무와 캠페인 사이에 몇 주 또는 몇 달이 지나가도록 내버려둘 수가 없어요. 향후 몇 년 간 우리는 실수가 있더라도 더 많은 용기를 보여야 할 것이며 우리의 고객과 지속적으로 접촉하고 현재의 문제들에 대해 대화해야 할 것입니다.

08
까르푸

그레구아르 카우프만

PB(자체 브랜드) 부문 책임자

부문: 대형 유통업
2017년 매출: 780억 유로
(자체 브랜드 상품: 110억 유로)
매장 수: 1만 2,000개
carrefour.com

Q. 리테일 4.0은 당신에게 무엇을 의미하나요?

A. 주요 변화는 커뮤니케이션 모델의 수평적 전환입니다. 역사적으로 우리 같은 기업들은 ATL^above-the-line(공중파나 전국 단위 일간지 등 대형 전통 미디어-편집자) 및 BTL^below-the-line(ATL을 제외한 나머지 미디어-편집자) 마케팅 접근 방식에 따라 제품 제안을 전달했지만 최근 이러한 접근 방식은 효율성이 사라졌습니다. 지금은 사실상 보내는 사람과 받는 사람은 동일한 수준에서 서로 상호작용하고 있죠. 때문에 고객의 의견을 전보다 훨씬 더 많이 접하게 됩니다. 사람들은 즉각적으로 상호작용하고 뉴스를 공유하거나 제품 또는 서

비스와 관련된 문제에 대해 매우 짧은 시간 안에 주의를 환기시킬 수 있습니다. 브랜드와 소매 업체의 비즈니스 제안은 고객과 함께, 가치 제안의 공동 설계로 정의됩니다.

리테일 4.0은 브랜드 충성도의 변화를 의미하기도 합니다. 우리 고객층은 하이퍼마켓, 슈퍼마켓 및 할인점을 포함하여 1년에 평균 일곱 개의 매장을 방문합니다. 브랜드에 대한 충성도는 거의 지는 해가 되고 있죠. 그러나 우리 분야에서 지배적인 요소는 여전히 근접성이라고 할 수 있습니다. 인구의 고령화로 자동차를 이용하는 소비자가 줄어들었다는 사실을 고려할 때 고객의 거주지에 가까운 곳에 소규모 매장을 열 수도 있습니다. 일주일에 최대 3~4회 방문하여 그날 혹은 다음날까지 꼭 필요한 물품만 구입하고 무거운 장바구니를 옮겨야 하는 부담을 지기 싫어하는 고객을 상대하는 것입니다.

소매업의 또 다른 큰 변화는 데이터 사용의 진화입니다. 오늘날 고객 관계 관리는 과거보다 훨씬 더 발전했습니다. 역사적으로 대형 유통 업체는 항상 많은 고객 정보를 갖고 있긴 했지만 지금과는 양상이 달랐죠. 반면 최근 몇 년 동안은 이러한 막대한 데이터베이스가 수익으로 연결되면서 매우 귀중한 회사의 자산이 됐습니다. 이러한 데이터를 통해 매우 정확한 고객 프로필을 관리할 수도 있게 되었고요.

Q. 이러한 상황에 대하여 까르푸는 어떻게 대처하고 있습니까?

A. 까르푸는 사람들의 요구에 최대한 적합하도록 제안을 단순화하는 방향으로 움직이고 있습니다. 이는 한편으로는 상품 구비에 있어 소비자가 정말로 원하는 것에만 집중하고 다른 한편으로는 관련 소셜 커뮤니티의 요구에 따라 브랜드를 정의하기 위해 열심히 노력한다는 의미지요.

기술의 사용과 관련하여 우리는 페이스북 및 구글 수준의 기업들과 중요한 파트너십 계약을 체결하여 두 분이 '개인화하라'에서 이야기한 방향으로 이동하고 있습니다. 검색 엔진에 입력한 키워드나 소셜 미디어 프로필에 나오는 정보를 바탕으로 개인화된 제안을 하고 고객에게 더 가까이 다가가고 있는 것이죠. 실제로 스마트폰에서 위치 정보를 활성화한 사용자가 구글에서 커피 정보를 검색했을 때 가장 가까운 까르푸 매장에서 사용할 수 있는 할인 쿠폰을 받는 파일럿 프로젝트가 이탈리아 시장에서 진행 중입니다.

페이스북에서는 우편 번호로 검색하여 특정 매장의 고객층을 확인하고 이들을 관심사 또는 취미별로 필터링하여 관련 정보를 최대한 정확하게 확보하려고 노력합니다. 일단 고객층이 정의되면 표적 제안을 통해 사람들에게 다가갑니다. 사진, 게시물, 개인 데이터 등을 분석하는 페이스북의 인공지능 기능을 활용한다고 하죠. 예를 들어 어떤 고객이 개 한 마리를 키운다는 사실을 알게 되었다고 합시다. 그럼 이 강아지 친구를 위한 반려동물 관련 제품 메시지를 해당 고객에게 보낼 수 있는 것이죠. 이 프로젝트는 지금은 시범 사업이긴 하지만 이미 모범 사례로 간주되며 많은 다른 시장들에도 도입될 예정이라고 저는 자랑스럽게 말할 수 있습니다. 마지막으로 유니레버와 함께 칫솔 관련 프로젝트도 시작했습니다. 우리 매장의 판매 데이터를 분석하여 고객이 1년에 얼마나 많은 칫솔을 구매하는지 파악했으며, 주기적으로 칫솔을 교체하는 것의 중요성을 알리기 위해 일련의 교육 콘텐츠를 구축했습니다. 고객의 건강과 또 당연히 우리의 매출을 위해서 말이죠.

Q. 향후 3년에서 5년 동안 어떤 진화가 일어날 거라고 보십니까?

A. 저는 향후 3~5년 동안 우리 분야가 큰 변화를 겪을 것이라고는 생각하지 않습니다. 대형 유통 업체가 역사적으로 트렌드를 쫓아가는 데 있어 어느 정도 속도가 느리다는 점은 별로 신경 쓰이지 않습니다. 쇼핑 중 스마트폰의 잠재력에 대해 생각해보면 가능성과 이점은 무궁무진하지만 슈퍼마켓에서 장을 보는 동안 휴대전화를 손에 쥐고 있는 것은, 예를 들어 의류 매장에서 신발 한 켤레를 선택할 때 일어나는 일과는 다르며 훨씬 불편한 일입니다. 식품 매장에서 스마트폰의 사용은 다른 부문에서처럼 빠르게 증가하지 않습니다.

제가 보기에는 배송이 더 빨리 이루어지도록 하고, 고객이 무언가를 빠뜨리는 일이 없도록 연계된 제품을 구비하는 데 신경을 써야 합니다. 우리의 경험에 따르면 고객이 매장 내에 머무르는 시간을 연장하기 위한 혁신은 번번이 실패로 끝났습니다. 왜냐하면 많은 사람들에게 장보기는 '기능적인' 욕구에서 비롯된 일이기 때문이죠. 따라서 저는 두 분이 '보이지 말라'에서 주장하신 내용에 동의하며, 효율성의 필요 및 정서적 참여의 감소를 고려할 때 우리 분야에서 이것이 아마도 다른 분야에서보다 훨씬 더 중요하다고 봅니다.

이론적으로는 체크아웃 속도를 높이는 자동 계산대와 같은 솔루션이 큰 성공을 거두고 있다고 생각하기 쉽습니다. 그러나 실제로는 여러 팩트들이 이러한 생각이 틀렸음을 보여줍니다. 대부분의 사람들은 장보기에 요구되는 신체적, 정신적 활동에 에너지를 쓰고 싶어 하지 않으며 계산대 직원과의 상호작용을 좋게 생각합니다. 특히 그 직원이 구매자에게 관심을 기울여 대화를 할 때에는 더더욱 그렇습니다. 그래서 저는 매장, 특히 대규모 유통 매장이 사람들 사이의 인간성을 고취시키는 무대가 될 수 있다고 감히 말하고 싶습니다. 과거 광장에, 상가 거리에, 시장에 우리가 모였던 것처럼 말입니다. 이것이 제가 '인간 중심이 되라' 법칙이 우리에게 결정적으로 중요하다고 믿는 이유이지요.

저는 가까운 매장이 지역 공동체의 구심점이 될 수 있다고 굳게 믿습니다. 이미 오늘날 근거리 매장들은 공통의 필요를 가진 사람들이 만나는 지점, 대표적인 만남의 장소가 되고 있습니다. 결론적으로, 제 눈에는 유통업의 가까운 미래에 '비컨beacon'(블루투스를 활용한 근거리 통신 기술-옮긴이) 보다 '베이컨'이 훨씬 더 많이 보인다고 말씀드릴 수 있겠네요.

09
코치넬레

안드레아 발도
CEO

부문: 패션 (가방 및 액세서리)
2017년 매출: 9,000만 유로
매장 수: 144개 | coccinelle.com

Q. 리테일 4.0은 당신에게 무엇을 의미하나요?

A. 리테일 4.0은 소비자에게 권한이 부여됐음을 의미합니다. 이는 마케팅에서 그다지 새로운 이론은 아닙니다만, 디지털 전환을 통해 더욱 구체화될 수 있었습니다. 패러다임의 변화는 오늘날 사람들이 브랜드에 대해 취하는 다양한 태도와 행동에서 가시적으로 나타납니다. 가장 확실한 예가 이러한 태도와 행동이 반영된 새롭고 더 복잡한 고객 경로일 것입니다. 소비자들은 자신이 구매 및 소비 결정의 주인공이라는 것을 이해하고 소매 업체가 이러한 전제를 받아들여야 한다고 생각합니다.

이 모든 것은 이탈리아 사람들에게는 받아들이기가 조금 어려운 개념입니다. 이탈리아 기업가 및 관리자들은 제품 중심의 전통을 가지고 있기 때문이죠. 우리는 항상 제품의 혁신에 치중해왔고 경쟁사보다 더 뛰어난 품질의 제품을 위해 싸워왔습니다. 그러나 문제는 '중심에 있는' 소비자가, 제품을 만드는 사람이 기대하는 것처럼 합리적인 방식으로 선택하지 않는다는 것입니다. 많은 기업들이 여전히 누가 최고의 기능을 제공하는지에 관심을 두고 있지만 이미 이건 시대착오적입니다. 과거에는 정보 비대칭으로 인해 마케팅 담당자가 유리한 위치에 있었습니다. 제품이나 서비스가 어느 정도 기준을 충족한다면 성공은 거의 당연한 것으로 여겨졌지요. 연결성의 시대에 이는 더 이상 불가능한 일입니다. 고객과의 의사소통은 구매를 이끌어내기 위한 기본 사항이 되었습니다. 이 책에서 강조했듯이, 제품의 품질은 어떤 면에서는 선결 조건이며 입소문은 흔히 광고보다 더 많은 비중을 차지합니다. 따라서 제품을 말하기 전에 브랜드에 대한 스토리를 들려줄 필요가 있습니다. 브랜드는 흥미진진한 일화와 설득력 있는 이야기를 들려주는 데 언제나 뛰어났습니다. 현재 기업이 직면한 도전은 이러한 스토리에 소비자들이 적극적으로 기여한다는 데서 발생합니다. 스토리는 더 이상 회사의 특권이 아닌 것이지요.

디지털의 힘으로 가능해진 리테일 4.0의 마지막 특징은 제가 보기에 비즈니스가 마주할 수 있는 지리적, 시간적 장벽이 모두 무너진 것입니다. 오늘날 브랜드는 반드시 주류에 속하는 제안을 만들 필요가 없습니다. 여러 나라에 분산되어 있는 매우 작은 틈새라 하더라도 여러 틈새시장을 연결할 수 있죠. '큐레이터가 되라'에서 틈새 마케팅에 대해 논의한 구절은 이러한 저의 생각을 정확하게 나타내고 있습니다.

Q. 이러한 상황에 대하여 코치넬레는 어떻게 대처하고 있습니까?

A. 코치넬레는 진정 소비자를 중심에 두기로 결정했습니다. 그동안 품질과 가격은 언제나 훌륭했지만 고객을 중심으로 굳건한 브랜드 경험을 구축해야 할 필요성은 간과하고 있었죠. 이를 위해 우리는 첫 번째 투자 영역으로 소매 부문을 선택했고 동시에 디지털 채널과 소셜 미디어를 구축하는 작업에도 들어갔습니다. 우리는 브랜드 가치에 일관된 스토리를 전달하고 모든 판매 채널에서 고객 경험을 재조정하겠다는 야심 찬 목표를 세웠습니다. 그렇게 소셜 네트워크에 있는 콘텐츠는 우리의 온라인 사이트에도 올라가 있게 된 거죠.

코치넬레에서 우리는 매장이 제품뿐만 아니라 무엇보다도 경험에 대해 이야기해야 한다고 생각합니다. 밀라노에 연 새로운 플래그십 매장을 디자인할 때 건축가들을 참여시킨 이유는 그 때문입니다. 그들은 우리와는 다른 세계에서 온 사람들이죠. 우리는 시간을 보내는 것이 즐거운 공간, 단지 가죽 액세서리를 판매하는 곳이기보다 더 폭넓은 역할을 할 수 있는 공간을 만들려고 했어요. 이렇게 설계된 매장은 경험을 소비하는 플랫폼이 됩니다.

오로지 이 길을 따라야지만 고객에게 기억할 만한 추억을 남길 수 있을 것입니다. 어쩌면 고객은 그 추억을 소셜 미디어에 공유할 수도 있고 그렇게 앞서 언급한 입소문을 촉발할 수도 있을 것입니다. 또한 전통적인 지표를 참조하고 싶다면, 제품 카테고리 간 교차 판매 가능성을 높이고 온라인에서 시작된 구매 경험이 매장에서 완료되도록 함으로써, 이러한 방식으로 제곱미터당 수익률을 높일 수 있을 것입니다.

이 책에 설명한 폭넓은 의미에서의 '인간 중심이 되라'에 대해서도 몇 말씀 드리고 싶습니다. 실제로 우리 회사는 사회적 책임에 대한 다양한 활동을 수행한 바 있습니다. 윤리적, 사회적 문제에 대한 인식을 높이고 우리가 신뢰하는 비영리 단체들을 지원하기 위해 특별 제품으로 이벤트를 주최하기도 했죠. 특히 지역 차원에서 이런 지원 사업들을 개발했습니다. 현재도 우리는 한 글로벌 프로젝트에 적극적으로 참여하고 있습니다. 크리스마스에 우리 사회에 필요하다고 생각되는 혁신을 논의하기 위한 프로젝트로, 2018년부터 다른 브랜드들과 함께 참여하고 있습니다.

Q. 향후 3년에서 5년 동안 어떤 진화가 일어날 거라고 보십니까?

A. 저는 우리 모두에게, 자신의 안전지대를 떠날 수밖에 없는 날이 오리라고 생각합니다. 우리는 시도하고 실험하고 배우고 다시 도전해야 합니다. 이것이 제가 '대담해져라'를 가장 중요하게 꼽는 이유입니다. 이토록 불확실하고 빠르게 변화하는 세상에서는 승리 공식이 있을 수 없지요. 이 책에 요약된 10개 법칙은 매우 유용한 출발점이지만 각자의 상황에 따라 의미가 달라지므로 경험을 통해 개별적으로 추구하고 심화시켜야 할 것입니다. 관리자는 이 법칙들을 자신의 것으로 만들고, 그것을 기반으로 자신의 경쟁우위를 구축해야 합니다.

미래에 대해 생각하면 저는 특히 '개인화하라'에서 읽은 내용에 대해 확신하고 있습니다. 저희 같은 패션 업계에서는 결정적으로 제품-시장 적합성, 즉 시장의 요구에 따라 제품의 효율과 효과의 최대치로 끌어올리고 그러한 능력을 향상시키는 것이 중요합니다. 다시 말해 우리는 패션 업계의 정해진 운명을 피할 수 있는 제품을 만들어야 합니다. 소량만 정가로 판매되고 나머지 상품들은 할인 판매로 밀려나는 운명 말입니다. 우리 회사가 제공하는 정보와 데이터 덕분에 제품-시장 적합성은 확실히 향상될 수 있을 것으로 보입니다.

코치넬레는 이미 고객 집단 분석과 타깃 페르소나를 통해 고객 맞춤화를 위한 노력을 하고 있습니다. 고객의 기대치에 부합하는 제품을 제공하기 위하여 디자이너에게 다양한 유형의 정보를 주고 있죠.

그러나 진정한 개인화에 도달하기 위해서는 갈 길이 아직 멀어요. 우리는 제품이 아니라 관계의 개인화를 추구합니다. 코치넬레의 가치는 고객이 자신의 아이템을 '가지고 놀 수 있는' 가능성, 브랜드가 제공하는 다양한 구성 요소를 활용하여 자신만의 무언가를 '창조할 수 있는' 가능성에 있다고 저는 확신합니다. 이를 위해서는 개인의 표현 공간이 꼭 필요합니다. 기대치를 완전히 충족시키는 제품을 처음부터 구현해내는 것은 기술적으로 어려운 데다가 장기적으로 충성도를 만들어낼 수 있을지 저는 확신할 수 없어요. 충성도는 브랜드와 사람들 간의 긍정적인 관계에 기반을 두는 것이기 때문이지요. DIY, 즉 소비자가 직접 만드는 방식은 이러한 관점에서 볼 때 매우 좋은 기회라고 생각합니다. 미리 준비된 캔버스에 고객은 완벽하게 '자신만을 위한' 제품을 만들어가면서 자신의 정체성을 표현할 수 있기 때문이죠.

10
디즈니랜드 파리

쥘리에트 브론
디지털 부문 부사장

부문: 오락, 테마파크
2017년 매출: 12억 유로
2017년 방문자: 1,480만 명
disneylandparis.com

Q. 리테일 4.0은 당신에게 무엇을 의미하나요?

A. 제가 생각하기에 리테일 4.0은 두 분이 첫 번째로 제시한 '보이지 말라'를 의미합니다. 우리의 임무는 방문객이 주변 세계를 잊어버리게 만드는 '마법의 순간'을 만드는 것입니다. 매일 수천만 명의 사람들이 즐길 수 있는, 매력적이고 몰입감 있는 경험을 만드는 유일한 방법은 조직 시스템의 복잡함을 완전히 보이지 않게 하는 것입니다.

우리는 기술 혁신을 평가할 때도 같은 접근 방식을 취합니다. 먼저 사람들의 실제 요구를 파악한 다음 본격적으로 출시하기 전에 잠재적인 사용자 그룹을 대상으로 수많은 테스트를 진행합니다. 이상적으로는 우리가 제공하는 경험을 완전히 즐기기 위해 방문객은 그 어떤 인지적 노력도 기울일 필요가 없어야 합니다. 그러므로 우리는 항상 공원 내에서의 모든 경험을 단순화하고 '마찰'을 최소화하려고 노력합니다. 사용자 중심성이 우리의 모든 결정을 이끌고 있습니다. 이는 3,000개 공급 업체, 8,500개 객실의 손님들, 55개 레스토랑 및 13개 카페의 고객들에게도 적용됩니다.

리테일의 현재 단계에서 또 다른 중요한 측면은 '원활하게 하라'에서 설명한 내용과 관련이 있습니다. 예를 들면, 몇 년 전까지만 해도 디즈니의 인터넷 사이트는 여러 언어로 되어 있었지만 모든 사용자들에게 전달되는 정보는 똑같았습니다. 반면에 지금은 기기의 종류와 고객이 접속하는 위치, 디즈니 월드에 대한 친숙도와 지식에 따라 다른 콘텐츠를 제공함으로써 고객의 요구에 보다 정확하게 대응하고 있습니다. 고객과의 관계를 맞춤화하기로 결정하는 순간, 모든 접점들 간의 일관성과 조화야말로 가장 중요한 요소이며 신경 써야 하는 부분입니다. 그렇지 않으면 고객들이 완전히 방향을 잃을 수 있어요. 이러한 복잡성은 몇 년 전까지만 해도 전혀 논의의 대상이 아니었지만 오늘날에는 피할 수 없는 것이 되었습니다.

Q. 이러한 상황에 대하여 디즈니랜드 파리는 어떻게 대처하고 있습니까?

A. 우리는 '대담해져라'와 '시너지 효과를 일으켜라'에 소개한 접근 방식으로 디지털 전환을 관리하고 있습니다. 한편으로 고객 경험에 초점을 맞추고, 그 경험에 악영향을 끼치는 부분을 해결하는데 집중하면서 항상 우리의 가치 제안에 대해 논의하려고 합니다. 또한 '대담해져라'에 기술된 린 스타트업 방법론을 따르고 있습니다. 우리는 가능한 한 짧은 시간 안에 아이디어를 프로토타입으로 만들고 잠재 고객 집단에 테스트하여 다음 버전을 개선하는 데 유용한 아이디어를 가능한 한 많이 도출하려고 노력합니다. 이러한 과정 덕분에 현금이나 신용카드 없이도 공원 안에서 자유롭게 결제할 수 있고 호텔 객실 문을 열 수 있으며 어트랙션이나 서비스를 예약할 수 있는 혁신적인 카드를 만들어냈습니다. 디즈니랜드 파리의 공식 앱도 이러한 원칙들에 따라 제작됐습니다. 우리는 이 앱이 단순화 및 개인화의 기치 아래 고객 경험의 '제어판'이 되어주기를 바랍니다.

한편 개방형 혁신과 관련하여 우리는 몇 년 전 스타트업 회사들과의 협업을 추구하는 온라인 플랫폼인 '캐슬 허브^{Castle Hub}'를 출범시켰습니다. 우리는 디즈니 고객들을 위한 흥미로운 솔루션을 제시해줄 수 있는 스타트업과 파트너십을 시작한 것이 주요한 전략이었다고 생각합니다. 특히 이 솔루션들이 디즈니의 활동과 쉽게 통합될 수 있을 때 그러하지요. 이 플랫폼은 스타트업들에게 세계 최고의 관광 명소인 디즈니랜드에 자신의 제품과 서비스를 제공할 수 있는 기회를 줍니다. 당연히 협업할 최고의 팀을 뽑는 콘테스트 역시 디즈니 방식으로 진행됐지요. 우리는 선정된 여덟 개 스타트 업에게 우리 공원의 가장 인기 있는 어트랙션 중 하나인 '타워 오 브 테러'를 타며 발표하도록 했습니다. 타워는 엘리베이터 형태의 실내 자유 낙하형 놀이기구입니다. 자이로드롭처럼 빠른 속도로 낙하하는 가운데, 참가자는 3분 안에 아이디어를 제시해야 했습니다. 심사위원단은 그것을 바탕으로 우승자를 선정했습니다. 참가 자들의 말에 따르면 이 콘테스트는 그들이 참여한 가장 재미있는 대회였다고 합니다. 이때의 경험은 재미 외에도 우리에게 매우 흥 미로운 현실을 접하게 해준 기회였으며 이를 통해 우리는 공원 내 의 명소와 관련한 프로젝트들을 개발할 수 있었습니다.

Q. 향후 3년에서 5년 동안 어떤 진화가 일어날 거라고 보십니까?

A. 2018년 3월, 디즈니는 20억 유로 규모의 확장 계획을 발표했습 니다. 수많은 새로운 명소와 라이브 공연 전용 구역 그리고 마블 코믹스, 〈겨울왕국〉 및 〈스타워즈〉 구역이 추가로 조성될 예정입 니다. 증강현실 및 가상현실 기술로 가능해진 몰입형 체험과 새로 운 애플리케이션을 통해 이루어지는 상호작용 등 모든 부분에서

디지털 혁신이 중심적인 역할을 할 것입니다.

다른 분야의 기업들과 마찬가지로 우리 역시 민첩한 방법을 채택하여 미래를 계획하고 갈수록 까다로워지는 소비자의 필요와 요구에 빠르게 발맞출 줄 아는 것이 근본적으로 중요하다고 생각합니다. 여러 나라에서 온 엄청난 수의 방문객들과 그들의 서로 다른 디지털 문해력digital literacy 그리고 디즈니에 대한 서로 다른 친밀도를 고려할 때, 데이터 분석을 통해 고객의 경험을 최대한 개인화하는 솔루션을 개발하는 것이야말로 가장 중요한 일입니다.

'개인화하라'에서 기술된 내용은 실제로 향후 몇 년을 이해하는 열쇠 중 하나입니다. 바로 이 때문에 우리는 디즈니랜드 파리에서 우리가 받는 피드백에 지대한 관심을 기울이고 있으며 모든 상호작용으로부터 유용한 정보를 도출하려고 노력합니다. 앞으로 우리는 머신러닝 기술을 통해 데이터 처리를 자동화하고 속도를 높여 고객과 점점 더 가까워지면서 고객들에게 디즈니의 방문을 잊지 못할 추억으로 만들어줄 것입니다.

11
이탈리

오스카 파리네티
크리에이터 겸 창업자

부문: 식품 | 2017년 매출: 5억 유로
매장 수: 42개
eataly.net

Q. 리테일 4.0은 당신에게 무엇을 의미하나요?

A. 저에게 리테일 4.0은 디지털 전환과 같은 말입니다. 디지털 전환이란 인공지능과 인터넷 세계 사이의 결합을 의미하죠. 제가 보기에 우리는 인류 역사상 불의 발명 이후 두 번째로 중요한 발명에 직면했습니다. 실제로, 생각해보면 디지털은 엄청난 혁명적 영향을 끼쳤습니다. 우리는 정치에서 사회적 관계, 비즈니스에 이르기까지 삶의 모든 영역에서 획기적인 변화가 일어나는 걸 목도하고 있죠. 그러므로 우리는 이러한 변화와 그것이 가져오는 힘을 인식해야 합니다.

소매 업계에 디지털이 적용되는 양상을 생각해보면 온라인 판매가 중요한 문제라는 것을 쉽게 짐작할 수 있습니다. 전자상거래가 더 확실히 자리 잡은 부문들을 분석해보면 가격 변수가 완전히 평준화되면서 초기 상황이 전반적으로 악화되는 것을 볼 수 있습니다. 이 모든 일이 일어나는 이유는 본질적으로 인간은 위대한 발명품을 접할 때 불확실하고 힘든 첫 시기를 경험하기 때문입니다.

수백만 년 전에 불을 발명했을 때도 그랬고 오늘날 디지털 혁명도 그렇습니다. 획기적인 발명품 앞에서 우리는 그것을 길들일 줄 모르고 행복감에 도취되어 때로는 표류하게 됩니다. 디지털 상거래에서 발생하는 문제는 본질적으로 근시안적인 사고에서 기인한다고 볼 수 있습니다. 우리가 온라인 구매의 편의성에만 의존하여 결과적으로 전에는 건실했던 많은 시장을 어려움에 빠뜨리게 만든 것입니다.

반면에 식품 시장은 리테일 4.0 시스템에서 대체로 긍정적인 경험을 하고 있습니다. 비록 이를 성공적으로 관리하고 있는 기업은 소수지만 말입니다. 아마존 역시, 세계에서 가장 큰 소매 업체임에도 불구하고 온랜드on land 기업, 즉 판매하는 제품의 탄생 맥락을 알고 깊은 지식을 가진 실제 소매 업체를 인수해야 했지요. 이는 경계가 점점 더 흐려지고 있음을 분명하게 보여주는 일이기도 하지만, 무엇보다도 핵심은 소비자의 기대를 저버리지 않는 것이라는 사실을 확인해줍니다.

Q. 이러한 상황에 대하여 이탈리는 어떻게 대처하고 있습니까?

A. 표면적인 의미에서 '판매자'는 다른 개인(생산자/발명자)이 생산한 상품을 구매하는 사람이며 그 상품을 가상 또는 물리적 진열대에 올려놓고 그것을 발명한 사람의 창의성과 그것을 선택한 사람, 즉 최종 소비자의 요구를 관리하는 사람입니다. 판매자는 근본적으로 중요한 역할을 맡고 있지만 발명자와 최종 소비자에 비해 독창성이 부족하다는 것에는 의심의 여지가 없죠. 이탈리 또한 이 두 사람 사이에 있죠. 하지만 우리는 이 삼각형에서 가장 창의적인 힘이 되고 모든 고객의 부가가치를 높이는 것을 목표로 우리의 재량을 지속적으로 발전시키기 위해 노력하고 있습니다.

다행히도 많은 소비자가 거래를 넘어 제품을 둘러싼 경험에 관심을 보입니다. 소비자가 색과 냄새와 맛으로 이루어진 실제 매장의 경이로움을 경험할 수 있도록 하는 것이 매우 중요합니다. 그리고 우리 매장이 이탈리아의 뛰어난 음식과 와인의 '큐레이터'로서 잠재력과 창의성을 가장 잘 표현하고 있죠. 사람들은 우리 매장에 즐거운 시간을 보내기 위해, 아니면 호기심을 가득 품고 들어옵니다. 이러한 사실은 숫자를 통해 분명히 알 수 있습니다. 예를 들어, 뉴욕 다운타운에 있는 저희 매장은 수년 동안 맨해튼 전체에서 사람들이 가장 많이 방문한 다섯 곳 중 하나였습니다.

리테일 4.0의 또 다른 핵심 주제는 매장에 새로운 기술을 도입하는 것입니다. 저는 몇 년 안에 우리 매장들이 다양한 디지털 기술의 지원으로 더욱 풍요로워지리라 예상합니다. 그러나 소비자의 실제적인 요구들을 항상 중심에 두어야 합니다. 그렇게 함으로써 가장 적합한 기술을 신중하게 선택할 수 있으며 애플리케이션 그 자체에 끌려다니는 사태를 피할 수 있습니다. 이탈리의 관심사는 여전히 '고객에서 어떻게 의미 있는 경험을 선사할 것인가'이니까요.

이러한 의미에서 두 분이 '보이지 말라'라고 표현하신 개념이 정말 마음에 듭니다. 사생활을 침해하지 않으면서 유용하다고 확실하게 입증된 기술이 존재하지 않는 한 이탈리는 순수하게 아날로그적인 경험을 유지할 것입니다. 반면에 디지털은 이미 또 다른 역할을 맡고 있습니다. 덕분에 우리 매장의 문턱을 넘은 사람들은 이미 상품에 대한 지식을 가지고 있으며 따라서 우리 직원들은 제품의 판매보다 좀 더 정서적인 요소들에 집중할 수 있지요.

데이터 문제에 대해서는 깊은 성찰이 필요하다고 생각합니다. 디지털 대기업들은 우리의 선호도, 우리의 감정, 우리의 행동을 추적할 수 있습니다. 저 개인적으로는 이 모든 것이 사람들의 사생활을 폭력적인 방식으로 침해하고 있다고 생각합니다. 저는 심지어 고객 카드에도 반대합니다. 이탈리에는 고객 카드가 없습니다. 우리는 고객에게 끈질기게 정보를 요구하거나 매상을 더 올리기 위해 자주 연락하는 것을 원하지 않습니다. 우리는 시간이 지남에 따라 프라이버시에 대한 우리의 이러한 존중이 결국 우리에게 큰 보답을 가져다줄 것이라고 믿으며 고객들 역시 이를 높이 평가해줄 것이라고 생각합니다.

Q. 향후 3년에서 5년 동안 어떤 진화가 일어날 거라고 보십니까?

A. 조금은 도발적으로 말하고 싶네요. 온라인 시장은 수학을 무시하는 한, 물리적 시장만큼 건강하고 정상적인 시장이 될 수 없을 겁니다. 조만간 수학이 모든 것을 다시 정리하리라고 봅니다. 요컨대, 온라인 제품은 필연적으로 매장에서 구매한 제품에 비해 더 비싸지게 될 거란 얘기죠. 매장으로 자동차나 대중교통을 타고 가서 상품을 진열대에서 내려 카트에 담는 등, 실제 매장에서는 소비자에게 일련의 활동이 위임되는 반면, 온라인에서는 사람들이 사이트에서 단순히 주문만 하고 집에서 편하게 상품을 받죠. 따라서 온라인 판매자는 창고에서 상품을 가져오고 포장하고 배송을 맡기며 택배를 배달하는 담당자가 필요합니다. 이러한 단순한 요소들을 고려하면 전자상거래가 부담해야 하는 비용이 전통적인 매장의 비용보다 크다는 것은 당연한 이치입니다. 그래서 모든 온라인 매장이 수지를 맞추기 위해 고군분투하고 있죠. 그러므로 향후 우리는 재조정이 일어나 오프라인보다 온라인에서 가격이 더 높아지는 반전을 보게 될 것입니다.

결론적으로 이 분야의 발전과 관련하여 '대담해져라'에서 주장했듯, 변화를 받아들일 용기가 필요하다는 점을 강조하고 싶습니다. 위험이 지나가기를 두려움에 떨며 숨어서 기다리는 '타조식 접근 방식'을 피해야 합니다. 상황을 분석하고 새로운 솔루션을 실험해야 합니다. 용기는 시장에서 운영을 계속하기 위해 소매 업체가 손에 쥔 유일한 지렛대이니까요.

12
헨켈

라민 크레스
디지털 부문 최고책임자
부문: 일상소비재
2017년 매출: 200억 유로
henkel.com

Q. 리테일 4.0은 당신에게 무엇을 의미하나요?

A. 저는 리테일 4.0을 이해하는 가장 좋은 방법은 가용성 개념에 대해 숙고해보는 것이라고 생각합니다. 몇 년 전까지만 해도 정보와 콘텐츠의 가용성은 거의 없었습니다. 어떤 TV 프로그램을 보려고 특정 시간대를 기다리고 한정된 채널 목록에서 보고 싶은 것을 선택하고 대부분의 근처 매장에서 장을 보고 다른 도시나 해외 기업의 물건을 구매한 경우에는 몇 주씩 기다리는 게 당연한 일이었지요. 그리고 무엇보다도 제품과 서비스를 구매한 회사에 대해 신뢰할 수 있는 정보를 얻을 수 없다는 점을 담담하게 받아들였지요.

이 모든 것이 완전히 정상적인 일이었습니다.

만약 지금 우리가 살고 있는 일상생활을 떠올려보면 얼마나 많은 것이 바뀌었는지 즉시 깨닫게 되죠. 이른바 디지털 전환의 영향을 피부로 느끼게 됩니다. 실제로 우리는 여러 영역 간의 결합, 거리의 단축, 시장 접근의 민주화, 산업과 소비 간의 정보 비대칭 감소 등의 측면에서 많은 영향을 받았습니다. 오늘날 우리는 과거에 비해 방대한 양의 다양한 상품을 접하고 있죠. 이러한 변화는 모든 분야에 큰 영향을 미쳤고 지금도 미치고 있으며 소비자를 훨씬 더 의식적으로 만들고 있습니다.

또한 브랜드 충성도와 기업의 사회적 책임 역시 최근 몇 년간의 변화로 인해 충격을 받았습니다. 연결성 이전 시대에 이 두 개념은 바로 정보 비대칭성에 바탕을 두고 있었습니다. 덕분에 기업은 유통되는 정보를 보다 쉽게 관리할 수 있었죠. 사람들은 논란이 될 만한 회사 내부 사정을 알 수 없어서 간혹 그런 정보들이 유출되면 대단한 스캔들이 일어나곤 했습니다. 오늘날은 더 이상 그렇지 않죠. 게다가 두 분이 '충성도를 높여라'와 '인간 중심이 되라'에서 설득력 있게 주장도 하셨죠. 디지털 시대에 기업이 고객의 신뢰를 얻고 유지하기 위해서는 그 대가로 각 고객에게 실질적인 가치를 제공할 수 있도록 준비를 갖춰야 합니다. 어떤 의미에서 우리는 과거 시대의 관계 역학을 복원하기 위하여 기술을 사용하고 있는 것입니다. 트렌드를 예측할 수 있을 정도로 대중의 습관과 취향을 매우 잘 알았던 부티크 주인들과 충성도가 가장 높은 고객들이 맺었던 바로 그 관계 말입니다.

Q. 이러한 상황에 대하여 헨켈은 어떻게 대처하고 있습니까?

A. 저는 각 기업이 '디지털 전환'이라는 개념에 대해 자체적인 해석을 할 필요가 있다고 생각합니다. 시장 부문, 도달한 디지털 혁명의 단계, 기업의 비전, 기업의 디지털 성숙도, 타깃층의 디지털 문해력과 같은 요소들에 따라 다른 결과를 가져올 다른 선택들을 해야 합니다. 기업에서 취해야 할 변혁의 길을 이해하기 위해 저는 '세 가지 지평'이라고 명명한 이론을 개발했습니다. 이 모델은 모든 현실에 적용할 수 있지만 분명히 결과는 모두 다를 것입니다.

첫 번째 지평은 회사의 핵심 비즈니스에 디지털 기술을 적용하는 것입니다. 그리고 이는 기업을 보다 효율적으로 만들고 제품의 품질을 개선하며 환경적 영향을 감소시키고 대중의 필요와 욕구를 예측하며 문제를 해결하는 것 등을 목표로 해야 합니다.

두 번째 지평은 '미래의 경험'을 얻는 것입니다. 그리고 이는 새로운 제품 및 서비스를 실험하고 대안 비즈니스 모델에 대한 가설을 세우며 새로운 플랫폼을 통해 판매 결과를 고무함으로써 기업의 가치 제안을 진화시킬 때 가능합니다. 이렇게 해야 수요의 변화를 예측하며 미래에 대한 경험을 얻을 수 있습니다.

세 번째 지평은 제가 문샷moonshot이라고 명명한 것인데, '원정대'를 꾸리는 것입니다. 즉, 기업은 자신이 속한 분야에서 매우 동떨어진 분야라고 해도 완전히 미개척된 지역을 발견하기 위해 진정한 모험을 떠나야만 합니다.

저는 모든 기업이 이 세 가지 지평을 동시에 염두에 두고 행동해야 한다고 생각합니다. 여기에 온당하게 초점을 맞추어 적절한 자원을 책정하고 정확한 목표를 할당해야 합니다. 대략적으로 자원의 이상적인 배분은 첫 번째 지평에 70퍼센트, 두 번째 지평에 25퍼센트, 세 번째 지평에 남은 5퍼센트를 할당하는 것입니다. 지평들의 진화와 이미 달성된 결과에 따라 자원의 할당을 주기적으로 조정할 필요도 있겠지요.

헨켈은 '시너지 효과를 일으켜라'와 '대담해져라'에서 두 분이 말씀하신 내용에 대해 굳은 신뢰를 가지고 있습니다. 저는 오늘날 그 어느 때보다 사람이 기업의 주요 자원이며 교육에 대한 투자야말로 우리의 미래에 투자하는 것이라고 확신합니다. 이것은 '인간 중심이 되라'에서 다루었던 직원의 권한 부여 문제와도 관련이 깊죠. 그래서 우리는 직원들이 기술과 디지털 지식을 업데이트하고 심화할 수 있게 도와주는 '헨켈 디지털 아카데미Henkel Digital Academy'라는 또 다른 프로젝트도 시작하고 있습니다.

Q. 향후 3년에서 5년 동안 어떤 진화가 일어날 거라고 보십니까?

A. 저는 앞으로 '코어 사업'과 관련된 기술의 역할을 완전히 이해하는 데 기업이 우선순위를 둬야 한다고 생각합니다. 기술은 산소 같은 것이에요. 살아남기 위해서 필요하지만 어떻게 이용할지는 스스로 결정해야 합니다. 특정 목표를 달성하기 위한 수단으로 봐야 하는 것이죠.

물론 데이터는 모두에게 필수적이 되겠지만 '왜' 그리고 '무엇을'에 대한 숙고 없이는 수단과 목적을 헷갈릴 위험이 있습니다. 이를 명확히 알 수 있는 유일한 방법은 고객과의 대화를 통해 고객이 필요로 하는 것을 이해하며 고객의 요구를 예상하는 것입니다. 이러한 관점에서 볼 때 기술은 확실히 핵심적인 역할을 할 수 있습니다. 직접적인 판매 채널을 소유하지 못한 기업들에게는 특히 그러합니다.

원래 질문으로 다시 돌아가자면, 주요 도전 과제 중 하나는 사회적 책임감이 있고 동시에 가치 사슬에 연관된 모든 사람들에게 수익을 가져다줄 수 있는 방식으로 데이터를 사용하는 것이라고 생각합니다. 데이터가 가져다주는 기회를 오로지 상업적 목적과 매출을 늘리기 위해서만 사용하는 것은 더 이상 용납될 수 없을 것입니다. 대신 가치를 전달하고 제품 및 서비스를 지속적으로 개선하며 문제를 해결하는 방향으로 가야 합니다. 가치 제안이라는 개념 자체가 매우 유연해질 것이며 그렇게 되면 기업은 경청하는 태도를 유지할 수밖에 없습니다. 결정적인 사고방식의 변화가 이루어져야 하는 것이지요. '시너지 효과를 일으켜라'와 '대담해져라'는 단언컨대 앞으로 몇 년 안에 기업의 성공을 결정하는 두 가지 법칙이 될 것입니다.

저는 또한 사람들이 변하고 있다고 믿습니다. 점점 더 사람들은 최대한 사생활과 일의 균형을 맞추고 더욱 의식적이고 신중한 방식으로 소비할 것입니다. 환경을 존중하고 사회와 조화를 이루는 방식으로 만들어진 제품을 더욱 선호하게 되겠죠. 점점 더 많은 사람들이 자신의 이미지를 포장하기 위해 브랜드를 찾지 않을 것입니다. 반면 브랜드의 사회적 지위는 사람들의 구매와 소비(또는 소비하지 않는)에 의해 결정될 것입니다.

13
홍콩 상하이 은행
(HSBC)

찰리 넌

소매 금융 및 자산 관리 CEO

부문: 은행 및 금융 서비스
2017년 매출: 210억 유로
지점 수: 4,000개 | hsbc.com

Q. 리테일 4.0은 당신에게 무엇을 의미하나요?

A. 은행업은 간단한 작업, 특히 소액 송금과 관련하여 많은 사람들이 온라인으로 이동하는 중요한 변화를 겪고 있습니다. 그러나 은행 지점의 역할은 여전히 중요합니다. 전 세계에 3,700만 명의 고객이 퍼져 있기에 우리는 각국의 규정에 맞게 온라인 및 오프라인 서비스를 제공해야 합니다. 무엇보다 사람들이 익숙해하는 서비스를 제공해야 하죠.

어떤 서비스는 상품(예를 들면 가족 보험)의 성격 또는 대상이 되는 사람의 유형(디지털 기기 사용이 익숙지 않은 사람)을 감안할 때 여전히 전통적인 대면 상호작용을 필요로 합니다. 이런 경우에는 '명소가 되라'에 기술된 내용을 적용해볼 수 있습니다. 은행으로서 우리는 매우 정확한 고객의 기대치를 마주하고 있으며 지점 방문을 '마땅히 할 만한 일'로 만들기 위해 구체적인 부가가치를 제공해야 하죠.

은행업 역시 디지털 비즈니스로 변화 중이며 은행 간에 서로 경쟁할 뿐만 아니라 경기장을 가득 메우고 있는 매우 많은 다른 참가 기업들과도 각축을 벌여야 하는 상황입니다. 이 중에는 당연히 순수 디지털 플레이어도 포함되죠. 이에 대한 증거는 최근 10년간 지점 거래가 해마다 5퍼센트씩 줄고 있다는 점입니다. 저희 분야뿐만 아니라 대부분의 시장에서 이런 일이 일어났습니다. 소비자들은 디지털 네이티브 기업들로부터 '훈련'을 받았으며 더 높은 수준의 고객 경험, 더 높은 수준의 품질과 서비스를 기대합니다. 이러한 상황에서는 '원활하게 하라'에서 강조한 내용과 같이 디지털 및 물리적 접점들 간의 원활한 통합이 필요합니다.

분야를 막론하고 리테일 4.0은 무엇보다도 모든 상호작용을 의미 있게 만들기 위해 개인화되고 상황에 맞는 경험으로 고객을 기쁘게 하는 것이라고 생각합니다. 이러한 의미에서 저는 '보이지 말라'와 '개인화하라'에 명시된 내용에 전적으로 동의합니다.

Q. 이러한 상황에 대하여 HSBC는 어떻게 대처하고 있습니까?

A. 저는 HSBC가 이 책에서 제시한 법칙들을 적용할 줄 알아야 앞으로도 계속 중요한 기업으로 남을 수 있다고 믿습니다. 실제로 우리는 모든 채널, 기기 및 플랫폼에서 점점 더 간단하고 쉽고 이용 가능한 고객 경험을 만들기 위해 투자하고 있습니다. 최근 우리는 사람들이 가입한 금융 기관에 관계없이 여러 은행 계좌를 한 곳에 통합할 수 있는 커넥티드 머니Connected Money라는 앱을 출시했습니다. 족히 21개나 되는 은행의 고객들은 잔액, 대출 및 신용카드에 대한 정보를 한 번에 쉽게 조회할 수 있습니다. 또한 이 앱에는 청구서가 도착한 뒤 잔액이 얼마인지 사용자에게 보여주는 생활비 분석 기능과 금융 관련 정보와 팁을 메시지로 받을 수 있는 다른 옵션도 있습니다. 이 서비스는 현재 영국에서 활성화되어 있지만 다른 국가로도 신속하게 확장할 계획입니다. 이 앱의 주요 목표는 사람들이 불편하게 다른 플랫폼들을 통해 은행 계좌에 접속할 필요 없이 전반적인 재정 상황에 대한 명확한 그림을 제공함으로써 사람들의 삶을 간편하게 만드는 것입니다.

HSBC에게 매우 중요한 또 다른 법칙은 '시너지 효과를 일으켜라'입니다. 제3자의 플랫폼과 기술, 자산의 혜택을 받는 것이 사람들의 삶을 간편하게 할 수 있는 서비스를 계획하는 방법이라고 믿기 때문이죠. 우리는 우리가 운영하는 각각의 시장에서 모든 것을 내부적으로 개발할 수는 없음을 잘 알고 있습니다. 그건 효율적이지도, 효과적이지도 않겠죠. 이를 위해 우리는 여러 국가의 많은 회사들 및 스타트업과 협력하고 있습니다.

마지막으로 '큐레이터가 되라'에 대한 우리의 해석을 덧붙여볼까 합니다. 금융 서비스가 다른 많은 사업들을 지원하는 역할을 하고 있기에 우리는 이 법칙을 다양한 시장에 적용하고 있습니다. 예를 들면, 홍콩에서는 우리의 파트너 소매 업체가 더 많은 최종 고객에게 도달할 수 있도록 도와주는 앱을 출시했습니다. 특히 빅데이터와 분석 기법을 사용하여 최종 고객의 스마트폰으로 보낼 개인화된 메시지를 생성하고, 고객이 매장에서 지출하는 비용으로부터 가치를 창출할 수 있도록 지원하고 있습니다.

Q. 향후 3년에서 5년 동안 어떤 진화가 일어날 거라고 보십니까?

A. 우선 저는 향후 우리가 '보이지 말라'와 '원활하게 하라'에 소개된 내용을 더욱 구체적으로 만들어나가야 한다고 확신합니다. 그러기 위한 유일한 길은 은행이 서비스 제공 방식을 재창조하는 것입니다. 고객이 긴 양식을 작성하거나 수표를 현금으로 바꾸기 위해 며칠씩 기다리는 것은 진이 빠지는 일이며 다른 플랫폼과 비교하면 분명히 시대착오적입니다.

그러니 우리는 이러한 진화가 가능하도록 입법자들과 긴밀히 협력하여 가장 혁신적인 기업이 이러한 비즈니스를 보다 민첩하게 실행할 수 있도록 해야 합니다. 이것이 복잡한 만큼 사회에서 중요한 역할을 하는 금융 부문을 변화시키는 유일한 방법입니다. 많은 나라에서 스마트폰을 통한 생체인식 보안 기술(음성, 지문, 안면 인식과 같은)을 사용하여 디지털 결제 분야에서 엄청난 진전을 이루고 있습니다. 그러나 또 다른 많은 시장에서는 아직도 현금 거래 또는 종이 계약서가 표준입니다.

우리 부문이 맞은 또 다른 흥미로운 기회는 인공지능과 머신러닝의 적용입니다. 오늘날 이미 일부 시장에서는 간단한 요청을 처리하고 단순한 문제들을 해결하는 챗봇을 통해 고객과 상호작용하고 있습니다. 이를 통해 고객들에게는 빠른 서비스를 제공하고 직원들에게는 더 큰 부가가치를 가져올 수 있는 영역에 집중하도록 하고 있습니다. 은행업에서 인공지능의 활용이 중요한 이유는 인공지능을 통해 고객들의 요구를 이해할 수 있을 뿐만 아니라 인공지능이 사람들의 목소리 톤과 사람들이 은행과 상호작용해야 할 때 선호하는 방식을 알 수 있게 해주기 때문입니다. 고객의 동의가 있으면 인공지능을 사용하여 고도로 개인화된 조언을 제공할 수도 있겠죠.

필연적으로 이는 직원들의 능력을 발전시키는 방향으로 이어집니다. 즉, 직원들은 인간이 계속해서 우위를 차지할 모든 영역, 말하자면 공감, 창의성, 유연성, 비언어적 커뮤니케이션 및 태도 등을 발전시키는 데 집중해야 할 것입니다. 나아가 사용자 인터페이스에 있어서 새로운 도구와 새로운 교육 모델의 개발 또한 필요합니다. 이것이 바로 제가 '대담해져라' 법칙을 매우 신뢰하는 이유입니다. 우리가 처한 디지털 시대에 발맞춰 우리의 비즈니스를 근본적으로 변화시키려면 우리는 용기와 열린 마음을 가져야 합니다.

14
키코 밀라노

크리스티나 스코키아
CEO

부문: 화장품
2017년 매출: 6억 1,000만 유로
매장 수: 950개
kikocosmetics.com

Q. 리테일 4.0은 당신에게 무엇을 의미하나요?

A. 주로 옴니채널과 유동성을 의미합니다. 화장품 산업은 최근 몇 년 동안 디지털 전환에 따라 빠르게 변화했으며 시간이 지나면서 여러 단계들을 거쳤습니다. 첫 번째 단계로 판매에 적용된 디지털화는 이 분야의 대부분의 기업들이 전자상거래 개발에 막대한 자원을 투자할 만큼 혁신의 물결을 일으켰습니다. 하지만 그리 오래 지나지 않아 우리는 새로운 인식에 도달했습니다. 거래가 일어나는 채널에 상관없이 소비자를 중심으로 한 생태계 구축이 근본적으로 중요하다는 것이었죠. 이러한 생태계는 바로 '원활하게 하라'

에서 설명한 옴니채널 전략에 따라 구현되어야 합니다.

오늘날 소비자는 브랜드와 짧고 반복적인 상호작용으로 이루어진 일종의 여행을 하고 있으며 이는 오프라인에서만큼 온라인에서도 이루어집니다. 바로 이러한 이유로 생태계 전체에 집중하는 것이 필수적입니다. 하지만 화장품 분야에서는 전 세계적 매출의 단 7퍼센트만이 전자상거래를 통해 이루어집니다. 제가 방금 설명한 논리에 따라 우리 회사가 직면한 도전은 이러한 퍼센티지에도 불구하고 거기에 얽매이지 않아야 한다는 것이죠. 생태계 전체를 활용하겠다는 목표를 가지고 채널에 대한 편견으로부터 자유로운 사고를 할 필요가 있다는 얘기입니다.

순전히 온라인 판매를 극대화하기 위한 목적으로 플랫폼을 개발해서는 안 되지만 우리는 웹 사이트를 통해 현재는 전통적인 채널만을 이용해서 구매하는 소비자에게 영향을 주려고 합니다. 대중이 기대하는 대로 진정성 있는 상호작용을 하는 디지털 경험을 구축해야 하고요. 이는 거래 위주의 접근 방식에서 경험 위주의 접근 방식으로 이동할 수 있는 기회를 활짝 열어줍니다.

Q. 이러한 상황에 대하여 키코는 어떻게 대처하고 있습니까?

A. '명소가 되라'에서 두 분이 주장하신 내용과 연결하자면, 가장 큰 노력과 투자가 들어가는 영역은 경험 부분에 특히 주의를 기울

이면서 매장을 명소다운 명소로 만드는 것입니다. 경험은 키코에게 언제나 가장 큰 관심사 중 하나였습니다. 경험은 오늘날 시장에서 운영을 위한 필수불가결한 조건이 되었죠. 그렇기 때문에 우리는 음악, 분위기에서부터 고객을 맞이하는 일, 화장품을 써보게 하고 사용 방법을 알려주는 일, 풀 메이크업 서비스까지 고객의 구매 경험의 매 순간에 주의를 기울입니다. 이러한 이유로 우리 고객들은 매장에 오는 것을 아주 좋아합니다. 키코가 다양한 화장품을 테스트하고 귀중한 조언을 얻고 친구들과 가벼운 마음으로 들를 수 있는 진정한 명소라는 것을 아는 사람들이죠.

또한 우리는 긍정적인 경험뿐만 아니라 개인화된 경험에도 관심을 가지고 있습니다. 오늘날 사람들은 화장품도 자신의 요구에 맞춰 나오기를 원하죠. 이러한 이유로 우리는 제품 맞춤화를 도와주는 로봇을 플래그십 스토어에 도입했습니다. 이는 소비자의 요청에 대한 응답이자 우리에게 매우 귀중한 데이터를 수집해주는 서비스입니다. 이 서비스를 정교하게 다듬으면 우리가 목표로 하는 역동적인 개인화 프로세스에 활력을 줄 것입니다. 한편, 매장의 역할을 풍부하게 하는 주제에 대해 생각해보면 가장 중요한 활동은 당연히 이벤트라 할 수 있죠. 이벤트는 매장 내 유입 인구를 늘리는 가장 확실한 전략이면서 동시에 커뮤니티 형성의 마중물이 되어줍니다. '인간 중심이 되라'에서 주장한 바와 유사하게 중동 및 브라질에 있는 키코의 매장들은 행복한 시간을 함께 보낼 수 있

는 공간, 칵테일을 마시고 핑거 푸드를 먹을 수 있는 만남의 공간
으로 변모했습니다.

소셜 미디어의 사용과 관련하여 우리는 '타깃 고객에게 말하기'
에서 '타깃 고객과 대화하기'로 이동할 필요가 있다고 생각합니다.
그런 이유로 키코는 소셜 미디어에서 소통할 때 콘텐츠나 대화를
걸러내지 않고 대화 상대와 같은 수준에서 이야기하기 위해 노력
합니다. 반대로 사람들이 콘텐츠를 만들어 브랜드에 대해 말할 때
는 자유롭게 말하도록 놔두죠. 이러한 방식으로 우리는 톱다운 식
커뮤니케이션에서 벗어나 고객과 건설적이고 대등한 대화를 시작
할 수 있습니다.

Q. 향후 3년에서 5년 동안 어떤 진화가 일어날 거라고 보십니까?

A. 기술은 확실히 미래의 진화에 민감한 영역입니다. 저는 향후 몇
년 안에 인공지능이 점점 더 발전하여 고객 맞춤화 및 개인화 프로
세스를 '보이지 않게' 만드는 데 도움을 주리라 기대합니다. 오늘
날 우리가 사는 비즈니스 세상의 변화무쌍함을 고려할 때 어떤 예
측을 정확히 한다는 것은 거의 불가능하다고 생각해요. 그래도 한
가지 말할 수 있다면 그 누구도 오늘의 경쟁우위가 무한히 지속되
기를 바라며 자신의 성취에 안주하는 실수를 저질러서는 안 된다
는 것입니다.

요점은 성과가 여전히 긍정적일 때 스스로를 재창조하지 않고 부정적인 신호가 나타나고 나서야 변화를 꾀한다면 이미 늦었다는 것이죠. 따라서 키코에게는 '대담해져라'가 근본적으로 중요합니다. 우리는 항상 고객과의 적극적인 대화에서 출발하여 새로운 솔루션을 계속 실험해나가야 합니다.

우리는 또한 충성도의 새로운 표준을 확립하기 위해 노력하고 있습니다. 이를 위해 가능한 많은 데이터를 수집하고 교차시켜 CRM을 재창조하고자 합니다. 이 도구를 통해 우리는 인터뷰 초반에 언급한 생태계를 만들 수 있고 사람들을 위한 인센티브 메커니즘을 보장할 수 있을 것입니다.

15
라 마르티나

엔리코 로셀리
유럽 지역 CEO

부문: 레저 및 스포츠웨어
2017년 매출: 자료 없음
매장 수: 단일 브랜드 매장 80개
lamartina.com

Q. 리테일 4.0은 당신에게 무엇을 의미하나요?

A. 물리적 세계는 순수 디지털 기업에게도 명백히 중요합니다. 제품의 판매 프로세스나 제품의 공급에는 몇 가지 단계가 있고 어떤 단계들은 경험이 차지하는 비중이 너무 커서 오프라인에서만 작동하기 때문입니다. 오늘날 매장의 레이아웃은 확실히 변하고 있습니다. 이러한 유형의 매장은 브랜드 주위로 물리적 구성 요소와 디지털적인 구성 요소를 통합한 원활하게 돌아가는 커뮤니티를 만들어낼 수 있어야 합니다. 해당 커뮤니티가 중요한 구심점, 관심사의 중심이 될 때에만 매장은 성공을 거둘 수 있을 것입니다.

물리적 세계와 디지털 세계 간의 이러한 재조정은 시장 전반에 엄청난 영향을 미칩니다. 소매업은 부동산 시장과 밀접하게 연결되어 있는데요, 그래서 앞으로 부동산 시장이 큰 영향을 받을 것입니다. 왜냐하면 지금 있는 매장 수보다 더 적은 수의 매장이 필요하고 남게 될 매장들은 부분적으로 다른 역할로 쓰일 것이기 때문이죠. 향후에는 매장 공간이 반드시 상업적 용도가 아닌 다른 용도로도 사용될 수 있을 겁니다. 건물들의 가치는 벌써부터 큰 변화를 맞고 있습니다. 그런 이유로 부동산 가치가 떨어진 상태에 놓인 건물주들은 사람들을 끌어들일 줄 아는 매력적인 브랜드들에게는 임대료 없이 공간을 빌려주는 경우도 있습니다.

일부 대형 쇼핑센터 내에 있는 앵커 숍(단기 홍보 매장-편집자)을 생각해보세요. 기업 전략의 측면에서 이는 매우 중요합니다. 앞으로 디지털 세계에서 탄생한 회사가 매장을 열기로 결정한다면 입지를 최우선순위로 삼지 않을 거예요. 대신, 거주지나 배송지 주소와 같은 구매자의 데이터를 분석하여 주거지에 포함되면서 부동산 가치가 상대적으로 낮은 지역에 매장을 열 것입니다. 따라서 패러다임의 완전한 반전이 일어나게 되겠죠. 사실상 매장의 기능은 바뀌고 있습니다. 매장은 점점 더 쇼룸이 되고 다른 한편으로는 공통의 관심사를 가진 사람들을 위한 만남의 장소가 됩니다. 이 두 가지 기본 요소가 특징인 일종의 클럽이 되는 거죠.

첫 번째 요소는 접촉의 물리적 차원, 즉 실제 클럽에서 일어나는 일입니다. 사람들은 공통 관심사를 갖고 있기 때문에 함께 모여 동질감을 느낍니다. 여기서 브랜드는 단지 '촉매제'일 뿐입니다. 반면에 다른 요소는 레크리에이션 차원입니다. 실제로 사람들은 특정한 관심사를 갖고 있다는 바로 그 이유로 브랜드가 자신들의 열정과 관련된 일련의 활동과 서비스를 만들어내기를 기대합니다. 그래서 사람들이 가고 싶어 하도록 매장 주위로 커뮤니티를 만드는 것이 중요합니다. 특정 문제에 대한 해결책을 얻거나 다른 곳보다 더 나은 서비스 또는 독특한 경험을 얻을 수 있기 때문일 수도 있지요.

Q. 이러한 상황에 대하여 라 마르티나는 어떻게 대처하고 있습니까?

A. 앞서 말씀드린 내용의 연장선에서, 우리는 다양한 이벤트를 개최하는 공간으로 매장을 활용하고 있습니다. 매장에서 와인 시음을 하거나 음악 공연도 하고 있습니다. 이러한 활동은 전략적인 관점에서 매우 완벽하다 하더라도 직원 교육과 행사 이후 다시 재정비를 하는 데 무척 많은 노동력이 들어가기에 그 비중을 신중하게 결정해야 합니다.

　라 마르티나는 특정 관심사를 축으로 모인 팬 커뮤니티이기도 하기에 정의상 '소셜 미디어'이기도 합니다. 그러나 이것으로 만족해서는 안 됩니다. 우리는 스포츠 세계에서 라 마르티나가 무엇을 상징하는지를 이해해야 하며 브랜드가 표현하는 가치를 명확한 방식으로 홍보할 수 있어야 합니다. 더 넓은 의미에서 우리의 가치를 포용하는 더 많은 소비자를 위한 촉매제 역할을 하기 위해 말입니다. 우리는 '적극적인' 회원들 외에도 특정 커뮤니티에 대해 강한 소속감을 느끼면서 가치와 열정을 공유하는 '지지자'들도 만들어야 합니다.

혁신적인 솔루션의 도입 여부를 평가할 때 가장 어려운 점은 관리자와 협력자의 습관을 바꾸는 데 있습니다. 이러한 이유로 두 분이 자주 언급하신 고객 중심 문화를 위해 열심히 노력하고 있습니다. 고객에 우선순위를 두고, 불편을 일으키지 않는 새로운 솔루션을 채택하여 회사 직원이 자신의 습관을 바꿀 수 있도록 지원합니다.

특히, 라 마르티나에서는 온라인 채널과 경쟁하지 않고도 실제 매장으로 향하는 유입 인구를 늘릴 수 있도록 회사의 모든 IT 시스템과 물리적 시스템을 검토하고 있습니다. 예를 들면 우리 고객이 온라인으로 제품을 검색할 때 지금 위치에서 가장 가까운 매장의 창고에 재고가 얼마나 남았는지 알 수 있습니다. 또한 우리는 마찰을 줄이고 우리 고객의 경험을 가능한 한 유동적으로 만들기 위해 다양한 측면에서 노력하고 있습니다. 클릭 앤 컬렉트의 시행이 대표적입니다. 이 말은 그 제품이 이미 매장에 있다는 뜻이고, 그 후 배송된다는 뜻이지요.

Q. 향후 3년에서 5년 동안 어떤 진화가 일어날 거라고 보십니까?

A. 이 질문에 답하기 위한 가장 좋은 방법은 앞으로 우리 고객의 기대치가 어떤 방식으로 진화할지 자문해보는 것이라고 생각합니다. 우리의 목표는 라 마르티나의 DNA에 충실하면서도 때때로 변화를 꾀해 고객의 기대에 부응하거나 심지어 그 기대를 뛰어넘는 것입니다.

확실한 한 가지는 사람이 고부가가치를 생산하지 못하는 모든 활동에 대해 점진적인 자동화가 이루어지리라는 점입니다. 이러한 변화는 결제(계산) 서비스 영역에서 급격히 일어날 것이라 생각합니다. 대신 매장 직원은 고객과 어울리는 데 더욱 시간을 쓰고 거기에서 고객의 필요를 읽어내고 고객이 브랜드 가치를 인식하게끔 노력할 것입니다. 또한 독특하고 개인 맞춤형 경험을 제공하는 데 전념할 것입니다. 그리고 또 하나, 크게 변화할 영역은 아까 제가 이야기했듯이 근본적으로 재설계될 부동산 시장입니다. 마지막으로, 매장의 진열장은 점점 더 커뮤니케이션 및 판매의 도구가 될 것이라고 생각합니다. 매장의 영업시간에 상관없이 진열장이 터치 기술을 통해 상호작용하는 기능을 갖게 되었으니 말이죠.

중요한 것은 감히 시도해보고, 실험하고, 문제를 제기하고, 스스로를 시험할 용기를 갖는 것입니다. 실수에 대한 두려움 없이 지속적인 시험과 학습을 기반으로 한 접근 방식을 자신의 강점으로 만들면서 말입니다. 우리가 살고 있는 세상에서 우리는 '이상적인' 솔루션을 기대할 수 없습니다. 물론 합리적인 선택을 하려고 노력해야 하지만 결국에는 시도해봐야 합니다. "완료가 완벽보다 낫다."는 말처럼요.

16
리바이스 & CO.

루치아 마르쿠초
중유럽 지역 부사장

부문: 의류 | 2017년 매출: 40억 유로
매장 수: 단일 브랜드 매장 3,000개
levi.com

Q. 리테일 4.0은 당신에게 무엇을 의미하나요?

A. 제 생각에 리테일 4.0은 무엇보다도 소비자의 더 높아진 기대치
와 인식을 의미하며 동시에 상품 경제에서 경험 경제로의 이행을
의미합니다. 오늘날 우리가 두말할 것도 없이 동종 최고라고 부를
수 있는 일부 디지털 기업 덕분에 소비자의 기대치는 높고 또 계속
해서 높아지는 추세에 있습니다. 고객은 만족스러운 구매 경험을
위해 여러 가지 서비스가 제공되는 걸 점점 더 당연하게 받아들이
고 있죠. 이 모든 것은 기업 활동을 재조정하고 감동과 재미를 주
며 어떤 식으로든 독특한 경험을 계획하는 데 상당한 비용을 발생

시키죠. 상황에 적응해야 하는 전통적인 소매 업체에게는 큰 부담으로 작용할 수밖에 없습니다.

한편, 소비자의 인식에 대해 말하자면 모바일 기기 사용 증가에 따른 디지털화 현상에 의문을 제기할 수밖에 없습니다. 두 분이 지적하신 바와 같이, 스마트폰은 소비자가 지나치게 많은 정보를 제공받고, 자신이 속한 사회적 집단의 의견과 낯선 이들의 리뷰에 매우 예민하게 반응하도록 만들었습니다. 전자상거래는 시간과 공간의 장벽을 허물었고 비즈니스에 횡단적, 기하급수적, 사회적 차원을 확보해주었습니다. 따라서 물적 유통의 가치는 과거와는 달라야 하며, 여전히 중심적이긴 하지만 재고할 필요가 있습니다. 순수한 거래 프로세스만 고집하다 보면 패배할 운명에 처하게 됩니다. 왜냐하면 이러한 거래 프로세스는 인터넷에서 훨씬 쉽고 편리하기 때문이죠.

이와 동시에 의류 부문에서 패스트 패션의 발전은 많은 제품의 가격대를 낮추는 결과를 가져왔습니다. 이는 매장 트래픽을 감소시키고 패션 및 트렌드를 빠르게 구식으로 만들어버리는 현상으로 연결되었습니다. 그리고 이는 영업 마진을 감소시키는 공격적인 프로모션 및 할인으로 이어졌죠. 우리의 미래에 대한 진지한 성찰이 필요한 때입니다. 이 분야 전체가 상품화될 위험이 있으니까요.

Q. 이러한 상황에 대하여 리바이스 & Co.는 어떻게 대처하고 있습니까?

A. 리바이스 & Co.는 브랜드를 팬 커뮤니티와의 정서적 관계에 중심을 두고 앞서 제가 언급한 상품화 프로세스를 피하기 위해 연구개발 및 브랜드 경험에 주요 자원을 투자하고 있습니다. 리바이스 진에 대해서는 프로세스 혁신 측면에서 놀랄 만한 진전을 이루었습니다. 우리는 청바지 원단 및 생산 공정에 있어 항상 새로운 프로토타입을 만들겠다는 목표로, 제품의 연구 개발 및 디자인을 전담하는 센터인 유레카 랩Eureka Lab을 샌프란시스코에 설립했습니다. 여기서 일하는 사람들의 상상력의 한계만이 유일한 한계가 되는 곳이지요.

유레카 랩에서 일어나는 혁신의 구체적인 사례는 청바지의 빈티지 워싱 가공 과정의 디지털화와 자동화입니다. 이 혁신의 원래 목표는 화학 물질의 사용을 줄임으로써 환경 영향을 대폭 감소시키는 것이었습니다. 오늘날 빈티지 청바지 한 벌을 완성하는 데는 약 20분이 소요됩니다. 모두 수작업으로 이루어지며 다양한 화학 물질이 사용되죠. 그러나 새로운 기법은 기본 바지 사진을 스캔하고 이를 컴퓨터와 연결된 레이저 기계로 보내 선택된 워싱 공정을 '기본 바지'에 실행하도록 합니다. 이 모든 작업이 단 2분 이내에 이루어지며 결과 또한 탁월하죠. 우리의 공급망 전체에 영향을 미칠 진정한 혁명입니다. 이를 통해 청바지 생산의 마지막 단계인 마감 공정을 온디맨드로 실시간 적용하고 있습니다. 이러한 혁신 덕분에 우리는 두 분이 '시너지 효과를 일으켜라'에서 설명하신 린 생산 원칙들을 수용하고 너무 오랜 시간동안 변하지 않고 그대로였던 프로세스를 혁신할 수 있었습니다. 여기서 더 나아간다면 원격으로 하는 개인 맞춤화 및 매장 내에서의 개인 맞춤화 수준을 3D 프린팅과 유사한 수준으로 높일 수 있을 것입니다.

소비자 경험에 관해서 우리는 유럽 전역 120개 이상의 매장에서 구매하는 제품을 개인 맞춤화하고 유일무이한 것으로 만들 수 있는 공간인 '테일러 숍'을 설치했습니다. 매장에 방문하는 사람은 직원의 도움을 받아 자신에게 어울리는 청바지를 찾아 완벽하고 독특한 옷으로 변형시킬 수 있죠.

또 리바이스 브랜드를 기념하기 위해 만들어진 애플리케이션을 기반으로 한 로열티 프로그램이 계획 중에 있습니다. 이 앱은 사람들이 도시에서 가능한 한 많은 경험을 하도록 장려하고 커뮤니티의 다른 회원들이 알려준 흥미로운 장소(특별한 레스토랑, 쇼핑할 만한 장소, 스포츠를 즐길 수 있는 곳)를 발견할 수 있도록 만들어졌습니다. 따라서 사용자는 게임 요소를 적용한 프로세스를 통해 크레딧을 획득하고, 개인화된 서비스를 경험하고 할인 쿠폰도 받을 수 있습니다. 이 앱 덕분에 우리는 브랜드를 고객이 강렬하고 긍정적인 감정을 경험하는 순간과 연결하여 정서적 유대감을 형성할 수 있습니다. 우리는 이러한 유대감이 소비자를 위한 장기적인 가치를 창출하고 따라서 지속적인 것이 될 수 있기를 바랍니다.

마지막으로 리바이스 & Co.의 또 다른 핵심 주제는 두말할 것도 없이 지속 가능성입니다. '인간 중심이 되라'에서 주장하신 것처럼, 기업의 업무는 환경적 지속 가능성과 사회적 책임에 대한 명료하고 정확한 정책으로 정당화될 수 있어야 합니다. 이러한 이유로 우리는 몇 가지 정책들을 실행에 옮겼습니다. 예를 들면, 많은 매장을 중고 청바지 수거 센터로 만들었습니다. 이렇게 수거되지 않으면 쓰레기가 될 옷을 가공하고 재생하여 난민 등 도움이 필요한 사람에게 기부합니다. 생산 폐기물도 중요하기 이를 데 없는 문제입니다. 리바이스가 발명한 워터리스^{waterless} 방식은 우리가 오픈 소스로 만들어 이 업계 전체에서 사용할 수 있게 된 혁신입니다. 이 방식은 생산 공정에 필요한 물의 양을 현저히 줄여 불필요한 낭비를 방지해주죠.

Q. 향후 3년에서 5년 동안 어떤 진화가 일어날 거라고 보십니까?

A. 리바이스는 고객과 정서적으로 연결되기 위한 경험들을 계속 제공할 것입니다. 결론적으로 저는 브랜드의 가치를 지키는 일이 얼마나 중요한지 깨달아야 한다고 생각합니다. 디지털 전환과 같은 획기적인 변화에 직면했을 때의 가장 큰 위험은 자신의 정체성을 희생시키면서 미래를 좇는 것입니다. 우리 브랜드는 위대한 역

사적 유산을 특징으로 하는 브랜드이며 바로 그러한 이유로 점진적으로 변화하는 데 시간이 걸릴 수밖에 없습니다. 그러나 리바이스 & Co.는 언제나 선구적인 기업이었다는 사실을 떠올리면 위안이 됩니다. 리바이스 청바지는 창업자 리바이 스트라우스가 서부 개척자들이 튼튼한 바지를 필요로 한다는 점을 이해했던 것에서 탄생했습니다. 그 후로 우리 청바지는 세상을 수동적으로 받아들이지 않는 사람들의 상징이 되었죠. 우리가 선구자의 DNA를 가졌다면, 우리는 브랜드를 새롭게 할 책임이 있으며 미래의 혁신가들과 선구자들로부터 인정을 받아야 할 책임이 있습니다. 우리는 변화에 맞서서 언제나 용기를 냈으며 앞으로도 그럴 것입니다.

17
막스 앤 스펜서

사이먼 프리버그 안데르센
디지털 인터내셔널 부문 책임자

부문: 소매업 | 매출: 119억 유로
매장 수: 1,463개
marksandspencer.com

Q. 리테일 4.0은 당신에게 무엇을 의미하나요?

A. 저는 리테일 4.0의 도래를 가장 분명하게 보여주는 것 중 하나
가 온라인 기업이 오프라인 경쟁 업체에 가하는 압력이라고 생각
합니다. 예를 들어 소셜 광고, 모바일 상거래, 최근에 일어나고 있
는 배송 서비스 등이 그것입니다. 이는 고객과 고객 경험 둘 다에
서 경쟁력을 높이기 위해 운영 모델을 수정할 수밖에 없도록 만듭
니다. 고객 경험에 대해서 살펴보면, 오늘날 고객들은 특히 고객
지원 서비스 및 AS와 관련하여 과거보다 훨씬 더 높은 기대치를
가지고 있어요. 한마디로 매우 높은 기준에서 게임이 진행되고 있

는 것이죠. 많은 연구에서 나타나듯이 사람들은 여전히 실제 매장에서 하는 쇼핑을 선호합니다. 아닌 게 아니라 오프라인 매장에서 압도적으로 많은 거래가 이루어지고요. 그럼에도 불구하고, 디지털 구매 및 개인화된 콘텐츠에 익숙해지면서 분명 오프라인 매장에서도 개인 맞춤화 서비스를 기대하는 사람들이 늘어나리라고 봅니다. 사람들은 기업이 한편으로 개인 정보 보호 규정을 확실히 준수하고 다른 한편으로는 데이터에 대한 대가로 유형의 부가가치를 제공한다면 기업이 자신의 개인 정보를 사용하도록 허락할 용의가 있습니다.

리테일 4.0을 이해하려면 '대담해져라'에서 강조된 내용에도 큰 관심을 기울여야 합니다. 디지털이 점점 더 근본적인 역할을 차지하는 생태계에서 소매 업체는 전에 없던 변화를 수용하고 관리해야 합니다. 또한 디지털 고객의 요구에 맞는 새로운 솔루션을 고안하고, 비즈니스를 위한 구체적이고 결정적인 행동으로 자신을 안내해줄 민첩한 사고방식을 개발해야 합니다.

Q. 이러한 상황에 대하여 막스 앤 스펜서는 어떻게 대처하고 있습니까?

A. 막스 앤 스펜서는 모든 접점을 통하여 고객 경험을 완벽하게 하는 데 언제나 집착해왔습니다. 접점들이 늘어남에 따라 고객의 스마트폰과 통신할 수 있는 앱이든 혁신적인 배송 방법이든 서비스

가 우리의 기준에 따라 효과적으로 제공될 수 있도록 열심히 노력하고 있습니다.

'큐레이터가 되라'와 '개인화하라'는 우리에게 매우 중요한 원칙입니다. 스파크SPARKS라고 부르는 막스 앤 스펜서의 로열티 프로그램은 사용 가능한 모든 소비자 정보를 활용하여 가능한 한 가장 개인화되고 고유한 경험을 제공합니다. 이러한 경험에는 쇼핑 경험을 단순화시키는 맞춤형 제안, 사은품 선택 등 다양한 옵션들이 있죠. 고객에게 제공하는 맞춤형 조언들을 보완하기 위해 우리는 온라인 개인 스타일리스트 기능도 개발했습니다. 전문 스타일리스트와 알고리즘이 함께 작동하여 고객이 자신의 스타일과 기호에 가장 적합한 제품을 선택할 수 있도록 지원하는 것이죠. 이 프로그램들을 통해 우리는 가득 찬 장바구니, 더 낮은 반품률 그리고 가장 중요한 요소인 더 높은 고객 만족도를 얻을 수 있었습니다.

'보이지 말라' 역시 굉장히 중요합니다. 과거에 우리는 일부 매장에서 한동안 셀프 스캔 기술을 사용했지만 최근에는 앱을 통해 사용할 수 있는 '찍고 결제하고 나가기Scan, Pay, Go' 서비스를 활성화했습니다. 고객은 직접 자신의 스마트폰으로 구매하고자 하는 제품을 스캔하고 결제할 수 있는 것이지요. 이를 통해 고객은 더욱 빨라지고 피크 시간대의 불편함(예를 들면 계산대에서의 대기 시간)이 크게 줄어든 매장 경험을 하게 됩니다.

고객이 점점 더 편한 것을 찾고 있다는 점을 고려하면, 우리는

'한계를 극복하라'에 기술된 조언을 최대한 따르고자 합니다. 이러한 이유로 우리는 실제 매장이 갖는 공간적 제약을 가능한 최소화하고 전통적인 서비스 방식을 극복하기 위해 다양한 솔루션을 실험하고 있습니다. 대표적인 것이 바로 매장 내 컬렉션입니다. 온라인에서 제품을 선택하고 24시간 후에 미리 선택한 오프라인 매장에서 제품을 수령할 수 있는 서비스죠. 오늘날 온라인 주문의 60퍼센트 이상이 이 서비스와 관련된 것으로, 시간을 절약하고 미리 정한 배송 시간에 구애받지도 않지요. 또한 '시너지 효과를 일으켜라'도 우리의 정책을 잘 설명해줍니다. 인도는 영국 이외의 지역에서 막스 앤 스펜서의 가장 큰 시장 중 하나인데, 인도 유통 체인 민트라Myntra 및 기타 제3자 마켓플레이스와의 파트너십을 통해 이 지역의 온라인 사이트에 우리 제품이 입점할 수 있게 됐습니다. 이로써 막스 앤 스펜서 매장이 없는 도시에 사는 사람들에게도 우리 제품이 도달할 수 있게 된 것이죠.

Q. 향후 3년에서 5년 동안 어떤 진화가 일어날 거라고 보십니까?

A. 미래를 바라볼 때 '대담해져라'가 핵심 개념입니다. 오래된 전통을 가진 회사는 물론, 소규모 소매 업체도 이 법칙을 소중히 여겨 변화와 실험을 두려워하지 말아야 합니다. 특히 오늘날 기술은 확실히 저렴한 비용으로 합리적인 시간 안에 실험할 수 있도록 도

와줍니다. 물론 변화에 개방적인 문화와 현재 하고 있는 일에 끊임없이 의문을 던지려는 자세가 선행되어야겠지요. 이러한 종류의 도전은 1884년에 설립된 우리와 같은 회사에게는 결코 단순한 일이 아닙니다. 현 CEO의 리더십 아래 막스 앤 스펜서는 이러한 방향으로의 결정적인 전환에 뛰어든 상태입니다. 실제로 프로세스들을 개선하고 디지털화를 가속화하며 교육에 투자하기 위한 수많은 정책들이 진행 중입니다. 그리고 이 모든 것은 마이크로소프트, 디코디드Decoded 및 파운더스 팩토리Founders Factory와 같은 기술 분야의 선두 주자들의 지원 덕분입니다.

18
몰스킨

아리고 베르니
회장

부문: 문구 및 제지
2017년 매출: 1억 5,600만 유로
매장 수: 직영점 80개 및 브랜드 입점 매장
3만 5,000개
moleskine.com

Q. 리테일 4.0은 당신에게 무엇을 의미하나요?

A. 리테일 4.0은 경험으로 중심이 이동했음을 의미합니다. 사람들의 새로운 요구와 전자상거래 대기업의 시장 진입으로 축이 이동했음을 뜻하는 것이지요. 사람들이 충족시키고자 하는 요구는 더이상 단순한 제품 구매와는 상관없다는 것이 이미 분명해졌습니다. 사고방식은 완전히 바뀌었습니다. 다양한 상품으로 기본 욕구(상품의 소유와 관련된 욕구)가 대부분 충족됐던 선진국 경제에서는 특히 그러합니다. 그러다 보니 더욱 수준 높은 제품과 서비스를 당연시 하게 되는 것이지요.

그런 이유로 상품의 구비와 판매를 목표로 삼고 역사적으로 발전해온 소매업과 같은 부문은 변혁이 불가피합니다. 더욱이 순수 디지털 플레이어와의 치열한 경쟁을 해야 하는 오늘날은 경험 부분에 더 집중해야 하죠.

물론 경험에 중심을 두는 소매업이 새로운 개념은 아닙니다. 그러나 사실상, 많은 소매 업체에게 아직 현실로 다가오지 않았죠. 긴 안목에서 볼 때, 높은 수준의 고객 경험이 무엇인지에 대한 소비자들의 인식이 더욱 커질 것이기 때문에 이에 대한 중요성 역시 커질 수밖에 없습니다. 따라서 소매업은 표준화된 유형의 활동에서 표준화하기 힘든 유형의 활동으로 이동해야 합니다. 이러한 진화는 미리 설정된 공식이나 계획을 따르기 어렵게 만들죠. 소비자 요구와 브랜드의 가치 제안 사이에서 특별한 경험을 만드는 것이 필수불가결한 일이 될 것입니다.

Q. 이러한 상황에 대하여 몰스킨은 어떻게 대처하고 있습니까?

A. 이러한 새로운 상황에 맞서기 위해 우리는 마지막 법칙인 '대담해져라'에서 분석한 린 방식을 채택하고 있습니다. 우리는 고객이 주는 피드백을 통해 최대한 빨리 배우고 창의적인 과정을 개선하며 시행착오 방식에 따라 수많은 프로젝트들을 실행하고 있습니다. 예를 들면, 밀라노, 제네바 공항, 함부르크 및 베이징에 개장한

몰스킨 카페가 있습니다. 우리의 DNA 및 포지셔닝과 밀접한 일관성을 보이는 이 공간은 창의성, 문화, 탐험 및 소비자의 개성 표현에 관련된 경험이 진정 살아 숨 쉬는 곳입니다. 이는 아이디어와 지식 교류의 장이었던 과거 문학 카페에 대한 우리의 현대적 재해석이기도 합니다. 요컨대, 몰스킨 카페는 '명소가 되라'와 '인간 중심이 되라'에서 두 분이 기술한 내용을 상당히 반영하는 곳이라 할 수 있습니다.

매우 중요한 또 다른 주제는 '원활하게 하라'입니다. 자신의 브랜드로 원활한 고객 경험을 제안하는 선택이 당연해 보일 수 있습니다. 사실 오늘날 고객에게 높은 기준을 만족시켜줄 수 있는 다른 솔루션도 없고요. 그러나 이러한 선택을 올바르게 적용하기란 보통 일이 아닙니다. 향후 2년 내에 우리는 옴니채널 전략을 완전히 채택하는 데 필요한 인프라 구축에 모든 에너지를 집중할 것입니다.

또한 우리는 고객의 굳건한 충성도를 얻기 위해 노력하고 있습니다. 이러한 목표를 추구하는 데 있어서 직접 채널이 유용하다는 데는 이견의 여지가 없죠. 그러나 몰스킨의 직접 채널은 그 역사가 채 5년밖에 되지 않았으며 우리의 제품이 판매되는 매장은 극히 일부에 불과합니다. 우리 사업의 대부분은 제3자 소매 업체의 중개로 이루어집니다. 그렇기 때문에 고객 충성도 관리가 힘들죠. 그럼에도 불구하고 우리는 브랜드와 주력 상품의 상징성을 활용하여 대중과 독점적인 관계를 구축하는 것을 목표로, 유통 모델에서 성공을 다지고 있습니다. 저는 데이비드 색스David Sax의 저서 《아날로그의 반격》에서 몰스킨이 한 시대의 획을 긋는 사례로, 또 디지털과 제품의 탈물질화가 지배하는 현 시대에 다시 유행하고 있는 대상에 포함됐다는 것을 굉장히 영광스럽게 생각합니다. 〈뉴요커〉에 우리에 대한 만화가 등장했다는 사실은 우리 브랜드가 전 세계적으로 하나의 아이콘이 됐음을 증명하지요.

Q. 향후 3년에서 5년 동안 어떤 진화가 일어날 거라고 보십니까?

A. 가까운 장래에 디지털은 오프라인 소매업에 점점 더 많은 영향을 끼쳐, 주식 가치의 측면에서도 그 비중을 약화시킬 것입니다. 그러나 저는 온라인 판매가 전통적인 매장의 역할을 대체하지는 못할 것이라고 확신합니다. 분명히 소매 업체는 대형 전자상거래 기업과 싸워야 하며 이는 비단 구매 부분에 국한되지 않습니다. 예를 들어 아마존은 고객 경로의 첫 단계로 제품에 대한 정보와 리뷰를 검색하기 위해 사람들이 찾는 가상의 장소로 자리매김했습니다. 이러한 제품 탐험은 몇 년 전까지만 해도 대형 백화점이나 대형 쇼핑센터에서 이루어졌지만 이제는 온라인에서 행해지죠. 이는 오프라인 매장 및 잠재 고객과 매장 직원 간의 관계에 명백한 영향을 끼칩니다. 따라서 오프라인 소매업은 '인간 중심이 되라' 법칙

에 따라 자신의 뚜렷한 역할을 추구하면서 사용자의 복잡하고도 분명한 '구매 여정' 속에 조화롭게 어울려야 한다고 생각합니다.

끝으로, 매장의 레이아웃을 생각해보죠. 저는 제품을 많이 들여놓거나 다양하게 들여놓는 것이 더 이상 경쟁우위가 되지 않는다고 확신합니다. 오히려 매장은 편의성에 중점을 두게 되며 순수 디지털 플레이어와 구분 짓기 위해 인적 요소가 근본적으로 중요해지는 작은 쇼룸으로 변모할 것입니다.

19
몬다도리 리테일

피에르루이지 베르나스코니
CEO

부문: 출판업
2017년 매출: 13억 유로(몬다도리 출
  판사), 3억 유로(몬다도리 리테일)
매장 수: 600개 (회사 소유 31개,
  나머지는 프랜차이즈 매장)
mondadori.com

Q. 리테일 4.0은 당신에게 무엇을 의미하나요?

A. 무엇보다 투명성을 의미합니다. 인터넷은 정보에 대한 접근을 민주화하여 누구나 많은 정보를 가지고 물건을 구매할 수 있게 했습니다. 정보 비대칭성의 이러한 감소는 필연적으로 매장 직원의 역할을 덜 중요하게 만들었습니다. 책을 직접 보지 않고 온라인 구매를 하는 사람들, 서점에서 직원의 개입이나 간섭을 원하지 않는 사람들이 늘어난 건 그 때문이죠.

그러나 그럴수록 서점 운영자는 정보를 원하는 고객에게 브랜드를 알리고 매장에서의 경험을 인간답게 만드는 데 결정적인 역할을 합니다. 게다가 오늘날 고객은 구매 경험에 있어서 아주 세밀한 부분까지 신경을 씁니다. 고객은 자신이 받은 인상을 특히 그것이 부정적인 경우에는 더욱더 소셜 네트워크에 공유하는 경향이 있어요. 입소문 효과가 새로울 것은 없지만 오늘날 많은 잠재 고객이 여러 사람의 의견을 실시간으로 읽을 수 있다는 사실은 상황을 훨씬 더 예민하게 만듭니다. 이런 부정적인 리뷰의 결과로 많은 사람들의 표적이 될 위험을 피하기 위해 소매 업체는 다양한 접점에서 전달되는 정보의 일관성뿐만 아니라 투명성에도 끊임없이 초점을 맞춥니다. 실제로 고객이 온라인에서 읽은 것과 매장에서 확인한 것이 일치하지 않는다고 지적하는 일은 드물지 않게 일어납니다. 이러한 유형의 모순에 대해 고객들은 더 이상 좋게 넘어가거나 봐주지 않아요. 최근 몇 년 동안 디지털 기업들이 고객의 기대치를 높여놓았기 때문이죠.

'충성도를 높여라'에서 두 분이 심화시킨 리테일 4.0의 또 다른 핵심 주제는 불과 몇 년 전까지만 해도 효과가 있었던 고객 충성도를 획득하고 유지하기 위한 전략이 이제는 확실히 덜 효과적이라는 사실입니다. 오늘날 충성도는 지속적인 고객 만족에서 나오죠. 이는 서비스의 품질 및 모든 '문제'를 신속하고 효과적으로 관리할 수 있는 능력과 연결됩니다. 그리고 이러한 충성심이야말로 재구매에 대한 그 어떤 인센티브보다 더 강력한 열쇠입니다.

Q. 이러한 상황에 대하여 몬다도리는 어떻게 대처하고 있습니까?

A. 디지털화는 독자들의 소비 태도를 근본적으로 바꿔놓았습니다. 매우 저렴한 전자책의 등장 덕분에 사람들은 책을 대량으로 구입하고 나중에 가서 어느 책을 실제로 읽을지 결정하게 됐죠. 요컨대 과거에 비해, 제가 안타깝게도 '일회용'이라고 표현할 수밖에 없는 소비 방식의 확산을 서점 분야에서도 일어나고 있는 것입니다.

서점의 역할이 뒤로 밀려나게 된 것도 물론 이런 이유 때문이기도 합니다. 얼마 전까지 사람들은 서점에 들어가 유능하고 열정적인 직원을 만나 어떤 책을 살지에 대한 유익한 조언을 듣고자 했습니다. 그러므로 독자들에게 서점에 갈 실질적인 이유를 제공하는 경험을 설계하고 대중과의 상호작용에 가치를 부여할 수 있는 조언자로서의 역할을 서점 운영자에게 되돌려주는 것이 우리의 과제라고 저는 생각합니다. 두 분은 '명소가 되라'에서 이 개념을 매우 명확하게 표현하셨지요. 매장이 차별성 있는 가치 제안을 할 수 없다면, 매장은 디지털 플랫폼의 폭넓은 제안 및 실용성과 경쟁할 수 없기 때문에 결국 굴복하고 말 것입니다. 이러한 새로운 상황에서 중요한 위치를 확보하기 위해 서점은 독서가들이 공통의 관심사를 공유하기 위해 만나는 장소로 탈바꿈해야 합니다. 책은 온라인으로도 구입할 수 있지만 어쨌든 서점은 독서의 경험을 확장하기 위한 물리적 만남의 장소 역할을 할 수 있을 것입니다.

매장의 기능에 대한 이러한 재해석은 다양한 제품군에서 독자의 선택을 단순화하는 방식으로 나타납니다. 특정 독자의 프로필 혹은 특정 상황과 연결하여 책을 재분류하는 것이죠. 그렇게 해서 우리는 이제 막 엄마가 된 여성들을 위한 책, 할머니의 동화, 주말에 읽을 책 등의 코너를 신설했습니다. 우리가 가고 있는 방향은 두 분이 '인간 중심이 되라'에서 말씀하신 그 방향입니다.

매년 우리 서점들은 약 2,000개의 이벤트를 개최하여 우리 고객이든 아니든 열정적인 독자들과 만나서 교류하는 기회를 만듭니다. 우리가 빠뜨릴 수 없는 또 다른 혁신은 옴니채널 전략입니다. 우리는 디지털 네이티브 경쟁자와 직접 충돌하지 않고 오히려 우리 자산의 특수성인 지역 서점 네트워크를 활용하여 경쟁력을 회복하게 해줄 차세대 옴니채널 플랫폼 구축을 위해 노력하고 있습니다. 목표는 매장을 독자의 고객 여정과 조화롭게 그리고 자동으로 통합하여 온라인에서는 얻을 수 없는 고부가가치 서비스를 제공하고 우리 제품과 관련된 독점적 경험을 선사하는 것입니다. 한 독자가 몬다도리 스토어에서 자신이 좋아하는 작가를 만나 사인받을 때, 이 사람이 구입하는 책은 그 '기능'을 훨씬 뛰어넘어 그 순간을 추억하는 기념물이 됩니다. 콘서트에서 어떤 밴드의 캐릭터 상품을 살 때나 우리가 어떤 도시를 기억하기 위해 기념품을 살 때처럼 말입니다.

Q. 향후 3년에서 5년 동안 어떤 진화가 일어날 거라고 보십니까?

A. 두 분이 책에서 제안하신 법칙들 중 세 가지를 빌리자면, 저는 큐레이터가 되고 개인화된 제안을 설계하며 자기 자신을 용기로 무장하는 것이 소매 업체의 기본 요건이라고 생각합니다. 좀 더 정확히 설명드리죠. 서점은 '큐레이터가 되라' 법칙을 주의 깊게 따라야 하며, 한편으로는 제안의 독창성을 확립하고 다른 한편으로는 유동적인 방식으로 교차 판매를 촉진할 수 있는 제품과 서비스 간의 조합을 만드는 데 투자해야 합니다. 그리고 이 모든 것을 옴니채널 관점에서 볼 때, 디지털적인 것과 물리적인 것 사이의 시대착오적인 구분은 의미가 없습니다. 우리는 각 개인의 요구에 실질적으로 맞춤화된 제안을 내놓기 위해 예측 분석 기법을 활용하되, 사생활을 침해한다고 느껴지는 일은 피해야 합니다.

결론적으로 비즈니스의 미래를 바라볼 때 용기 없이는 아무것도 할 수 없습니다. 마지막 법칙인 '대담해져라'에서 지금과 같은 불확실한 순간에 반드시 취해야 할 태도에 대해 두 분이 효과적으로 요약하셨지요. 기업이 자신의 가치 제안에 의문을 제기하거나 개선하지 않은 채 현재의 경쟁 기준만을 고수한다면, 그 기업 앞에는 내리막길이 있을 뿐입니다.

20
나뚜찌

나차리오 포치
나뚜찌 디비전 최고책임자

부문: 가구
2017년 매출: 4억 5,000만 유로
매장 수: 직영점 63개
natuzzi.com

Q. 리테일 4.0은 당신에게 무엇을 의미하나요?

A. 최근 2~3년은 급진적이고 기하급수적인 변화를 맞은 시간이었습니다. 무엇보다 먼저, 저는 기업이 고객에게 다가가기 위한 전략에 대해 생각합니다. 과거 이러한 행동은 특정한 역학을 따랐으며 그 결과는 합리적으로 예측할 수 있었습니다. 오늘날에는 진정한 혁명이 일어나 수년에 걸쳐 굳어진 마케팅 전략을 바꿔야만 하는 상황에 처했죠. 오늘날 관리자들은 4~5년 전에 사용했던 전략과는 완전히 다른 전략을 채택해야 하며 이를 위해서는 당연히 다른 능력, 다른 접근 방식 및 다른 관리 방식이 필요합니다. 따라서

저는 리테일 4.0 개념을 파악하기 위해서는 우선, 오늘날 마케터가 가져야 하는 뛰어난 기술적 능력에 대해 고민해야 합니다. 시간을 거슬러 올라가보면 과거 마케터의 작업은 객관적으로 덜 복잡했고 기업이 다가가고자 한 소비자는 비교적 단순하게 표현될 수 있었습니다.

반면, 오늘날 고객 세분화는 굉장히 복잡한 활동입니다. 우리는 유동적이고 민첩하고 분류하기 어려우며 거의 예측할 수 없는 선택을 하는 소비자 사이에서 최대한 효율적인 관리를 해야 합니다. 더욱이, 고객 집단이 정의된다고 해서 끝이 아니죠. 언제, 어디서 어떻게 고객에게 다가갈지의 문제가 이어집니다. 또한 접점의 확산은 소비자와 상호작용할 수 있는 수많은 기회를 열어주었습니다. 이렇게 복잡한 상황에서 발생할 수 있는 위험은 브랜드의 정체성과 이미지가 희석되는 것입니다. 과도한 선택과 글로벌 경쟁이 난무하는 세계에서 경쟁우위의 유일한 원천은 바로, 브랜드만의 고유한 가치 제안이라고 할 수 있습니다. 따라서 브랜드를 지키는 사람의 책임은 브랜드의 고유함을 지키는 것과 디지털 혁신으로 탄생한 '새로운 소비자'와 상호작용할 기회 사이에서 균형을 찾는 일입니다.

최근 몇 년 동안 소매업에 영향을 미치고 있는 또 다른 중요한 변화는 마케팅이 기업의 최우선순위로 부상한 것입니다. 다른 많은 부문에서도 그렇듯이 가구 부문에서도 크리에이티브 디렉터의 선택이 역사적으로 브랜드의 성패를 결정했습니다. 디지털 시대에는 마케팅이 그와 마찬가지로 중요해졌고 오늘날에는 나아가 비즈니스의 번영이나 쇠퇴를 결정하는 요소가 됐습니다. 문제는 최고경영진이 디지털 기술을 개발할 기회가 없었기 때문에 이러한 새로운 상황에서 크리에이티브 디렉터 및 마케팅 디렉터를 선택하는데 어려움을 겪는 경우가 흔하다는 것입니다.

Q. 이러한 상황에 대하여 나뚜찌는 어떻게 대처하고 있습니까?

A. 2016년, 입소스IPSOS의 조사는 가구 부문에서 나뚜찌를 세계에서 가장 잘 알려진 글로벌 브랜드로 선정했습니다. 이것은 확실히 위대한 성취이지만 우리는 이러한 영예에 안주할 생각이 없습니다. 저는 우리 같은 브랜드가 항상 기술 및 디지털 혁신을 견지하면서 창의적 접근 방식을 사용하고 카테고리의 경계를 계속해서 재정의해 나가는 것이 본질적으로 중요하다고 생각합니다.

우리는 주문 제작 방식을 핵심 비즈니스로 삼아 집중함으로써 디지털 전환에 대응하기로 했습니다. 그렇게 우리는 현재 사용자 경험을 개인화하는 데 많은 투자를 하고 있습니다. 디자인 외에도 우리의 가치 제안은 집의 넓이와 스타일에 따라 적합한 제품을 구축하고 선택할 수 있게 하는 등의 독창성을 강점으로 합니다. 실제 HD 화질의 3D 구성 소프트웨어를 출시하여 물리적 공간의 한계를 훨씬 뛰어넘는 시각적이고 정서적인 경험을 고객들에게 제공한 바 있습니다. 그리고 이러한 혁신으로 직원들이 일자리를 잃지 않도록, 기술이 직원들의 능력을 강화할 수 있도록 혁신과 나란히 직원 교육도 진행됩니다.

Q. 향후 3년에서 5년 동안 어떤 진화가 일어날 거라고 보십니까?

A. 현재 우리는 불확실성의 시대를 살아가고 있기에 불안정성을 관리하는 능력과 지속적인 테스트 앤 런test-and-learn의 관점에서 끊임없이 실험할 수 있는 용기를 길러야 합니다.

더욱이 저는 우리가 최근 과거의 논리를 전복시킬 리테일 전략을 점점 더 목도하게 될 것이라고 생각합니다. 리테일은 수익 창출에 초점을 맞춘 유통 모델로 탄생했으며, 다양한 부문과 다양한 시장에서 처음에는 고객 유치customer acquisition 모델로, 나중에는 각 고객의 평생 가치lifetime value를 극대화하기 위한 고객 참여customer engagement 모델로 점진적으로 진화했습니다. '원활하게 하라'에서 강조한 것처럼 다음 단계는 수많은 디지털 및 물리적 접점의 전략을 통해 사람들과 직접 만나는 D2Cdirect-to-customer 비즈니스 모델입니다. 그러한 구조에서 매장은 어떤 경우에든 매우 중요한 역할을 차지하죠. 그렇지만 다양한 상품을 보여주기 위한 대형 매장의 필요성은 점점 낮아지고 반대로 소비자와의 복잡한 상호작용을 통해 가치를 창출할 수 있는 통합 비즈니스 모델의 구축은 더욱더 중요해질 것입니다.

깔때기 입구에서든 리타깃팅의 단계에서든, 고객에게 다가갈 수 있는 분야는 가까운 장래에 기하급수적인 진화를 경험하게 됩니다. 특히 리타깃팅 부문에서는 전통적인 스프레이 앤 프레이spray-and-pray(물뿌리개처럼 여기저기 뿌린 뒤, 결과는 운에 맡기고 기도하는 방식-편집자) 마케팅 전략을 메시지 중심 전략으로 바꿀 수 있는 순간이 올 겁니다. 이는 데이터의 활용으로 개인화된 메시지를 만들 수 있게 됐기 때문이지요.

우리는 비록 미래의 매장이 어떨지 알 수는 없지만 매장 성패의 핵심은 방문자가 브랜드 및 제품과 상호작용하는 매 순간, '와우!'를 외치게 하는 것임은 잘 알고 있습니다. 매장 방문의 그 어떤 순간도, 무익하고 비효율적이거나 불필요한 경험의 순간으로, 다시 말해 특색 없고 일반적인 경험으로 버려져서는 안 됩니다. 리테일의 전체 플랫폼은 매 순간, 자기만의 개성을 가진 각 개별 소비자의 기대치를 뛰어넘을 때에만 존재할 이유가 있습니다.

21
사필로 그룹

안젤로 트로키아
CEO

부문: 안경류 | 2017년 매출: 10억 유로
매장 수: 10만 개
safilogroup.com

Q. 리테일 4.0은 당신에게 무엇을 의미하나요?

A. 최근 몇 년 간의 주요 변화 중 하나는 기업의 관심이 생산 단계에서 판매 단계로 이동했다는 사실입니다. 몇 년 전까지만 해도 대기업은 품질 좋은 제품을 만드는 데 대부분의 에너지를 바쳤고, 그런 다음 이를 유통하고 홍보할 수 있었지요. 반면에 오늘날 대중은 전자상거래의 부상과 배송 서비스 및 AS의 발전으로 제품의 품질과 가용성을 전제 조건으로 삼는 경향이 있습니다. 제품이 시장에 노출되는 방식에도 변화가 일어났죠. 이러한 관점에서 마케팅 전략도 브랜드와 고객 간의 관계를 점진적으로 개인화하는 방향으로

진화해야 했습니다.

특히 중요한 두 번째 요소는 고객 경험의 측면에서 기대치를 높이는 것입니다. 구매 행동은 몇 년 전까지만 해도 생각지도 못한 방식으로 진화했으며 브랜드는 여기에 적응할 수밖에 없었습니다. 예를 들어, 우리와 같은 분야에서는 소비자의 모순된 행동들도 받아들여야 합니다. 사람들은 유행하는 안경을 쓰면서도 자신이 개성 있다고 느끼고 싶어 하죠. 생각해보면 본질적으로 양립할 수 없는 요구 사항인데 말이에요. 제품이 멋지려면 거의 항상 어느 정도의 확산, 그러니까 어느 정도의 표준화가 필요하기 때문입니다. 이는 기업에 강한 압력으로 작용합니다. 이런 모순에 대처하는 유일한 방법은 문화적인 미묘한 차이에 초점을 맞추어 고객 경로를 주의 깊게 분석하는 것입니다. 이러한 역학이 과소평가되면 고객은 제품이 차별성 없다고, 문화적 맥락에 맞지 않는다고 인식하기 때문에 제품을 거부할 위험이 있습니다. 그러므로 국제적인 브랜드의 과제는 여러 지역 사회에서 강조되는 의미들이 풍부한 제품을 만드는 것입니다.

Q. 이러한 상황에 대하여 사필로는 어떻게 대처하고 있습니까?

A. 안경은 기능적인 물건 또는 심지어 의료 기기로 인식됐다가 자신의 개성을 표현할 수 있는 디자인 및 패션 액세서리로 넘어가면

서 크게 발전했습니다. 저는 안경이 고급스러움의 세계로 가는 관문이 되며, 안경에는 장인 정신과 테크놀로지, 세부 사항에 대한 고도의 주의력 등이 모두 담겨 있다고 생각합니다. 안경 하나를 만드는 데 최대 200단계의 생산 공정이 필요하고 당사의 전문가들이 30~100개의 서로 다른 부품을 조립해야 한다는 점만 생각해봐도 충분히 알 수 있죠.

오늘날 소비자는 제품과 구매 경험의 독특함을 느낄 수 있는 틈새 브랜드에 점점 더 매력을 느끼고 있습니다. 무엇보다도 이러한 경험이 소셜 네트워크에서 공유될 때 더욱 그러합니다. 이렇게 까다로운 시장에 효과적으로 대응하기 위한 유일한 방법은 '개방형' 기업으로 이동하는 것입니다. '시너지 효과를 일으켜라'에서 명확히 강조하신 이야기지요. 과거에 우리 같은 기업들은 연구 개발, 제품의 생산 및 마케팅 전략과 판매 전략에 이르기까지 모든 측면에서 스스로를 자급자족하는 생태계로 인식했습니다. 반면에 오늘날은 오케스트라 지휘자가 되어야 합니다. 다양한 경제적 요인에 따라 수시로 내부 및 외부 상황을 조율해야 하는 것이죠. 이는 사고방식에 중대한 변화를 가져옵니다. 중요한 가치 사슬 단계에서 우리 회사가 할 수 있는 것보다 더 잘 할 수 있는 다른 회사들이 시장에 있다는 생각을 받아들이기란 쉽지 않습니다. 우리가 교육과 채용에 투자하고 있는 것은 바로 이 때문입니다.

현재 우리가 투자하고 있는 영역은 고객 프로파일링입니다. 여기서도 우리는 일종의 모순을 목격하고 있습니다. 즉, 사람들은 자신의 개인 정보 보호에 점점 더 주의를 기울이면서도 기업에게는 개인화된 경험과 제품 및 서비스를 제공해달라고 요구하죠. 이러한 이유로 우리는 판매 캠페인을 최적화할 수 있는 비즈니스 인텔리전스 도구를 사용하고 있지만 동시에 사생활 보호에도 만전을 기하고 있습니다. 우리의 포부는 피드백에서 '피드포워드'로 이동하여, 비효율성을 최소화하고 고객에게 유용한 아이디어를 전달하여 의미 있는 결과를 도출하는 것입니다.

Q. 향후 3년에서 5년 동안 어떤 진화가 일어날 거라고 보십니까?

A. 우리는 유동적인 조직 모델을 받아들여야 할 것입니다. 디지털 시대의 속도에 맞춰 '연구-시제품화-테스트-출시-생산-유통'의 주기를 크게 단축해야 합니다. 그래야만 사람들의 신뢰를 얻을 수 있으며, 고객을 알고, 개인 정보를 침해하지 않으면서도 고객의 요구를 바탕으로 제안을 개인화할 줄 안다는 것을 보여줄 수 있습니다.

제가 중요하다고 생각하는 또 다른 도전 과제는 '원활하게 하라'에 요약되어 있습니다. 다양한 미디어의 영향력 차이를 고려하면서 브랜드와 사람들 사이의 수많은 접점을 일관되게 관리하는 것이죠. 이러한 역학들을 이해하고 관리하는 데 필요한 전문성과 도구들을 모든 기업이 가지고 있지는 않기 때문에 이는 확실히 어려운 과제입니다. 그리고 이것들을 외부에서 찾는 경우에도 그러한 협업이 쉽지는 않습니다. 제가 도전 과제라고 부르는 이유가 바로 이 때문입니다. 그 외에도 장비와 기술에 대한 점진적이면서도 안정적인 업데이트가 필요할 것입니다.

22
밀라노 공항 SEA
[리나테 및 말펜사 공항]

피에트로 모디아노
회장
부문: 운송 및 서비스
2017년 매출: 7억 유로
매장 수: 195개 (쇼핑 갤러리)
seamilano.eu/it

Q. 리테일 4.0은 당신에게 무엇을 의미하나요?

A. 우리의 소매 모델은 한 가지 목표를 특징으로 합니다. 보안 검사와 탑승 사이의 단계를 최대한 쾌적하게 만들어 승객이 여행 전에 필요한 모든 것을 구매할 수 있도록 하는 것입니다. 물론 이것은 '기능적인' 측면에서 단순한 제품 및 서비스 제공을 말하기도 하지만 우리의 경우에는 그 이상을 의미합니다. 바로 이탈리아 국내선과 국제선을 이용하는 탑승객들에게 탁월한 경험을 선사하는 것이죠. 연간 3,000만 명 이상이 드나드는 이 두 공항에 이러한 선순환을 일으키는 유일한 방법은 공항이 가진 전형적인 제약 안에

서 대중의 요구를 최대한 완벽하게 결합하는 것입니다. 기술 혁신이 조화로운 방식으로 적용되고 사람들에게 명확한 혜택을 제공하는 한, 리테일 4.0은 물리적 세계와 디지털 세계의 융합에서 분명한 기회를 만들어냅니다.

이러한 관점에서 우리는 '보이지 말라'의 개념을 완전히 수용합니다. 기술이 받아들여지기 위해서는 그 복잡성을 숨겨서 보이지 않을 정도까지 만들어야 하기 때문입니다. 공항을 이용하는 사람들 대부분은 공항에서 행해지는 '정상적인' 모든 절차에 그다지 익숙하지 않습니다. 우리는 이 부분에 큰 관심을 기울여 애로 사항을 줄이고 간편함이라는 이름의 프로세스들을 개발해야 합니다.

또한 우리는 고객에게 원활한 서비스를 제공해야 합니다. '원활하게 하라'에서 잘 말씀하셨듯이, 사람들은 불필요한 기다림이나 필요 이상의 긴 줄을 서지 않고 마찰 없이 움직일 수 있는 경험을 원합니다. 또한 최대한의 명확성과 투명성을 원하죠. 또한 서비스의 관점에서도 원활하다는 것이 중요합니다. 이는 반대로 물류 및 조직이 엄청나게 복잡한 시스템을 갖춰야 함을 의미합니다.

Q. 이러한 상황에 대하여 SEA는 어떻게 대처하고 있습니까?

A. 우리의 관심은 승객에게 더 집중되어야 합니다. 저는 '큐레이터가 되라'를 훨씬 더 넓은 의미로 생각하고 있어요. 즉, 사람들을 위

한 서비스 공급은 물론이고 이를 넘어서서 사람들을 '돌보는' 것으로 해석합니다. 저는 이것이 우리 사고방식의 본질적인 부분이라고 믿습니다. 이것은 매우 전략적인 선택입니다. 다른 우수한 공항들도 이러한 방향으로 움직이고 있다는 사실이 그 방증이죠. 리나테와 말펜사 공항에서는 매우 긴 대기 줄이 생기면 그 즉시 고객 서비스를 활성화합니다. 직원들을 보내 비행기를 놓칠까봐 불안해하는 사람들을 안심시키는 것이지요.

보다 일반적으로는 국제선이 주로 다니는 말펜사 공항을 위해 강력하고 독특한 정체성을 구축하는 데 주력하고 있습니다. 우리 공항을 거쳐 가는 사람들이 즐겁고 만족스럽고 가치 있는 경험을 하기를 바랍니다. 여기서 디지털이 중요한 역할을 할 수 있습니다. 우리는 이탈리아 관세청과 협업해 말펜사 공항에 세금 환급을 간소화하는 시스템을 개발했습니다. 이 시스템 도입 전에는 여행객들은 먼저 세관에 가서 도장을 받고 환급 데스크로 가서 최종적으로 환불을 요청해야 했습니다. 그러나 오늘날 이 프로세스는 간편화의 기치 아래 역전됐습니다. 모든 소매 업체는 의무적으로 국세청 및 세관에 연결되어 있어, 고객이 공항에 도착할 때에는 이미 고객이 산 물건에 대한 모든 데이터가 시스템에 저장되어 있죠. 이는 디지털의 의식적인 사용이 모든 사람에게 실질적인 혜택을 가져다줄 수 있는 훌륭한 사례라고 생각됩니다.

고객 커뮤니케이션 관리 역시 우리에게 매우 중요한 부분입니다. 이는 소셜 미디어를 시의적절하고 정확하며 전문적으로 사용한다는 의미입니다. 그러나 우리에게 사회적이라는 것은 이뿐만이 아니라 우리가 활동하는 사회적 맥락과도 관련이 있습니다. 이는 더욱이 두 분도 '인간 중심이 되라'에서 제안하신 바 있지요. 예를 들면, 우리는 스칼라 극장과 협력해서 말펜사 공항 내부에 무대를 마련하여 하루 동안 가에타노 도니체티의 〈사랑의 묘약〉을 공연했습니다. 이 행사는 TV 생중계로 방송되기도 했으며 우리의 예술 및 문화 보호 전략을 가장 잘 보여주는 행사였죠.

제가 인용하고 싶은 또 다른 사례는 보통은 비행기로 이동하는 활주로를 따라 10킬로미터를 달리는 야간 경주인 밀라노 리나테 나이트 런Milan Linate Night Run 행사입니다. 우리는 이러한 독특한 이벤트들이 시민과 기관 그리고 우리처럼 지역에 강한 영향을 미치는 서비스 제공자들 사이의 관계를 공고히 하는 데 기여할 수 있다고 믿습니다.

Q. 향후 3년에서 5년 동안 어떤 진화가 일어날 거라고 보십니까?

A. 미래에 필수적인 것은 브랜드, 제품, 교육이라는 세 가지 요소의 완벽한 조합입니다. 저의 목표는 기술을 이용해 공항을 특별한 공간, 시간을 보내고 싶은 공간으로 재창조하는 것입니다. 그래야만 소비자들이 만족스러운 경험을 할 수 있겠죠.

우리 공항은 하나의 시장과도 같습니다. 사실 주차장을 제외하고는 우리가 직접 판매하는 것은 하나도 없습니다. 이런 이유로 우리는 공항에 거주하는 상인들을 위한 일종의 플랫폼이 되고자 합니다. 그리고 우리의 디지털 지원 덕분에 우리의 쇼핑 갤러리 내에 입점한 브랜드가 소비자에게 가치 있는 제안을 하고 서비스 및 커뮤니케이션을 개인화할 수 있도록 돕고 싶습니다.

23
시세이도 그룹

알베르토 노에

유럽, 중동 및 아프리카 지역 부지사장

부문: 화장품 및 뷰티 제품
2017년 매출: 80억 유로
매장 수: 1만 8,000개
shiseidogroup.com

Q. 리테일 4.0은 당신에게 무엇을 의미하나요?

A. 몇 년 전까지만 해도 화장품 부문의 소비자들은 블로그와 커뮤니티를 통해 알게 된 제품에 대해 큰 관심을 보였습니다. 많은 사람들이 이러한 플랫폼들을 마케팅 및 커뮤니케이션의 미래로 서둘러 정의했죠. 사실은 그 반대임이 드러났습니다. 사용자들은 온라인에서 얻은 조언과 추천이 실제로 사용해볼 때 반드시 효과가 있는 것은 아니라는 점을 곧 깨달았어요.

이는 개개인의 피부 상태가 다 다르며 이러한 특성은 수많은 환경적, 경제적 요인(대기오염에서 스트레스에 이르기까지)에 따라 결정

됩니다. 바로 이 때문에 사람들의 특정한 요구에 세심한 주의를 기울여 개발된 제품과 서비스는 독보적인 입지를 확보할 수 있었습니다. 사실 두 분이 '개인화하라'에서 설명하신 내용이 저희 업계에 완전히 들어맞아요. 고객 맞춤화는 우리가 추구해야 하는 최소한인 반면, 개인화는 진정한 목표이지요.

소비자들은 화장품 회사에게 매우 신속하고 거의 즉각적인 답변을 요구합니다. 그들은 더 이상 '어떻게 바르는지'가 아니라 '얼마나 나한테 어울리는지'에 관심이 있어요. 이러한 이유로 안면 인식 및 빅데이터에 관련된 기술이 점점 더 인기를 얻고 있습니다. 따라서 리테일 4.0을 구현하려면 관련성 높고 중요하며 과학적 근거가 있는 답변을 실시간으로 제공할 수 있어야 합니다. 물론 이것은 전혀 간단한 문제가 아니죠.

Q. 이러한 상황에 대하여 시세이도 그룹은 어떻게 대처하고 있습니까?

A. '인간 중심이 되라'에서 제안한 바를 우리 식으로 해석한 흥미로운 정책이 있습니다. 바로 일본에 있는 우리의 연구 개발 센터를 대중에게 개방한 것입니다. 이는 센터 내에서 진행 중인 활동에 개방성과 투명성을 부여하기 위해 다른 한편으로는 소셜 커뮤니티를 통해 타깃 고객들에게 다양한 정보를 얻기 위함이었습니다. 우리는 사람들이 우리 연구소에서 '비밀의 묘약'이 개발된다고 생각하

지 않았으면 했습니다. 반대로 사람들의 요구에 귀를 기울이고 주요 프로젝트를 그들과 공유하고 선순환적인 교류를 활성화하고 고객과 대화를 시작할 수 있는 열린 공간을 만드는 것이 중요하다고 생각했습니다.

우리가 점점 더 직면하고 있는 또 다른 변화는 전자상거래입니다. 우리는 이러한 변화에 발맞춰 일련의 전략적 선택을 했습니다. 매장에 투자를 집중하는 한편 온라인 소매의 주요 종합 플랫폼과의 파트너십을 강화하는 것이었습니다. 기본적으로 디지털 채널을 활용하여 제품을 마케팅하면서도 '명소가 되라'에서 보여주신 내용과 마찬가지로 오프라인 매장 내 사람들과 가치 있는 관계를 구축하기 위해 더 많은 노력을 기울입니다. 그러나 디지털 채널의 경우, 독점 플랫폼의 개발을 위해 대규모 투자를 하는 것을 전략적 우선순위로 생각하지는 않습니다.

'충성도를 높여라'에서 강조하셨듯 고객 충성도를 높이기 위한 여러 전략들도 시행 중입니다. 저는 오늘날 이것이 순전히 기브 앤 테이크의 문제라는 데 동의합니다. 예를 들면, 이탈리아 최고의 고객들과 깊고 안정적인 관계를 구축하기 위해 해마다 우리는 밀라노의 리나쉔테 백화점에 여섯 개의 부스를 설치해 최고의 일본 뷰티 전문가들을 배치합니다. 그런 행사를 개최하는 이유는 소비자가 일본 최고의 전문가와 함께 전용 공간에서 가장 독특한 경험을 할 수 있도록 하기 위해서입니다.

우리는 또한 개방형 혁신 분야에도 적극적입니다. 고객의 기대치는 우리가 기술로 충족시킬 수 있는 수준보다 더 빠르게 진화합니다. 우리가 혁신적인 스타트업을 인수하게 된 이유는 바로 이 때문입니다. 예를 들어 매치코MATCHCo는 캘리포니아의 스타트업으로, 피부를 스캔하여 이상적인 파운데이션 제품을 개발하는 회사죠. 우리는 이 기술을 미국 브랜드인 베어미네랄bareMinerals과 성공적으로 결합하고 있습니다. 이 회사는 시세이도 그룹이 인수한, 미국 시장에서 여섯 번째로 인기 있는 메이크업 브랜드죠. 우리는 고객의 관점에서 제품과 서비스 부문 사이의 경계가 점점 흐려지고 있다고 단언합니다. 이러한 이유로 화장품의 한계를 넘어, 고객의 선호도를 따르거나 예측하여 고객을 놀라게 하겠다는 목표로, 다른 기업 및 다른 분야와 파트너십을 맺는 것을 좋아합니다. 이 아이디어는 사람들의 열정과 우리 브랜드 사이에 다리를 놓겠다는 뜻이기도 하죠. 예를 들어, 돌체 앤 가바나 뷰티Dolce & Gabbana Beauty, 자딕 앤 볼테르 퍼퓸Zadig & Voltaire Parfums 및 밀라노에 있는 호텔 갈리아Hotel Gallia의 스파 같은, 시세이도 인지도와 브랜드 고려를 높이기 위한 사업들은 이러한 관점에서 읽혀야 합니다.

Q. 향후 3년에서 5년 동안 어떤 진화가 일어날 거라고 보십니까?

A. 앞서 저는 많은 접점들을 통해 일관된 경험을 전달하는 것이 중

요하다고 말했습니다. 향후 몇 년 동안은 글쎄요, 다른 수많은 회사들이 하고 있는 것과 마찬가지로 수집한 데이터를 통합하여 개인화된 서비스를 제공할 수 있도록 관련 기술 인프라를 갖추기 위해 투자해야 한다고 생각합니다.

더욱이 앞으로 우리 부문에서도 구글 홈 또는 아마존 에코와 알렉사 같은 대화형 인터페이스가 점점 더 중요한 역할을 하리라 믿습니다. 그래서 우리 그룹은 인공지능을 기반으로 하는 기술 개발을 통해 이 방향으로 나아가고 있습니다. 이러한 인공지능의 목표는 완벽하게 개인화된 페이스 크림을 만들고 사람과 자유로이 대화할 수 있는 진정한 뷰티 어시스턴트가 되는 것입니다. 이와 같은 서비스를 통해 소매 공간은 중요한 역할을 회복하여 '명소'가 될 수 있을 것입니다.

디지털 시대의 소매 업체는 옴니채널 방식을 채택하고 사람들의 필요, 욕구 및 기대를 충족시켜줄 수 있는 방식으로 자원과 프로세스와 가치 제안을 재조합해야 한다. 매장의 역할 또한 정확한 데이터 분석, 고객 경로 분석, 타깃 페르소나에 대한 자세한 연구를 바탕으로 재정의되어야 한다. 그래야만 가치 제안을 (재)정의하고 브랜드의 다양한 접점 사이를 원활하게 이동하는 고객 경험을 설계할 수 있다. 또 그렇게 해야만 기술과 디지털에 혁신적인 솔루션을 가져오는 조력자의 역할을 맡길 수 있다.

그리고 이러한 변화는 최종 사용자, 즉 고객이 어려움 없이 받아들이고 쉽게 삶에 적용할 수 있는 것이어야 한다. 그래서 사람들의 삶에 혁신적인 솔루션이 조화롭게 통합되어 삶을 개선하고 그 복잡성을 해결해야 한다.

일단 가치 제안을 강화하는 혁신의 목록이 정해지면 기업은 기술 분야뿐만 아니라 경제 및 사회 문화 분야도 포함하여 검증 단계로 나아가야 한다. 다시 말해, 우리가 제안하려는 솔루션이 기술적으로 실행 가능하고 경제적으로 지속 가능하며 사람들에게 중요한 것인지 항상 자문해야 한다. 그렇지 않으면 시간은 부족하고 대안은 넘쳐나는 세상에서 혁신은 실제 가치를 더하지 못하고 시장에서 거부당할 위험에 처한다. 초기의 호기심 단계가 지난 뒤에 빠르게 버려지는 경우가 그나마 가장 나은 케이스다.

또한 마케팅 및 커뮤니케이션 전략과 관련하여 소매 업체는 고객 경로에 많은 주의를 기울여야 한다. 오로지 사람들의 습관 및 미디어 취향 그리고 사람들이 각 접점에 부여하는 역할을 깊이 이해할 때만 적절한 시기에 적합한 채널을 통해 알맞은 대응을 하고 계획을 수립할 수 있다. 사람들에게 중요한 제품 및 서비스를 개발하고 브랜드가 관리하는 접점들을 적절하게 활용해야 소비자와 새로운 관계를 구축할 수 있다. 그리고 이러한 관계는 끊임없이 소비자와 소통하고 기업의 의사결정에 그 소비자의 요구를 중심에 둠으로써 활기를 띠게 된다.

이러한 접근 방식은 기업의 사고방식에 많은 변화를 가져왔다. 기업은 디지털 전환이 최근 수십 년 동안 의사결정의 기반으로 삼아왔던 기준들을 한순간에 쓸모없는 것으로 만들었다는 사실을 받

우리가 제안하려는 솔루션이
기술적으로 실행 가능하고
경제적으로 지속 가능하며
사람들에게 중요한 것인지
항상 자문해야 한다.

아들일 수밖에 없었다.

따라서 기업은 조직 전체의 모든 부문에서 기존의 탄탄한 기술에 새로운 기술을 접목하는 가장 효과적인 방법을 결정해야 한다. 그 결과 대부분의 기업이 개방형 혁신을 도입해 사업을 시작한다. 이때 개선 프로세스의 초기부터 새로운 아이디어를 더해줄 수 있는 외부 파트너와 적극적으로 협력하여 유동적이고 역동적인 환경을 만들어야 할 필요가 있다. 이는 가장 전통적인 기업에게도 예외가 아니다.

이러한 상황에서는 일정 정도의 실패율을 건설적으로 수용하는 자세가 중요하다. 실제로 개방형 혁신은 '해나가면서 배우는$^{learn-as-you-go}$' 접근 방식으로 새로운 솔루션을 실험한다는 의미다. 즉, 타깃 고객과의 소통 및 데이터 분석에서 얻은 피드백에 따라 가치 제안에 주기적으로 의문을 제기하고, 미개척 지역으로 들어가기 위해 안전지대에서 벗어나야 하는 것이다. 물론 이미 진행 중인 대부분의 아이디어가 보류될 수도 있겠지만 그러한 시도들은 우리가 미래를 개선하기 위한 경험이자 자극제로서 작용할 것이다. 이러한 목적에 필요한 투자는 그리 크지 않다. 사실, 디지털 기술은 에너지와 자원의 막대한 지출 없이도 프로토타입 및 검증 단계를 진행할 수 있게 해준다. 이는 전통적인 산업의 혁신 프로세스의 특징이다.

성공 사례 분석에 따르면, 최적의 결과를 얻기 위해서는 올바른 자원의 할당, 합의된 로드맵의 실행, 책임을 보장하는 최고 경영진의 강력한 참여가 필수적이다. 또한 혁신 프로세스를 탄생시키는 불씨라 할 수 있는 어느 정도의 긴박감도 있어야 한다.

다음에 제시된 전략적 프레임워크는 자신의 가치 제안을 디지털 시대에 맞게 조정하려는 모든 소매 업체에게 유용한 도구다. 여기서 각 기업은 디지털 요소와 물리적 요소를 지혜롭게 통합하여 이 새로운 시대에 맞춰 자신의 고유한 해석을 찾아내야 한다. 이 두 요소는 상호 배타적이지 않다. 우리가 알고 있는 세상의 논리는 디지털 전환의 논리와 함께 융합되고 재정의될 것이다. 그러나 이 책에서 지적했듯이 디지털이 모든 것이지만 모든 것이 디지털은 아니다.

기업은 이 프레임워크를 적용함으로써, '전환'의 경로를 따르는 것이 옳을지 아니면 일부 아날로그적 측면을 보존하고 그 가치를 높이는 '진화'를 선택하는 것이 더 효과적일지 여부를 매핑 단계에서 설정할 수 있다. 특히, 사람들이 점점 더 '결정적 자원'이 된다는 점을 인식하면서 가까운 미래에는 어떤 활동을 인공지능에 위임할지와 어떤 활동을 사람에게 맡겨야 할지를 이해하는 것이 중요하다.

우리가 제안하는 바는 모델의 처음 세 단계를 거친 뒤, 회사를 **'양손잡이 조직'**으로 구성할 수 있는 로드맵을 정의하라는 것이다. 양손잡이 조직은 스탠퍼드 경영대학원의 찰스 오라일리[Charles

전략적 프레임워크

01
매핑

고객 경로를 지도로 만들고 적절한 연구에서 파생된 데이터를 제 3자가 제공한 데이터와 결합, 활용하여 가장 대표적인 페르소나를 식별한다.

02
정의

제품과 서비스를 독특한 조합으로 결합하는 (새로운) **가치 제안**을 정의한다. 식별된 페르소나의 필요, 욕구 및 기대에 부합하는 모든 접점들에서 탁월한 고객 경험을 설계한다.

03
평가

이전 단계에서 정의한 것을 구현하기 위해 차이를 정량 및 정성 평 가하고 조직 부문 전체에서 정확한 **평가**를 수행한다.

04
계획 수립

단기, 중기 및 장기 목표, 취해야 할 조치, 다양한 단계에서의 관 리 책임자, 평가 지표 및 예산을 명확하게 나타내는 **로드맵**을 작 성한다.

05
테스트

프로토타입을 만들고 테스트하고 모든 접점에서 고객 경험을 지속 적으로 측정할 뿐만 아니라 실시간으로 수정하여 긍정적인 피드백 을 반복하게 해주는 **민첩한** 접근 방식을 채택한다.

06
혁신

지속적인 개선을 위해 고객 여정 및 소비자와의 소통을 지속적으 로 모니터링하면서 가장 큰 잠재력을 보여준 혁신을 점진적으로 구현한다.

출처: 리테일 4.0 전략적 프레임워크 (Kotler P., Stigliano G.)

O'Reilly와 하버드 경영대학원 마이클 투쉬만Charles Tushman이 만든 용어로, 한 손은 기존 사업으로 안정성을 추구하면서 또 다른 한 손으로는 스타트업처럼 혁신적인 새로움을 추구하는 조직을 말한다. 현재의 비즈니스를 효율적으로 관리하면서도 동시에 대체 경로를 추구할 수 있는 기업은 이 대체 경로 덕분에 향후 수요 변화에 알맞은 조치를 취할 수 있다. 이러한 방식을 따른다면 기업의 안정성은 위협받지 않으며 불확실한 상황에서 심해지는 경향이 있는, 위험에 대한 막연한 적대감에 건설적으로 대응할 수 있다. 동시에 조직은 트라우마 없이 미래를 수용할 준비를 하고, 가장 성공적인 경우에는 필요와 욕구를 예측하여 수요에 대처할 수 있을 것이다.

그러한 의미에서 추구해야 할 다양한 인사이드 아웃inside-out 모델이 있다. 예를 들어, 혁신 팀 또는 우수 센터 등을 설립하는 것이다. 그 안에서 직원은 동료와 함께 참여하고 변화의 주체로서 행동한다. 또는 사내 기업가 프로그램intrapreneur program이나 '비즈니스 인큐베이터'를 만들 수도 있다. 둘 다 직원의 기업가 정신을 자극하고 제3자의 자원을 지렛대로 삼아 위험의 줄이기 위해 도입하는 대표적인 방식이다. 이와 반대로 전통적인 아웃사이드 인outside-in 모델도 있다. 이는 진화나 전환의 올바른 경로를 식별하는 데 있어서 기업을 지원하는 외부 컨설팅 회사와 협력하는 방식이다.

또한 직원 교육에 투자하고 새로운 전문가를 적극적으로 영입해 기업을 풍부하게 만들어야 한다. 이는 분야를 막론하고 모든 비즈니스에 적용된다. **비즈니스가 얼마나 전통적인지에 상관없이 로봇 공학 및 자동화, 가상현실 및 증강현실, 사물 인터넷, 웨어러블 기술, 3D 프린팅 분야의 전문가, 데이터 과학자, 인공지능 및 머신러닝에 있어서 특정 기술을 보유한 개발자, 사용자 경험과 사용자 인터페이스 디자이너 등이 없이는 디지털 전환은 물론이고 진화도 있을 수 없다.**

이들을 채용해야 하는 기업의 역할뿐만 아니라 이러한 전문가들의 역할 역시 중요하다. 자신이 가진 기술과 전통적인 기능의 조화로운 통합을 모색하면서 책임감 있는 자세로 일해야 한다. 이러한 융합을 위한 조건을 만든다는 것은 높은 수준의 '크로스 기능' 및 '크로스 미디어'를 받아들인다는 의미다. 기업은 전통적으로 따로 떨어져 교류하지 않는 부서들이 서로 소통할 수 있도록 조직 차원에서 준비를 해야 하며 정보가 원활하게 순환되고 데이터가 통합, 분류 및 공유되도록 해야 한다. 이러한 방식으로 이루어져야 디지털 시대의 복잡한 시장에서 운영에 점점 더 필수적인 조건이 되고 있는 옴니채널의 기반을 마련할 수 있을 것이다.

이러한 관점에서 기업은 각 부서의 기술과 책임을 존중하면서 이른바 '교차 수분cross-pollination(식물이 다른 개체의 꽃가루를 받아 수분하는 것처럼 타 분야와의 교류를 통해 새로운 아이디어와 영감을 받는다는 의미-편집자)'을 지원하고 사일로 형태의 부서 논리를 극복하는 민첩한 모델을 채택하여 누구나 개방적이고 협력적인 환경에서 자신의 역할을 할 수 있도록 해야 한다. 혁신의 추구는 관리자들만의

디지털 시대에
기업의 혁신을
책임지는 역할은 CEO가
맡아야 한다.

특권이 아니다. 창의성과 마찬가지로 혁신은 직책에 국한될 수 없다. 연구 개발 부서와 아무런 상관이 없던 사람들이 고안한 파괴적인 솔루션의 사례는 무수히 많으며, 경직된 조직 문화로 인해 흥미로운 기회들을 놓친 기업들의 사례는 더 많다. 디지털 시대에 기업의 혁신을 책임지는 역할은 최고경영자, 즉 CEO가 맡아야 한다. 패러다임 변화의 단계에서 혁신의 중요성은 그 정도로 큰 것이다.

이 책의 '들어가며'에서 언급했듯이, 우리는 많은 글로벌 기업 최고 관리자들과의 인터뷰뿐만 아니라 마이크로소프트의 유럽, 중동, 아프리카 지역 소비재 부문을 이끌고 있는 니나 룬드와의 고무적인 논의를 통해 리테일 4.0에 대한 우리의 성찰을 풍성하게 만들 수 있었다. 이로부터 소매 업체가 향후 몇 년 동안 관심을 집중해야 할 세 가지 차원을 도출했다. 첫 번째는 개별 회사에 대한 내용이고 두 번째는 경쟁 회사와 관련이 있으며 세 번째는 우리 모두가 처해 있는 가장 광범위한 세계적 상황과 연관된다.

1. **향후 몇 년간 기업은 옴니채널을 완전히 구현하기 위해 투자해야 할 것이다.** '원활하게 하라'와 '개인화하라'에서 우리는 개인화된 고객 경험, 즉 사람들에게 더 중요하며 소매 업체에게는 아마도 더 많은 수익을 창출해줄 고객 경험을 구축하기 위한 데이터 분석의 중요성에 대해 살펴보았다. 소매 업체가 이러한 기술의 잠재력에 대해 관심을 두게 된 것은 전자

상거래 덕분이다. 이제는 물리적 공간에 새로운 기술을 적용하고 온라인에서 얻은 데이터를 수집하고 처리하여 더 큰 부가가치를 가진 제품과 서비스를 제공할 때다. 매장 내 흐름을 모니터링하고 스마트폰을 통해 개별적으로 고객에게 다가가기 위한 센서의 설치, 사물 인터넷의 사용 등을 생각해볼 수 있다.

그러나 다시 한 번 말하지만, 핵심은 기술 자체가 아니다. 기술 혁신은 어디까지나 목적을 위한 수단이다. 그래서 우리는 완전한 옴니채널을 구축하기 위해 조직 내 사고방식의 변화가 필요하며 결과적으로 자원, 프로세스 및 가치의 재구성으로 이어져야 한다고 믿는다. 또한 소매 업체는 두 가지 주요 우선순위를 가지고 있다고 생각한다. 바로 고객 경로에서 실제 매장의 새로운 역할을 이해하는 것과 진정한 옴니채널 고객 경험을 설계하는 것이다.

2. **소매 업체는 API(응용 프로그래밍 인터페이스, 컴퓨터 공학에서 소프트웨어 간의 상호작용을 용이하게 하는 규칙 및 절차)를 만들고 공유해야 한다.** 앞서 '원활하게 하라', '시너지 효과를 일으켜라' 그리고 '한계를 극복하라'에서 우리는 기업이 매장의 물리적 한계를 넘어서서 '증가된' 가치 제안을 만들어내기 위해 제3자가 제공하는 제품 및 서비스와 원활하게 통합하는 생태계

를 구축할 필요가 있다고 강조했다. API 공유를 통해 다른 개발자가 자신의 코드를 사용하여 부수적인 제품 및 서비스를 만들 수 있도록 하는 것과 마찬가지로 소매 업체는 자신의 가치 제안을 대중에게 효과적으로 전달하기 위해 비즈니스 파트너에서부터 고객, 심지어 경쟁사들에 이르는 다른 이해 당사자들과 설계를 공유할 필요가 있다.

오늘날의 시장 경쟁은 과거와는 매우 다른 특성을 띠며 혁신 프로세스는 새로운 자양분으로 풍부해지고 있다. 따라서 API를 만들고 공유하는 것은 궁극적으로 디지털 시대의 번영을 위한 필수 조건이며 조직을 보다 유연하고 변화에 강하게 만든다.

다른 한편으로는 기업의 정체성과 브랜드 DNA를 보호하고 육성하기 위한 노력을 증가시켜야 한다. 앞으로 몇 년 내에 이는 브랜드에 더욱 결정적으로 작용할 것이다.

3. '인간 중심이 되라'와 '충성도를 높여라'에서 우리는 기업이 점점 커져가는 투명성에 대한 요구를 충족시켜야 한다는 점을 강조했다. 소비자의 힘이 증가하면서 이는 기업의 우선순위에 점점 더 큰 영향을 미칠 것이다. 몇 년 전, 레고는 가장 중요한 역할들에 여성 캐릭터의 비중을 늘리겠다고 발표하며 큰 화제를 불러일으켰다. 이는 한 일곱 살 소녀

의 편지가 사람들 사이에 입소문이 나 퍼지면서 가능해진 일이었다. 소녀는 레고에 여성 캐릭터가 너무 없고, 그나마 있는 캐릭터라고는 주부이거나 쇼핑객, 비키니 입은 여자뿐이라고 불평했던 것이다. **소비자는 이제 자신이 행사할 수 있는 힘의 크기를 이해하고 있으며, 앞으로는 더더욱 자주 기업에게 사회와 환경에 관심을 가지라고 요구할 것이다.**

사람들은 지속 가능한 행동의 필요성을 점점 더 인식하고 자신이 구매하는 물건과 서비스에 더 많은 주의를 기울이고 있다. 그들은 신뢰를 배신하는 브랜드를 기꺼이 보이콧할 의향이 있다. 이토록 연결된 세상에서 이것은 막대한 경제적 피해를 불러올 수 있다. 여기에서도 소비자의 주장이 주주의 이익에 반하기 때문에 결정적인 관점의 변화가 필요할 것이다. 기업은 자신이 유발하는 사회적, 환경적 충격을 돈으로 보상하는 행위로는 더 이상 소비자를 만족시킬 수 없다. 반대로, 기업의 사회적 책임은 지속 가능한 행동을 채택하고 사회적, 환경적으로 중요한 이슈에 대한 입장을 취하는 쪽으로 점점 더 넘어갈 것이다. 소비자들은 자신의 영향력을 행사하는 것에 대해 점점 더 명확히 인지하고, 그런 능력이 있음을 더 자랑스러워하며 기업은 이러한 소비자게 지속적으로 점검받게 될 것이다.

최고 관리자들과의 인터뷰에서 미래를 바라볼 때 가장 중요하다고 생각하는 법칙이 무엇이냐는 질문에 많은 사람들이 '대담해져라'를 뽑았다. 이것은 몇몇 기업에게는 가치 제안을 재조정하여 디지털 소비자의 선호도에 맞추는 문제이고, 또 다른 기업에게는 가치 사슬을 급진적으로 수정하는 문제일 것이다. 긍정적인 성과를 기록하고 있는 기업들도 타깃 고객과 끊임없는 소통을 통해 얻은 정보를 해석하면서 이러한 발전에 대해 성찰할 용기를 가지는 것이 중요하다. 디지털 시대의 복잡성은 그저 관망하고 배타적으로 반응하는 태도와는 절대 화합을 이룰 수 없다.

　따라서 우리의 마지막 조언은 고객의 영원하고도 정당한 불만족을 있는 그대로 받아들이라는 것이다. 그리고 진정한 부가가치 창출을 목표로 삼고, 진취적 기상과 실험적 접근 방식으로 새로운 시대를 맞이하라는 것이다. 미래를 위한 기회는 기술을 수단으로 여기는 태도, 동시에 겸손하고 야심 찬 태도를 가질 때에만 손에 잡힐 수 있다. 우리는 불안정성을 받아들일 용기, '가능성'과 '개연성'을 탐구할 용기, 이미 확립된 많은 이론과 기술을 '잊어버릴' 용기, 디지털 전환이 열 수 있는 지평을 호기심을 가지고 바라볼 용기를 가져야 한다. **이러한 결론적인 생각을 향후 소매 업체를 안내할 열한 번째 법칙으로 요약한다면 바로 '호기심을 가져라'가 될 수 있을 것이다.**

리테일 혁신을 주도할
11개 이탈리아 스타트업

BeMyEye

Checkout Technologies

Cikala

Cortilia

DIS

Else Corp

ReStore

Sixth Continent

Supermercato24

Viume

Xtribe

우리는 리테일 분야에서 혁신적인 제품 및 서비스를 제공하는 11개의 이탈리아 스타트업을 이 섹션에 모았다. 선정은 '스타트업이탈리아!' 팀에 의해 아래의 기준에 따라 신중하게 이루어졌다.

- 2013년 이후 설립된 경우
- 최소 한 차례의 투자를 유치했거나 매출액 기준 50만 유로에 도달 또는 초과한 경우
- 이탈리아에 본부를 두고 있거나 공동 창업자 중 적어도 한 명이 이탈리아인인 경우

BEMYEYE

비마이아이BeMyEye는 모바일 크라우드소싱 분야의 선도적인 애플리케이션이다. 이 기업의 비전은 매장과 거리에서 이미지와 데이터를 수집하는 효과적인 솔루션을 고객에게 제공하는 것이다. 이 이미지들은 100만 명이 넘는 '눈', 즉 사용자들을 통해 수집된다. 사용자는 예를 들어 슈퍼마켓에서의 올바른 프로모션 구현, 디스플레이 된 브랜드의 매장 점유율, 정기적인 광고 포스팅 실행 등과 같은 정보를 수집하는 대가로 보수를 받는다. 네 개의 주요 유럽 벤처 캐피털 펀드의 지원을

받는 비마이아이는 21개국에서 정보를 수집하고 있으며 밀라노, 런던, 파리, 마드리드 및 프랑크푸르트에 사무실을 두고 있다.

창업자 Gianluca Petrelli, Luca Pagano
www.bemyeye.com

CHECKOUT TECHNOLOGIES

체크아웃 테크놀로지스Checkout Technologies는 완전 자동화 결제 시스템을 갖춘 슈퍼마켓 구현을 목표로 하는 회사다. 컴퓨터 비전 기술 덕분에 매장 내에서 고객을 식별하고 고객의 행동을 추적할 수 있다. 진열대에서 집어온 제품은 자동으로 쇼핑 목록에 담기며 결제 시 사용자는 장바구니를 가지고 계산대 문턱을 넘기만 하면 된다. 그러면 이메일을 통해 영수증을 직접 받을 수 있다. 더욱이 이 스타트업의 기술을 통해 재고 및 공급 상황을 실시간으로 업데이트할 수 있어 제품의 낭비를 줄이고 수익성을 높일 수 있다.

창업자 Enrico Pandian, Jegor Levkovskiy
www.checkoutfree.it

CIKALA

치칼라Cikala는 소규모 소매 업체를 위한 근접 마케팅 서비스 애플리케이션이다. 이 스타트업은 매장 근처에 있는 사용자의 스마트폰에 개인화된 프로모션 메시지를 보내 소매 업체를 홍보하고 매출을 올리도록 해준다. 위치 정보를 통해 매장의 제안에 관심을 가질 수 있는 고객을 인식할 수 있지만 GPS는 사용하지 않는다. 실제로 치칼라의 플랫폼은 와이파이를 비롯한 다양한 기술을 혼합해 사용하여 폐쇄된 장소에서도 불과 몇 미터의 오차 범위로 기기의 위치를 식별한다.

창업자 Augusto Casillo, David Greco, Carmine Mattera
http://cikala.it

CORTILIA

코르틸리아Cortilia는 최고의 농업 및 수공업 생산자를 선정하여 신선한 제철 상품을 가정으로 직접 배송하는 온라인 마켓으로, 근거리 공급망의 모든 이점을 제공한다. 모든 상품들은 선정된 업체가 지속 가능한 방식으로 생산한 것이며 최고의 품질과 기술력을 자랑한다. 이 모든 것을 보장하기 위해 코르틸리아는 선정된 농산물 생산자를 소중히 여기며, 이들의 얼굴을 보여주고 스토리를 들려주면서 이전에는 불가능했던 생산자와 최종 소비자 간의 관계를 직접적인 관계로 발전시킨다.

창업자 Marco Porcaro
www.cortilia.it

DIS

DIS^{Design Italian Shoes}는 독특한 디자인의 수제화를 구매할 수 있는 온라인 마켓이다. 100퍼센트 '메이드 인 이탈리아'를 강점으로 내세운 이 스타트업은 완벽한 고객 맞춤화를 보장하는 3D 구성기^{3D Configurator} 기능을 제공하는 것이 특징이다. 이러한 과정을 통해 고객은 자신의 개성과 취향을 온전히 반영한 신발을 주문할 수 있다. 반면, DIS와 함께 일하는 구두 장인은 소유권에 대한 걱정 없이 디지털 및 해외 판매 채널을 이용해 신발을 판매할 수 있다.

창업자 Andrea Carpineti, Francesco Carpineti, Michele Luconi
www.designitalianshoes.com

ELSE CORP

엘스 코퍼레이션^{Else Corp}는 가상현실 플랫폼을 기반으로 한 B2B 스타트업으로, 패션 업계와 파트너를 맺고 개인 맞춤 의류를 생산한다. 파트너 스토어에 들어가면 소비자는 다양한 디자인의 맞춤형 의상과 신발을 입어보고 만져보며 선택할 수 있다. 소매 업체는 발 스캐너 및 가상 피팅^{virtual fitting} 기술로 고객 요구에 가장 적합한 의류를 제안할 수도 있다. 또한 소재, 디자인, 색상 등에서 개인 맞춤이 가능하다. 소비자가 자신의 취향에 맞춰 상품을 '구성'하면 양복이나 신발을 맞춤 제작할 제조 업체에게 전송된다. 이 기업의 서비스에는 주문을 수집하고 생산을 구성하는 IT 인프라 구축도 포함된다.

창업자 Andrey Golub, Andrea Silvestri
www.else-corp.com

RESTORE

리스토어^{ReStore}는 대형 유통 업체를 대상으로 하는 디지털 서비스 전문 회사다. 이 회사의 비즈니스는 고객 프로파일링 기술, 새 연락처 확보, 성과 지표 분석 및 지표의 추적을 통해 온라인 광고 캠페인의 성과를 개선하는 것이다. 또한 리스토어는 소매 업체와 브랜드에게 예산 최적화 및 세부 분석 서비스를 제공하여 지출을 최적화하도록 도와준다. 회사의 목표는 고객 기업이 더 많이 구매하고 '장바구니'의 평균 지출액을 높이도록 지원하는 것이다.

창업자 Barbara Labate
https://restore.shopping/

SIXTH CONTINENT

식스 컨티넌트Sixth Continent는 B2C 시장에서 모든 유형의 기프트 카드, 바우처, 교환권, 선불카드, 쿠폰을 물리적 및 디지털 형식으로 판매하는 이익 공유제profit-sharing 형태의 글로벌 플랫폼이다. 사용자는 직접 카드를 구매해 크레딧을 적립할 수 있을 뿐만 아니라 매일 로그인하거나, 카드에 대한 리뷰 작성, 새 친구 초대와 같은 간단한 활동으로 포인트를 얻을 수도 있다. 누적된 크레딧과 포인트로 사용자는 카드 가치의 최대 50퍼센트까지 결제할 수 있다. 또한 식스 컨티넌트는 자체 커뮤니티와도 수익의 70퍼센트를 공유하여 선순환을 촉진한다.

창업자 Fabrizio Politi
www.sixthcontinent.com

SUPERMERCATO24

수페르메카토24^{Supermercato24}는 이탈리아의 23개 이상의 도시와 400개 이상의 지역구에서 활동 중인 식료품 주문 및 배달 서비스 회사다. 이들은 하루 이내, 심지어 한 시간 이내 배송을 차별화 요소이자 강점으로 삼고 있다. 최근 2년 동안 수페르메카토24는 이탈리아 대형 유통 업체들과 15건 이상의 파트너십을 체결했다. 오늘날 이 회사는 매장과 동일한 가격으로 시장에서 가장 다양한 제품(6만 5,000개 이상의 품목)을 공급하고 있다.

창업자 Enrico Pandian
www.supermercato24.com

VIUME

비우미^{Viume}는 인간의 전문 지식과 머신러닝을 결합한 인공지능 어시스턴트를 통해 사용자가 상황, 개인적 특징 및 라이프스타일에 따라 가장 적합한 의상을 찾을 수 있도록 해주는 앱이다. 고객은 구매 후 세 시간이 안 되어 의상 또는 컬렉션 제안(고객의 니즈에 맞춘)이 담긴 상자를 받고 3일 동안 입어볼 수 있으며 최종 선택한 제품에 대해서만 돈을 지불한다.

창업자 Silvia Bardani
https://viume.co

XTRIBE

엑스트라이브Xtribe는 서로 가까이 거주하는 사람들끼리 제품과 서비스를 판매 및 구매할 수 있도록 만든 동네 장터 플랫폼이다. 단순한 매매 외에도 서로의 동의만 있다면 상품을 대여하거나 물물교환도 가능하다. 회사의 목표는 물리적인 만남을 통해 사용자들이 가능한 한 가장 짧은 시간 내에 추가 비용 없이 거래를 완료할 수 있도록 하는 것이다.

창업자 Enrico Dal Monte, Mattia Sistigu, Marco Paolucci
www.xtribeapp.com

들어가며 | 리테일 4.0 시대의 기업 생존 전략

Codeluppi V., *Lo spettacolo della merce. Dai passages a Disney World*, Bompiani, Milano 2000.

Desai P., Potia A., Salsberg B., *Retail 4.0. The Future of Retail Grocery in a Digital World*, McKinsey & Company Asia Consumer and Retail Practice, 2017.

IDC FutureScape: Worldwide IT Industry 2018 Predictions, IDC, 2017.

1부 디지털 시대가 바꿔놓은 리테일의 현재

Aashish P., *What Is Microtargeting?*, Feedough, 2018(https://www.feedough.com/what-is-microtargeting/).

Agan T., *Silent Marketing: Micro-targeting: a Penn, Schoen and Berland Associates White Paper*, WPP.

Campos R., Despite Amazon Brick Stores Are Not Dead Yet, Reuters, 18 novembre 2017(https://www.reuters.com/article/us-usa-stocks-weekahead/despite-amazon-brick-stores-are-not-deadyet-idUSKBN1DH2R4).

DalleMule L., Davenport T.H., *What's Your Data Strategy?*, "Harvard Business Review", maggio 2017(https://hbr.org/2017/05/whats-your-data-strategy).

Goodwin T., *Digital Darwinism: Survival of the Fittest in the Age of Business Disruption*, Kogan Page, London 2018.

Grauer Y., *Chi sono i "data broker" e perché vogliono informazioni su di noi?*, Motherboard, Vice Italia, 2018(https://motherboard.vice.com/it/article/bjpx3w/chi-sono-i-data-broker-siti-raccolgono-e-vendonoinformazioni-personali).

Kotler P., Kartajaya H., Setiawan I., *Marketing 4.0. Dal tradizionale al digitale*, Hoepli, Milano 2017.

Solis B., *Leading Trends in Retail Innovation*, Research Report, Altimeter, 2018.

Total Retail 2017. *La partita tra negozio e online in 10 mosse*, PwC Italia, 2017 (https://www.pwc.com/it/it/industries/retail-consumer/total-retail-2017.html).

Solon O., *Facebook says Cambridge Analytica may have gained 37m more users' data*, "The Guardian", 4 aprile 2018(https://www.theguardian.com/technology/2018/apr/04/facebook-cambridge-analytica-user-datalatest-more-than-thought).

2부 리테일 4.0의 10가지 법칙

1 보이지 말라

Connected Life. Local Reports, Kantar TNS, 2018.

Decathlon, Leading Sporting Goods Retailer Uses RFID to Identify Millions of Items Worldwide, Tageos, 2016(http://www.tageos.com/case-studies/decathlon/).

Harrison N., Faigen G., Brewer D., Why Amazon's Grocery Store May Not Be the Future of Retail, "Harvard Business Review", 2018(https://hbr.org/2018/02/why-amazons-grocery-store-may-not-be-the-future-of-retail).

Il retail in Italia, quanto è innovativo?, Cofidis Retail, 2017(http://www.cofidis-retail.it/retail/il-retail-in-italia-quanto-e-innovativo/).

The Second Era of Digital Retail, FutureCasting report by Intel Labs & The Store WPP, 2015.

Total Retail 2017. La partita tra negozio e online in 10 mosse, PwC Italia, 2017(https://www.pwc.com/it/it/industries/retail-consumer/total-retail-2017.html).

Smith J., Mobile eCommerce Stats in 2018 and the Future Trends of Commerce, OuterBox, 2018(https://www.outerboxdesign.com/web-design-articles/mobile-ecommerce-statistics).

What is Frictionless Shopping and How Will It Impact Your Retail Business?, SwiftLocalSolutions, 2017(http://www.swiftlocalsolutions.com/blog/what-is-frictionless-shopping-and-how-will-it-impact-yourretail-business).

Wingfield N., Inside Amazon Go, a Store of the Future, "The New York Times", 21 gennaio 2018(https://www.nytimes.com/2018/01/21/technology/inside-amazon-go-a-store-of-the-future.html).

2 원활하게 하라

Bar S., *Zara Unveils New Click-and-Collect Store*, "The Independent", 2018(https://www.independent.co.uk/.../zara-click-and-collect-store-westfield-stratford-london-temporary-pop-up-flagship-a8180956.html).

Caprodossi A., *Il Made in Italy che funziona: il caso Lanieri*, Wired, 2018(https://www.wired.it/lifestyle/design/2018/01/02/il-made-in-italy-che-funziona-il-caso-lanieri/).

Clarence-Smith T., *Amazon vs. Walmart: Bezos Goes for the Jugular with Whole Foods Acquisition*, Toptal, 2018(https://www.toptal.com/finance/mergers-and-acquisitions/amazon-vs-walmart-acquisition-strategy).

Future Trends Report, ATMIA, 2012.Google Consumer Surveys, Google, 2015.

Il negozio fisico? È saldamente al centro dello shopping multicanale, InStoreMag, 2017(http://instoremag.it/distribuzione/il-negozio-fisico-e-al-centro-dello-shopping-multicanale/20171026.95512).

Kotler P., Kartajaya H., Setiawan I., *Marketing 4.0. Dal tradizionale al digitale*, Hoepli, Milano 2017.Milnes, H., Why Sephora Merged Its Digital and Physical Retail Teams Into One Department, Glossy, 2018(https://www.glossy.co/new-face-of-beauty/why-sephora-merged-its-digital-and-physical-retail-teamsinto-one-department).

Netcomm Forum: nel 2017 l'e-commerce italiano cresce del 16% e vale 23,1 miliardi di euro, ADCgroup, 2017(http://www.adcgroup.it/adv-express/big-data/scenari/netcomm-forum-e-commerce-italiano.html).

Solis B., X: *The Experience When Business Meets Design*, Wiley, Hoboken (NJ) 2015.

The Future of Retail 2016: Designing the New Shopper Experience, vol. VI, PSFK, 2016.

The Second Era of Digital Retail, FutureCasting report by Intel Labs & The Store WPP, 2015.

Total Retail 2017. La partita tra negozio e online in 10 mosse, PwC Italia, 2017(https://www.pwc.com/it/it/industries/retail-consumer/total-retail-2017.html).

Vizard S., *BMW Lets Consumers Buy a Car with Their Smartphone*, Marketing Week, 2015(https://www.marketingweek.com/2015/12/08/bmw-lets-consumers-buy-a-car-with-their-smartphone/).

3 명소가 되라

I 10 Principali Trend del Retail per il 2017, Futureberry & Trendhunters for ActionGiromari, 2017(http://www.actiongiromari.it/10-principali-trend-del-retail-per-il-2017/).

Muzio A., *Il negozio fisico? È saldamente al centro dello shopping multicanale*, InStoreMag, 2017(http://instoremag.it/distribuzione/il-negozio-fisico-e-al-centro-dello-shopping-multicanale/20171026.95512).

Pinsker J., The Future of Retail Is Stores That Aren't Stores, The Atlantic, 2017(https://www.theatlantic.com/business/archive/2017/09/future-retail-experiences-juice-bars/539751/).

The Future of Retail 2018: A Unified Channel Strategy To Drive Brick & Data Retail, PSFK, 2017.Total Retail 2017. La partita tra negozio e online in 10 mosse, PwC Italia, 2017(https://www.pwc.com/it/it/industries/retail-consumer/total-retail-2017.html).

Verizon Destination Store. Retail-reimagined, AKQA, 2014(https://www.akqa.com/work/verizon/verizon-destination-store/).

Volkswagen Group forum. Drive(https://www.drive-volkswagen-group.com/en/about-drive/)

Volvo Studio Milano(https://www.volvocars.com/it/mondo-volvo/iniziative/studio-milano)

Welch C., *Samsung's New Flagship NYC Building Isn't a Retail Store at All*, The Verge, 2016(https://www.theverge.com/2016/2/23/11099014/samsung-837-nyc-walkthrough).

Zanotti L., *Shopping experience: una ricerca Eurisko spiega cosa pensano i consumatori della GDO*, MCube, 2017(http://magazine.mcube.it/2017/09/25/shopping-experience-una-ricerca-eurisko-spiega-cosa-pensano-iconsumatori-della-gdo/).

4 충성도를 높여라

BEA - Brand Experience Assessment: Tracking the Business Impact of Customer Centricity, AKQA Italy, SDA Bocconi, 2017.

Consumer Currents: Issues Driving Consumer Organizations, KPMG International, 2017.

Consumer Expectations Soar: What Does It Mean for Retailers?, IBM, 2016(https://www-01.ibm.com/common/ssi/cgi-bin/ssialias?htmlfid=ZZE12355USEN).

Giller M., *How Whole Foods Launched a Tasting Program to Boost Its Private Label Products*, "Fortune", maggio 2016(http://fortune.com/2016/05/25/whole-foods-tasting-program/).

Kocheilas A., *The Ways Customers Use Products Have Changed, but Brands Haven't Kept Up*, "Harvard Business Review", maggio 2018(https://hbr.org/2018/05/the-ways-customers-use-products-have-changed-butbrands-havent-kept-up?gig_events=socialize.login).

Kotler P., Kartajaya H., Setiawan I., *Marketing 4.0. Dal tradizionale al digitale*, Hoepli, Milano 2017.

Local Producer Loan Program FAQ, Whole Foods Market(http://www.wholefoodsmarket.com/mission-values/caring-communities/lplp-faq).

Soper S., *More Than 50% of Shoppers Turn First to Amazon in Product Search*, Bloomberg, 2016(https://www.bloomberg.com/news/articles/2016-09-27/more-than-50-of-shoppers-turn-first-to-amazon in-product-search).

The Future of Retail 2016: Designing the New Shopper Experience, vol. VI, PSFK, 2016.

The Second Era of Digital Retail, FutureCasting report by Intel Labs & The Store WPP, 2015.

The State of the Customer Journey 2017 Report, Kitewheel, 2017.

5 개인화하라

Allen R., *Top 4 Retail Personalisation Trends for 2017*, SmartInsights, 2016 (https://www.smartinsights.com/ecommerce/web-personalisation/top-4-retail-personalisation-trends-2016/).

Chhabra S., *Netflix Says 80 Percent of Watched Content Is Based on Algorithmic Recommendations*, Mobilesyrup, 2017(https://mobilesyrup.com/2017/08/22/80-percent-netflix-shows-discovered-recommendation/).

Digital Disconnect: come cambia il coinvolgimento dei clienti, Accenture Strategy, 2016.

How Nike Uses Customization to Build Long-Term Revenue, The Motley Fool, 2016(https://www.fool.com/investing/2016/10/10/how-nike-uses-customization-to-build-long-term-rev.aspx).

Milnes H., *Farfetch's "Store of the Future" Takes its Customer Data to Physical Retail*, Digiday UK, 2017(https://digiday.com/marketing/farfetchs-store-future-takes-customer-data-physical-retail/).

Nike's New Concept Store Feeds Its Neighbors' Hypebeast and Dad-shoe Dreams, Fast Company, 2018(https://www.fastcompany.com/90201272/nikes-new-concept-store-feeds-its-neighbors-hypebeast-and-dad-shoe-dreams).

Personalization Pulse Check. Why Brands Must Move from Communication to Conversation for Greater Personalization, Accenture Interactive, 2016.

Rethinking Retail Study. Insights from Consumers and Retailers into an Omnichannel Shopping Experience, Infosys, 2015.

The Future of Retail 2016: Designing the New Shopper Experience, vol. VI, PSFK, 2016.

The Second Era of Digital Retail, FutureCasting report by Intel Labs & The Store WPP, 2015.

Thomsen D., *Why Human-Centered Design Matters*, Wanderful Media x Wired(https://www.wired.com/insights/2013/12/human-centered-design-matters/).

Total Retail 2017. La partita tra negozio e online in 10 mosse, PwC Italia, 2017 (https://www.pwc.com/it/it/industries/retail-consumer/total-retail-2017.html).

6 큐레이터가 되라

An Inside Look at the Timberland TreeLab at the King of Prussia Mall, Timberland blog(https://www.timberland.com/blog/behind-the-design/timberland-tree-lab.html).

Bulfrog. Our Story (https://www.bullfrogbarbershop.com/it-it/index/Our-Story.html)

Danzinger P.N., *Story-Based Retail And The Evolving Role Of Merchandiser*, "Forbes", 18 dicembre 2017(https://www-forbes-com.cdn.ampproject.org/c/s/www.forbes.com/sites/pamdanziger/2017/12/18/story-based-retail-and-the-evolving-role-of-merchandiser/amp/?lipi=urn%3Ali%3Apage%3Ad_flagship3_feed%3BlEmHkHk4QUaqH9saa%2FPMqg%3D%3D).

Kotler P., Kartajaya H., Setiawan I., *Marketing 4.0. Dal tradizionale al digitale*, Hoepli, Milano 2017.

Lindsay M., *Today's Niche Marketing is all about narrow, not small*, AdAge, 2007(http://adage.com/article/cmo-strategy/today-s-niche-marketing-narrow-small/117005/).

Markides, C., *All the Right Moves: A Guide to Crafting Breakthrough Strategy*, Harvard Business School Press,Cambridge (MS) 2000.

The Future of Retail 2016: Designing the New Shopper Experience, vol. VI, PSFK, 2016.

The Second Era of Digital Retail, FutureCasting report by Intel Labs & The Store WPP, 2015.

7 인간 중심이 되라

Apple Retail (https://www.apple.com/it/retail/).

Danone Rethinks the Idea of the Firm, "The Economist", 9 agosto 2018(https://www.economist.com/business/2018/08/09/danone-rethinks-the-idea-of-the-firm).

Kotler P., Kartajaya H., Setiawan I., *Marketing 4.0. Dal tradizionale al digitale*, Hoepli, Milano 2017.

Landrum S., *Millennials Driving Brands to Practice Socially Responsible Marketing*, "Forbes", 17 marzo 2017(https://www.forbes.com/sites/sarahlandrum/2017/03/17/millennials-driving-brands-to-practice-sociallyresponsible-marketing/#271f174b4990).

More than Half of Consumers Now Buy on their Beliefs, Edelman, 2017(https://www.edelman.com/news/consumers-now-buy-on-beliefs-2017-earned-brand/).

Sciarra F., Dieselgate Wolkswagen: Azioni in caduta libera dopo lo scandalo diesel, "Quattroruote", 21 settemre 2015(https://www.quattroruote.it/news/industria/2015/09/21/volkswagen_azioni_in_caduta_libera_dopo_lo_scandalo_diesel.html)

The Future of Retail 2016: Designing the New Shopper Experience, vol. VI, PSFK, 2016.

The Second Era of Digital Retail, Future Casting report by Intel Labs & The Store WPP, 2015.

Total Retail 2017. La partita tra negozio e online in 10 mosse, PwC Italia, 2017(https://www.pwc.com/it/it/industries/retail-consumer/total-retail-2017.html).

Winning the Digital Game with Human Touch, Accenture Strategy, 2018.

8 한계를 극복하라

European Customer Pulse 2017 Survey, JDA/Centiro, 2017.

Lawson A., John Lewis Opens First Station Store in St Pancras, EveningStandar, 2014 (https://www.standard.co.uk/business/business-news/john-lewis-opens-first-station-store-in-st-pancras-9794062.html).

Lundqvist H., Harvey Nichols Click & Try Service, Four Seasons Recruitmen, 2014(https://www.fsrl.co.uk/blogs/2014-8/harvey-nichols-click-and-try-service-42581513185).

Net Retail 2017: Il ruolo del digitale negli acquisti degli italiani, Human Highway, 2017.

Tesco builds virtual shops for Korean commuters, "The Telegraph", 2011 (https://www.telegraph.co.uk/technology/mobile-phones/8601147/Tesco-builds-virtual-shops-for-Korean-commuters.html).

The Future of Retail 2016: Designing the new Shopper Experience, vol. VI, PSFK, 2016

Wallace T., The 19 Ecommerce Trends + 147 Online Shopping Stats Fueling Sales Growth in 2018, BigCommerce, 2018 (https://www.bigcommerce.com/blog/ecommerce-trends/).

Winning Omnichannel: A Global View of Changing Trade Dynamics, Kantar Worldpanel, 2017.

Yao R., Updates On Boundless Retail: From Omni-Channel To Customer-Centric, IPG Media Lab, 2017(https://www.ipglab.com/2017/06/28/updates-on-boundless-retail-from-omni-channel-to-customer-centric/).

9 시너지 효과를 일으켜라

Che cos'è l'open innovation (e perché tutti dicono di volerla fare), EconomyUp, 2016(https://www.economyup.it/innovazione/che-cos-e-l-open-innovation-e-perche-tutti-dicono-di-volerla-fare/).

D'Adda A., *Open Innovation, in Italia (finora) funziona così*, "Il Sole 24 Ore", 29 maggio 2017(http://www.ilsole24ore.com/art/management/2017-05-29/open-innovation-italia-finora-funzionacosi--104707.shtml?uuid=AETZlsUB).

Harnessing the Power of Entrepreneurs to Open Innovation, Accenture and G20 Young Entrepreneurs Alliance, 2015.

Ismail S., *Exponential organizations. Il futuro del business mondiale*, Marsilio, Venezia 2015

Kotler P., Kartajaya H., Setiawan I., *Marketing 4.0. Dal tradizionale al digitale*, Hoepli, Milano 2017.

L'open innovation? Vale una crescita del Pil dell'1,9%, EconomyUp, 2015(https://www.economyup.it/innovazione/l-open-innovation-vale-una-crescita-del-pil-dell-19/).

Maci L., *Open innovation, la relazione (ancora difficile) tra startup e aziende: 8 buoni esempi*, EconomyUp, 2017(https://www.economyup.it/startup/open-innovation-la-relazione-ancora-difficile-tra-startup-e-aziende-8-buoni-esempi/).

Mc Delivery (https://www.mcdonalds.it/mcdelivery).

Milkman si ispira Google e incassa un milione di euro, "Il Sole 24 Ore", 27 settembre 2016(https://www.ilsole24ore.com/art/notizie/2016-09-27/-milkman-si-ispira-google-e-incassa-milione-euro/)

The Future of Retail 2016: Designing the New Shopper Experience, vol. VI, PSFK, 2016.

Spinelli A., *Perché Nestlé punta 77 milioni su una startup del cibo a domicilio*, EconomyUp, 2017(https://www.economyup.it/food/perche-nestle-punta-77-milioni-su-una-startup-del-cibo-a-domicilio/).

Zetsche D., *Daimler & BMW: A New Partnership Starts, Rivalry Stays*, Blog. Daimler, 2018(https://blog.daimler.com/2018/03/28/joint-venture-bmw-daimler-mobility-services/)

10 대담해져라

Armoudom P., Apostolatos K, Warschun M., Swimming with the Piranhas and Reinventing the Mass Consumer

Model, AT Kearney, 2017(https://www.atkearney.com/consumer-goods/article?/a/

swimming-with-thepiranhas-and-reinventing-the-mass-consumer-model).

Blank S., Why the Lean Start-Up Changes Everything, "Harvard Business Review", maggio 2013(https://hbr.org/2013/05/why-the-lean-start-up-changes-everything).

Bokkerink M., Charlin G., Sajdeh R., Wald D., How Big Consumer Companies Can Fight Back, BCG, 2016(https://www.bcg.com/publications/2017/strategy-products-how-big-consumer-companies-can-fight-back.aspx).

Muckersie E., 3 examples of lean startup in action, Freshminds, 2016(http://www.freshminds.net/2016/09/3-examples-of-lean-startup/).

Rigby D., Sutherland J., Takeuchi H., Embracing Agile, "Harvard Business Review", maggio 2016(https://hbr.org/2016/05/embracing-agile).

Rumbol P., Meet the New Breed of FMCG Brands, Campaign, 2018(https://www.campaignlive.co.uk/article/meet-new-breed-fmcg-brands/1492240).